बालकों की भावनाओं व व्यक्तित्व का अध्ययन सामान्य एवं अपराधी बालक

डॉ. (श्रीमती) चंचल वर्मा सिंह

KALPAZ

बालकों की भावनाओं व व्यक्तित्व का अध्ययन
सामान्य एवं अपराधी बालक

ISBN: 978-81-7835-815-4

प्रकाशन वर्ष 2011
कल्पज़ पब्लिकेशन्स
सी–30, सत्यवती नगर, दिल्ली–110052
ई–मेल: kalpaz@hotmail.com
अक्षर मुद्रांकन: क्विक मीडिया, दिल्ली
चावला ऑफसेट प्रिंट्रश दिल्ली

परम पूज्यनीय

मम्मीजी (श्रीमती ओमवती)

पापाजी (श्री गंगाशरण वर्मा)

एवं

माताजी (श्रीमती मोहिनी देवी)

पिताजी (श्री किशन सिंह)

के कर कमलों में

सादर समर्पित

जिनके सुमधुर संरक्षण

में पुष्पित हैं यह लघुतम

जीवन मेरा

कैसा राष्ट्र बनायेंगे

खिलने से पहले ही कलियाँ
शाखों पर मुरझाएँगी
हम कैसा राष्ट्र बनायेंगे.
देश की नव सृजक पीढ़ी
नष्ट भ्रष्ट हो जायेगी.
हम कैसा राष्ट्र बनायेंगे
विद्यालय न जाकर बच्चे
बाहर वक्त बितायेंगे
हम कैसा राष्ट्र बनायेंगे.

विषय-सूची

तालिकाओं की सूची 13

दो शब्द 15

आमुख 17

1. प्रस्तावना

1.1 अध्ययन की पृष्ठभूमि 21

1.2 अध्ययन की प्रस्तुति और उद्‌देश्य 26

1.3 अध्ययन की आवश्यकता एवं महत्व 26

1.4 सामान्य एवं अपराधी बालकों में अन्तर 27

1.5 सामान्य बालक का अर्थ 28

1.6 सामान्य बालक के लक्षण 28

1.7 बाल-अपराध का अर्थ 32

1.8 अपराधी बालकों द्वारा किये जाने वाले कार्य 34

1.9 बाल अपराध के प्रकार 36

1.10 बाल अपराध के कारण 37

1.11 व्यक्तित्व का अर्थ 47

1.12 व्यक्तित्व का विकास 51

1.13 व्यक्तित्व के प्रकार 52

1.14 व्यक्तित्व को प्रभावित करने वाले तत्व 54

1.15 बाल अपराध और व्यक्तित्व में सम्बन्ध 60

1.16 संवेग का अर्थ 66

1.17 संवेग के कुछ प्रतिरूप 66

1.18 परिपक्वता का अर्थ 69

1.19 संवेगात्मक परिपक्वता का अर्थ 70

1.20 संवेगात्मक परिपक्वता को प्रभावित करने वाले कारण 72

1.21 बालकों के संवेगात्मक व्यवहार की विशेषताएँ 75

1.22 बालकों में संवेगों की भिन्नता 77

1.23 परिपक्वता और व्यक्तित्व में सम्बन्ध 78

1.24 बालकों का सामाजिक-आर्थिक विकास 79

1.25 बालकों के सामाजिक-आर्थिक विकास को प्रभावित करने वाले कारक 81

2. साहित्य का पुनरावलोकन **87**

2.1 सम्बन्धित साहित्य का अर्थ 87

2.2 सम्बन्धित साहित्य के अध्ययन का महत्व 87

2.3 सम्बन्धित साहित्य का अध्ययन 87

2.4 व्यक्तित्व से सम्बन्धित साहित्य का अध्ययन 88

2.5 संवेगात्मक परिपक्वता से सम्बन्धित पूर्व साहित्य का अध्ययन 90

2.6 सामाजिक आर्थिक विकास से सम्बन्धित पूर्व साहित्य का अध्ययन 92

2.7 अध्ययन से सम्बन्धित अन्य पूर्व साहित्य का अध्ययन 94

3. अध्ययन पद्धति **109**

3.1 शोध विधि 109

3.2 सामाजिक शोध का महत्व 110

3.3 अध्ययन के उद्देश्य 110

3.4 अध्ययन की उपकल्पना 111

3.5 निदर्शन पद्धति 111

3.6 तथ्य संकलन विधि 112

3.7 न्यादर्श एवं न्यादर्श चयन प्रविधि 113

3.8 न्यादर्श का आकार व क्षेत्र 113

3.9	न्यादर्श की आयु, लिंग	121
3.10	शोध अभिकल्प	121
3.11	शोध के उपकरण	122
3.12	सांख्यिकी विश्लेषण	123
3.13	अध्ययन की सीमाएँ	123
3.14	अध्ययन में आयी कठिनाइयों एवं उनका निराकरण	123
4.	**तथ्यों का वर्गीकरण, प्रस्तुतिकरण एवं विश्लेषण**	**127**
5.	**निष्कर्ष एवं सुझाव**	**153**
6.	**सारांशिका**	**171**
7.	**परिशिष्ट**	**193**

तालिकाओं की सूची

1. अपराध का वर्गीकरण 125

2. सामान्य एवं अपराधी बालकों के पारिवारिक स्वरूप को दर्शाने वाली तालिका 126

3. सामान्य एवं अपराधी बालकों के शैक्षिक स्तर के आधार पर वर्गीकरण 126

4. सामान्य एवं अपराधी बालकों के सामाजिक गुणों को दर्शाने वाली तालिका 127

5. सामान्य एवं अपराधी बालकों के प्रभुत्व के गुणों को दर्शाने वाली तालिका 128

6. सामान्य एवं अपराधी बालकों के गोपनीयता को दर्शाने वाली तालिका 128

7. सामान्य एवं अपराधी बालकों के परिलक्षित गुणों को दर्शाने वाली तालिका 129

8. सामान्य एवं अपराधी बालकों के आवेगी के गुणों को दर्शाने वाली तालिका 129

9. सामान्य एवं अपराधी बालकों के गंभीरता के गुणों को दर्शाने वाली तालिका 130

10. सामान्य एवं अपराधी बालकों के स्वीकृति के गुणों को दर्शाने वाली तालिका 130

11. सामान्य एवं अपराधी बालकों के स्वीकृति व उत्तरदायित्व के गुणों को दर्शाने वाली तालिका 131

12. सामान्य एवं अपराधी बालकों के उत्साह के गुणों को दर्शाने वाली तालिका 131

13. सामान्य एवं अपराधी बालकों के सहकारिता के गुणों को दर्शाने वाली तालिका 132

14. सामान्य एवं अपराधी बालकों के प्रवलता के गुणों को दर्शाने वाली तालिका 132

15. सामान्य एवं अपराधी बालकों के अक्रामकता के गुणों को दर्शाने वाली तालिका 133

16. सामान्य एवं अपराधी बालकों के उदारता के गुणों को दर्शाने वाली तालिका 134

17. सामान्य एवं अपराधी बालकों के जिद के गुणों को दर्शाने वाली तालिका 134

18. सामान्य एवं अपराधी बालकों के कठोरता के गुणों को दर्शाने वाली तालिका 135

19. सामान्य एवं अपराधी बालकों के संवेगिक अस्थिरता को दर्शाने वाली तालिका 135

20. सामान्य एवं अपराधी बालकों के संवेगिक दमन के गुणों को दर्शाने वाली तालिका 136

21. सामान्य एवं अपराधी बालकों के सामाजिक समायोजन के गुणों को दर्शाने वाली तालिका 137

22. सामान्य एवं अपराधी बालकों के व्यक्तित्व विघटन के गुणों को दर्शाने वाली तालिका 137

23. सामान्य एवं अपराधी बालकों के नेतृत्वहीनता के गुणों को दर्शाने वाली तालिका 138

24. सामान्य एवं अपराधी बालकों के व्यक्तित्व को दर्शाने वाली तालिका 139

25. सामान्य एवं अपराधी बालकों के संवेगात्मक परिपक्वता को दर्शाने वाली तालिका 139

26. सामान्य एवं अपराधी बालकों के संवेगात्मक परिपक्वता में संबंध दर्शाने वाली तालिका 140

27. अपराधी बालकों में व्यक्तित्व व संवेगात्मक परिपक्वता में संबंध दर्शाने वाली तालिका। 140

28. सामान्य एवं अपराधी बालकों के पारिवारिक सदस्यों की संख्या को दर्शाने वाली तालिका 141

29. सामान्य एवं अपराधी बालकों की पारिवारिक पृष्ठभूमि 142
30. सामान्य एवं अपराधी बालकों के पिता को शैक्षणिक स्थिति के आधार पर वर्गीकरण 142
31. सामान्य एवं अपराधी बालकों की माता की स्थिति के आधार पर वर्गीकरण 143
32. सामान्य एवं अपराधी बालकों के पिता के व्यवसाय के अनुसार वर्गीकरण 143
33. सामान्य एवं अपराधी बालकों की मामा के व्यवसाय के अनुसार वर्गीकरण 144
34. सामान्य एवं अपराधी बालकों के परिवार के मासिक आय के अनुसार विवरण 144
35. सामान्य एवं अपराधी बालकों के पारिवारिक आर्थिक स्थिति को दर्शाने वाली तालिका 145
36. सामान्य एवं अपराधी बालकों का उनके आवास के स्वरूप के आधार पर विवरण 145
37. सामान्य एवं अपराधी बालकों के आवास के आस-पास रहने वाले परिवारों का विवरण 146
38. सामान्य एवं अपराधी बालकों का धर्म के अनुसार वर्गीकरण 147
39. सामान्य एवं अपराधी बालकों का जाति-श्रेणी के अनुसार वर्गीकरण 147
40. अपराधी बालकों का स्वयं व संगठित रूप से किये गये अपराध का विवरण 148
41. अपराधी बालकों में अपराध-व्यसन की प्रवृत्ति को दर्शाने वाली तालिका 148
42. बालकों द्वारा किये गये अपराध के कारणों को दर्शाने वाली तालिका 149
43. बाल अपराध : प्रेरणा देने वाले स्रोत 149

दो शब्द

शोध प्रबंध के संदर्भ में हमारी धारणा यही है कि यह गहन, चिन्तन अनुभव व भौतिक अभिव्यक्ति का एक सशक्त माध्यम है। यही कारण है कि मैंने शोध कार्य का चयन किया। ऐसा करने से मैंने स्वयं में नवीन शक्ति का अनुभव किया।

समाज में प्रत्येक व्यक्ति को सहयोग की आवश्यकता होती है। मानव को कदम-कदम पर सहयोग व दिशा निर्देश की आवश्यकता होती है। मुझे भी इस शोध को पूर्ण करने में प्रत्यक्ष व अप्रत्यक्ष रूप से सहयोग की आवश्यकता पड़ी। आज जब यह शोध पूरा हो गया है, तो पीछे मुड़कर देखने पर पाती हूँ अतीत में उभरते हुए उन अनेक व्यक्तियों के चेहरे जिनके सहयोग की नींव पर इसे खड़ा किया गया है, मन उनके प्रति श्रद्धा से भर उठता है जिनके सहयोग के बिना इस कार्य को पूर्ण करना कठिन था।

आभार व्यक्त करना बहुत कठिन कार्य है क्योंकि जो पाया है वह आभार मान कर लौटाया नहीं जा सकता परन्तु भावनाओं को व्यक्त करने का दुस्साहस कर रही हूँ।

सर्वप्रथम मैं ईश्वर का धन्यवाद करती हूँ क्योंकि ईश्वर के प्रत्यक्ष, अप्रत्यक्ष आशीर्वाद के द्वारा ही इस कार्य को पूर्ण कर सकी हूँ।

श्रेष्ठ एवं सटीक मार्गदर्शन के लिए मैं अपनी श्रद्धेय गुरु पथ प्रदर्शिका (डॉ. श्रीमती) कामिनी जैन की हृदय से आभारी हूँ जिनके स्नेह भरे मार्गदर्शन के बिना इतने बड़े शोध कार्य को आयाम देना दिवास्वप्न के समान होता।

मैं हृदय से कृतज्ञांजलि देती हूँ श्री. के. एल. मीणा उपनिदेशक, श्री विशनचन्द-उपनिदेशक, श्रीमती मीरा (सहायक परियोजना अधिकारी) समाज कल्याण विभाग, दिल्ली गेट, दिल्ली का जिन्होंने मुझे अपराधी बालकों के आँकड़े एकत्र करने की अनुमति प्रदान की जिनकी अनुमति के बिना यह शोध कार्य असम्भव था।

मेरा आभार श्रीमती रत्ना सक्सेना प्रोजेक्ट मैंनेजर, मधु अग्रवाल वेलफेयर ऑफिसर **PRAYAS OBSERVATION HOME FOR BOYS –I Delhi Gate, Delhi,** श्री बलबीर सिंह सुपरिटेण्डेन्ट, **OBSERVATION HOME FOR BOYS –II** मजनूँ का टीला दिल्ली, श्री बी. एस. टोलिया सुपरिटेन्डेन्ट, श्री एस. पी. सिंह वेलफेयर ऑफिसर, पुष्पा सक्सेना सेवा कुटीर किंग्सवे कैम्प के लिए प्रेषित है।

मैं अपना धन्यवाद प्रेषित करना चाहती हूँ **N.C.E.R.T, NIPCED** दिल्ली, केन्द्रिय लाइब्रेरी इन्दौर, श्री भरत सिंह प्रधानाचार्य, श्री एम. एल मिश्रा उपप्रधानाचार्य, श्री डी. पी. सिंह प्रवक्ता, श्री रवि कुमार शर्मा प्रवक्ता राजकीय सर्वोदय बाल विद्यालय सीमापुरी, दिल्ली जिनके स्नेहिल पर्यावरण के उपवन में मेरा यह शोध सिंचित हुआ है। उनके आशीर्वाद व सहयोग के बिना मेरा शोध कार्य पूर्ण कर पाना कठिनतम ही नहीं वरन् दुर्लभ कार्य था।

मैं परमपूजनीय अपनी मम्मी ओमवती वर्मा व पूज्य पापाजी श्री गंगाशरण वर्मा मेरे फूफाजी सुशील कुमार वर्मा एवं बुआजी श्रीमती प्रेमलता वर्मा एवं मेरे अनुज सुनील कुमार वर्मा के लिए भी अत्यन्त आभारी हूँ जिन्होंने अपने सहयोग और आशीर्वाद से मुझे अनुग्रहित किया इनकी प्रेरणा से ही यह शोध रूपी किसलय सुगन्धित है।

मेरे पति श्री सुरेन्द्र सिंह ने इस कार्य में हर कदम पर प्रेरित व प्रोत्साहित किया। उन्होंने मुझे इस असाध्य कार्य को साध्य बनाने में अपरिमित सहयोग प्रदान किया। इसी की परिणति यह शोध ग्रन्थ आपके सामने है। उनके प्रति कुछ भी कहना मात्र औपचारिकता होगी।

मैं हृदय से आभारी हूँ प्रिया गुप्ता की जिन्होंने निःस्वार्थ भाव से मेरा सहयोग एवं मार्ग दर्शन किया।

इस शोध ग्रन्थ को उपयोगी व रोचक बनाने के लिए सभी सम्भव प्रयास किए गए है। फिर भी कुछ कमियाँ रह जाना स्वाभाविक है। इस दिशा में पाठकों द्वारा दिए गए सुझावों तथा आलोचनाओं का हम हृदय से स्वागत करेंगे।

मैं अपने प्रकाशक की आभारी हूँ जिन्होंने अल्प समय में इस संस्करण को प्रकाशित करने में तत्परता दिखाई।

डॉ (श्रीमती) चंचल वर्मा सिंह

आमुख

शोध प्रबन्ध **'सामान्य एवं अपराधी बालकों के व्यक्तित्व एवं संवेगात्मक परिपक्वता का अध्ययन'** के सम्बन्ध में प्रस्तुत है।

विश्व जनसंख्या रिपोर्ट 2005 के अनुसार आज विश्व के विकासशील देशों के सामने दोहरी चुनौती है अविरल जनसंख्या वृद्धि तथा जल एवं भोजन का गंभीर संभावित संकट है। वर्तमान में विश्व की जनसंख्या 690 करोड़ तक पहुँच गई है जिसमें भारत की जनसंख्या लगभग 102.7 करोड़ है जबकि भारत का भौगोलिक क्षेत्रफल विश्व के कुल क्षेत्रफल का 24% है। अर्थात भारत विश्व की 16.22% जनसंख्या का प्रतिनिधित्व करता है तो दिल्ली भारत की कुल जनसंख्या का लगभग 1.34% जनसंख्या का प्रतिनिधित्व कर रहा है। आजादी के 63 वर्षों के बाद भी भारत में बाल अपराध की दर में वृद्धि होती जा रही है। इसकी वृद्धि में व्यक्तित्व का उचित विकास न होना, संवेगात्मक रूप से परिपक्व न होना व सामाजिक-आर्थिक विकास निम्न होना मुख्य कारण है, उनके व्यक्तित्व निर्माण में कहीं ना कहीं कमी रह जाती है, तभी वह सामान्य बालकों से थोड़ा अलग होते हैं।

किसी बालक का व्यवहार परिवर्तनशील सामाजिक प्रक्रिया का एक अंग है, जिसे व्यक्तिगत व सामाजिक परिस्थितियों और घटनाओं व अनुभवों जिसका वह भाग है, के सम्बन्धों के साथ ही समझा जा सकता है। किसी भी बालक के व्यवहार को तभी समझा जा सकता है जब उसके सामाजिक संसार का ज्ञान प्राप्त किया जाय जहाँ वह रहता है। अतः केवल उनके व्यवहार का एकांगी अध्ययन कृत्रिम होगा। उनके व्यवहार को समझने के लिए उन समूहों का भी अध्ययन किया जाना आवश्यक है जिनके बीच वे रहते हैं। यही सामान्य व अपराधी बालकों के व्यवहार के अन्तर व सम्बन्ध को जानने की कोशिश की गई है कि आखिर अपराधी बालकों के व्यक्तित्व व संवेगात्मक परिपक्वता के गुण सामान्य बालकों से किस प्रकार भिन्न है उनके पीछे क्या कारण है शोधार्थी ने इस शोध-प्रबन्ध में यही जानने का प्रयास किया है।

प्रथम अध्याय में प्रस्तावना के अन्तर्गत सामान्य बालक का अर्थ, लक्षण, अपराधी बालक का अर्थ, कारण, व्यक्तित्व का अर्थ, व्यक्तित्व विकास में सहायक कारक, व्यक्तित्व के प्रकार, व्यक्तित्व और अपराध में सम्बन्ध, संवेगात्मक परिपक्वता व प्रभावित करने वाले कारक, बालक का सामाजिक आर्थिक विकास व प्रभावित करने वाले कारकों पर प्रकाश डाला गया है।

द्वितीय अध्याय में सम्बन्धित साहित्य का पुनरावलोकन में पूर्व में जो अध्ययन किए गए हैं उनके परिणामों का उल्लेख किया गया है।

तृतीय अध्याय में अध्ययन प्रविधि के अन्तर्गत-उद्देश्य, परिकल्पना, अध्ययन में प्रयुक्त उपकरण एवं अध्ययन के दौरान आयी कठिनाइयों एवं परिसीमाओं पर प्रकाश डाला गया है।

चतुर्थ अध्याय में प्रदत्तों का सांख्यिकीय विश्लेषण किया गया है तथा प्राप्त परिणामों का निष्कर्ष एवं विवेचना की गयी है।

पंचम अध्याय में प्रमुख निष्कर्ष को सम्मिलित किया गया है।

षष्टम अध्याय में अध्ययन का सारांश प्रस्तुत किया गया है।

सप्तम अध्याय के अन्तर्गत संदर्भ ग्रन्थ सूची एवं परिशिष्ट के अन्तर्गत प्रश्नावली को संलग्न किया गया है।

1

प्रस्तावना

1.1 अध्ययन की पृष्ठभूमि

बच्चे किसी भी राष्ट्र के भविष्य के निर्माता और आधार स्तम्भ होते हैं। किसी भी राष्ट्र का भविष्य बच्चों की शिक्षा-दीक्षा एवं उनके व्यक्तित्व विकास पर निर्भर करता है। क्योंकि बालक भावी राष्ट्र के निर्माता होते हैं। बालक ही किसी देश के विकास बिन्दु होते हैं। इसीलिए यदि बालकों के व्यक्तित्व विकास पर ध्यान केन्द्रित नहीं किया गया तो इसका परिणाम बड़ा ही भयंकर और दुःखद सिद्ध होगा।

बालक के जीवन में 13 से 18 वर्ष तक की आयु संक्रमण की अवस्था होती है इस अवस्था में बालकों का स्वभाव जिज्ञासु और कौतूहल को पसन्द करने वाला होता है इसलिए वे जिज्ञासा का समाधान करने के लिये ऐसे विचार और कार्य करने लगते हैं जो उन्हें नहीं करना चाहिए इसके समाधान की समझ उन्हें माता-पिता और अन्य सदस्यों से मिल सकती है या शिक्षकों से।

मनुष्य एक सामाजिक प्राणी है वह अपने चारों ओर के वातावरण को स्वयं सुव्यवस्थित करता है इस सुव्यवस्थापन कार्य में उनके व्यवहारों का अध्ययन कर व्यक्तित्व को समझा जा सकता है। व्यक्तित्व कोई विशिष्ट गुण या लक्षण नहीं है जो किसी एक या कुछ ही मनुष्यों में पाया जाता है यह मनुष्य के व्यवहार का दर्पप्र होता है। यह उसके गुण, अवगुण, अनुभव, चिंतन, प्रक्रिया आदि का संगठित रूप है। प्रत्येक मनुष्य का अपना एक विशिष्ट व्यक्तित्व होता है व्यक्ति का व्यक्तित्व व्यवहारों के वैभिन्य के अनुसार एक दूसरे से भिन्न समझा जाता है। जन्मतः प्रत्येक शिशु अपने साथ कुछ जन्मजात प्रवृत्तियाँ

लेकर आता है संसार के वातावरण और परिस्थितियों में पलता हुआ वह अपने व्यक्तित्व का समायोजन करता है, जो उसके सुन्दर गुणों व अवगुणों का ऐसा समन्वय होता है कि उसका वैसा समन्वय अन्यत्र नहीं होता है बालक में व्यक्तित्व का निर्माण वातावरण एवं परिस्थितियों के अनुरूप होता है।

बाल्यावस्था वह अवस्था होती है जब वह स्वयं के प्रति सजग हो जाता है वह अपने कार्य, व्यवहार, विचारों के माध्यम से अपनी शक्ति जोश, सह-अस्तित्व एवं लगन तथा साहस का परिचय देता है। वह नई चुनौतियों, समस्याओं एवं उत्तरदायित्व का सामना करता है और उनके अनुरूप स्वयं की क्षमता का विकास करता है। निरंतर होने वाली शारीरिक, मानसिक एवं सामाजिक परिवर्तनों के साथ समायोजन करते-करते बालकों के लिए यह अवस्था बहुत कठिन बन जाती है इसीलिए इसे तूफान की अवस्था भी कहा जाता है। एक आदर्श नागरिक बनने का उत्तरदायित्व इस अवस्था पर निर्भर करता है।

मनुष्य जीवन में संवेगों और भावनाओं की बहुत महत्वपूर्ण भूमिका होती है तथा किसी व्यक्ति के सुख और प्रभावपूर्ण व्यक्तित्व पर उसकी संवेगात्मक परिपक्वता का गहरा प्रभाव पड़ता है। संवेग रचनात्मक भी होते हैं और विनाशक भी। कुछ संवेग क्रिया में बाधक होते हैं यह विध्वंसात्मक कार्यों का कारण भी बन सकते हैं यह किसी व्यक्ति को अशांत अत्यधिक दुःखी बना सकते हैं। परन्तु संवेगों से जीवन में आनन्द भी प्राप्त होता है संवेग जैसे-स्नेह, प्यार, प्रसन्नता आदि। अपने वृहत परिवेश में बालक-बालिकाओं के अपने कई अनुभव होते हैं, अपने मौलिक दृष्टिकोण होते हैं और अपनी कुछ सीमाएँ होती हैं ये सभी मिलकर बालकों की विचारधारा को बनाती है और इसी विचारधारा के फलस्वरूप बालकों का व्यवहार प्रभावित होता है।

आज के समाज में अनवरत् हो रही आवांछित गतिविधियों ने परिवार एवं समाज के सदस्यों का ध्यान अपनी ओर आकर्षित किया है। उसी पहलू से जुड़ा एक प्रश्न है कि आज जो देश के कर्णधार हैं वे कल के विद्यार्थी थे, बालक थे, क्या हमने उनके विद्यार्थी जीवन में व्यक्तित्व का सही रूप से विकास किया या नहीं? यह सवाल मात्र विधालय की चार दीवारी से ही नहीं जुड़ा हुआ है बल्कि इसका सम्बन्ध परिवार एवं समाज से भी है। अतः बालक के व्यक्तित्व विकास के लिए, परिवार, स्कूल के शिक्षक वहाँ का वातावरण, पड़ोस, संगी-साथी आदि सभी का उत्तरदायित्व है।

बालकों की कुछ जैविकीय समस्याएँ एवं मनोवैज्ञानिक अपेक्षाएँ होती हैं यदि इनकी पूर्ति हो जाती है तो वह सुखी एवं समायोजित कहलाता है। समायोजन न केवल बालक की निजी समस्या है यह उन सबकी समस्या है जो बालकों से सम्बन्धित है क्योंकि असमायोजित बालक परिवार, समाज व राष्ट्र के लिए समस्याएँ उत्पन्न करता है बालक की उचित देखरेख एवं सुरक्षा की जानी चाहिए चूंकि बालक जन्मतः अबोध और निर्विकार होते हैं, अतः यदि उनका पालन पोषण सावधानी पूर्वक किया जाय तो उनकी शारीरिक, मानसिक, नैतिक तथा आध्यात्मिक शक्तियों का सर्वांगीण विकास होगा और वे उत्तम नागरिक बनेंगे, परन्तु यदि उनकी उपेक्षा की गई और उन्हें दूषित वातावरण में रखा गया तो वे कुसंगति में पड़कर अपराधिता की ओर प्रेरित होंगे।

बालक स्वभावतः चंचल और कुःसाहसी होते हैं। अतः वे जीवन के विभिन्न प्रलोभनों की ओर शीघ्रता से आकर्षित होते हैं। इसी कारण बालक अपराधिकता के शिकार आसानी से हो जाते हैं। आज का बालक कल के बाल-वृक्ष हैं जिन्हें भविष्य में मधुर फल देने थे स्वयं मुर्झा रहे हैं, विनाश की ओर बढ़ रहे हैं यथा समय नियन्त्रण नहीं रखा गया तो अपराधी बन जाने की सम्भावना को नकारा नहीं जा सकता जो किसी भी देश के विकास के शुभ लक्षण नहीं हैं।

विकासशील देशों में बाल-अपराध के केन्द्र शहर हैं। भारत में भी बड़े शहरों में बाल-अपराध की दर बढ़ती जा रही है। भारत में 2002 में भारतीय दण्ड संहिता के अन्तर्गत विभिन्न प्रकार के बाल-अपराधियों की संख्या को निम्न तालिका द्वारा दर्शाया गया है :–

क्र.सं.	राज्य/केन्द्र शासित प्रदेश	बाल अपराधियों की संख्या
1.	आन्ध्र प्रदेश	2084
2.	अरुणाचल प्रदेश	132
3.	असम	332
4.	बिहार	660
5.	छत्तीसगढ़	1407
6.	गोवा	68
7.	गुजरात	3335

क्र.सं.	राज्य/केन्द्र शासित प्रदेश	बाल अपराधियों की संख्या
8.	हरियाणा	2511
9.	हिमाचल प्रदेश	121
10.	जम्मू व कश्मीर	3
11.	झारखण्ड	746
12.	कर्नाटक	277
13.	केरल	234
14.	मध्य प्रदेश	8536
15.	महाराष्ट्र	5379
16.	मणिपुर	0
17.	मेघालय	68
18.	मिजोरम	60
19.	नागालैण्ड	14
20.	उड़ीसा	192
21.	पंजाब	156
22.	राजस्थान	1937
23.	सिक्कीम	2
24.	तमिलनाडू	6082
25.	त्रिपूरा	7
26.	उत्तर प्रदेश	96
27.	उत्तरांचल	34
28.	बंगाल	17
	कुल राज्य	**34490**

क्र.सं.	राज्य/केन्द्र शासित प्रदेश	बाल अपराधियों की संख्या
	केन्द्र शासित प्रदेश	
29.	अण्डमान एवं निकोबार द्वीप समूह	6
30.	चण्डीगढ़	75
31.	दादरा और नागर हवेली	0
32.	दमन और दीव	0
33.	दिल्ली	1192
34.	लक्षद्वीप	0
35.	पाण्डिचेरी	16
	कुल (केन्द्र शासित)	1289
	सम्पूर्ण भारत	**35779**

राष्ट्रीय राजधानी दिल्ली क्षेत्र में विभिन्न अपराधों में पकड़े गये बाल अपराधियों के आँकड़े निम्नलिखित हैं :

क्र.सं.	अपराध का प्रकार	बाल अपराधियों की संख्या
1.	हत्या	35
2.	हत्या का प्रयास	16
3.	बलात्कार	30
4.	अपहरण	9
5.	डकैती	41
6.	चोरी	532
7.	लूटमार	123
8.	दंगा	31
9.	धोखाधड़ी	64
10.	अन्य आई. पी. सी. अपराध	311
	योग	**1192**

उपरोक्त बाल अपराध के आँकड़ों को हम पूर्ण नहीं कह सकते क्योंकि इनमें वे सभी प्रकरण शामिल नहीं हैं जो बाल न्यायालय तक पहुँच ही नहीं पायें। यह एक बिडम्बना है कि समाज मे एक तरफ तो अनेक बार बाल अपराधियों के अपराध पुलिस में दर्ज नहीं कराये जाते तो दूसरी तरफ समाज के समृद्ध और सम्पन्न लोगों के बच्चों द्वारा किये गये अपराधों का उल्लेख नहीं किया जाता, क्योंकि इन्हें कई प्रकार के संरक्षण प्राप्त हो जाते हैं। बाल अपराध के अपर्याप्त आँकड़ों के लिए अनेक कारणों में से पुलिस की अपराधियों को पकड़ने में अरूचि, उनका अपर्याप्त प्रशिक्षण एवं जनता द्वारा सहयोग का अभाव आदि कारण भी उत्तरदायी है।

1.2 समस्या की प्रस्तुति और उद्देश्य

1.2.1 समस्या की प्रस्तुति : "सामान्य एवं अपराधी बालकों के व्यक्तित्व एवं संवेगात्मक परिपक्वता का अध्ययन"

1.2.2 समस्या का उद्देश्य : प्रस्तुत शोध 'सामान्य एवं अपराधी बालकों के व्यक्तित्व एवं संवेगात्मक परिपक्वता का अध्ययन' हेतू राष्ट्रीय राजधानी क्षेत्र दिल्ली के सीनियर सेकेण्ड्री स्कूल व बाल निरीक्षण गृह के बालकों पर किया गया है।

इस शोध अध्ययन का उद्देश्य यह ज्ञात करना है कि ऐसे कौन-से कारण हैं जो अपराधी बालकों को सामान्य बालकों से अलग करते हैं और उनके व्यक्तित्व के ऐसे कौन-से गुण व संवेगात्मक परिपक्वता किस हद तक बाल अपराध की समस्या में वृद्धि करते जा रहे हैं। इस अध्ययन में उन व्यक्तिगत कारकों, संवेगात्मक परिपक्वता व सामाजिक-आर्थिक विकास के बुनियादी कारकों एवं दशाओं को खोजने का प्रयास किया गया है जो इस सामाजिक समस्या को जन्म देते हैं।

1.3 अध्ययन की आवश्यकता एवं महत्व

आज के वैज्ञानिक युग में समाज अत्यंत जटिल होता जा रहा है तथा सामाजिक व्यवस्था में निरन्तर परिवर्तन, प्रतियोगिता व पारस्परिक सम्बन्धों के प्रति विचारों में परिवर्तन आ रहा है। माता-पिता व समाज की बालक से अपेक्षाएँ बढ़ती जा रही हैं। इसके विपरीत जब बालक इन महत्वाकांक्षाओं को पूर्ण करने में स्वयं को असमर्थ पाता है तो वह चिन्ता, आक्रामकता, व्यक्तित्व विघटन आदि जैसी मानसिक परेशानियों से घिर जाता है जिससे बालक का

व्यक्तित्व व संवेगात्मक परिपक्वता प्रभावित होती है। इसी कारण बालक को समाज में समायोजन करने मे कठिनाइयों का सामना करना पड़ता है और बालक गैर-कानूनी कार्य अर्थात् अपराध की दुनिया में कदम रख देता है।

भारत एक विशाल देश है, जनसंख्या के विस्तार के साथ ही भारत में भी औद्योगीकरण और शहरीकरण का विकास हुआ है। औद्योगीकरण और शहरीकरण के साथ-साथ बाल-अपराधों की संख्या में उत्तरोत्तर वृद्धि हुई जिसके फलस्वरूप बाल-अपराध एक समस्या का रूप धारण करता जा रहा है।

दिल्ली एक महानगर होने के साथ-साथ एक औद्योगिक नगर है और यहाँ भी बाल-अपराध की समस्या में दिन-प्रतिदिन वृद्धि होती जा रही है आये दिन बाल-अपराध की कोई-न-कोई घटना सुनने में आ जाती है। इसीलिए मेरा ध्यान बाल-अपराध पर आकृष्ट हुआ कि आखिर बालकों के अपराधी बनने में व्यक्तित्व और संवेगात्मक परिपक्वता कि भूमिका का कितना स्थान है आखिर वे कौन से कारण हैं जिससे मासूम बालक रास्ता भटक कर अपराध की दुनिया में कदम रख देते हैं और इनके व्यक्तित्व व संवेगात्मक परिपक्वता में सामान्य बालकों से कितनी भिन्नता है। यही जानने के लिए प्रस्तुत अध्ययन की आवश्यकता महसूस हुई।

किसी भी अध्ययन की सार्थकता एवं सफलता उस विषय के महत्व में निहित है। इसीलिए विषय के महत्व के अध्ययन को भी उपयुक्त माना गया है। वर्तमान समय को सुधार युग कहा जाता है, तथापि हमारे देश भारत में दिन-प्रति दिन बाल-अपराधियों की संख्या में आश्चर्यजनक वृद्धि होती जा रही है।

प्रस्तुत अध्ययन 'सामान्य एवं अपराधी बालकों के व्यक्तित्व एवं संवेगात्मक परिपक्वता का अध्ययन' इस दृष्टिकोण से महत्वपूर्ण है कि बालक, माता-पिता, शिक्षकों, समाज-कल्याण कार्यकर्ता व शोधकर्ताओं के लिए जानकारी प्रदान करने का प्रयास मात्र है।

1.4 सामान्य एवं अपराधी बालकों में अन्तर

प्रस्तुत शोध अध्ययन का विषय "सामान्य एवं अपराधी बालकों के व्यक्तित्व एवं संवेगात्मक परिपक्वता का अध्ययन है।" अध्ययन में सामान्य और अपराधी बालकों के अन्तर को समझने से पूर्व यह जानना आवश्यक होगा कि सामान्य बालक किसे कहते हैं तथा ऐसे कौन-से कारक हैं जो किसी बालक को सामान्य

बालक की श्रेणी में लाते हैं, और जिनसे विचलित होने पर बालक अपराधी बालक की श्रेणी में सम्मिलित किया जाता है।

यह एक सर्वमान्य तथ्य है, कि व्यक्तित्व भिन्नताओं के साथ ही बालक शारीरिक, मानसिक, भौतिक एवं सामाजिक रूप में किसी-न-किसी सीमा तक एक दूसरे से भिन्न होते हैं, किन्तु कभी-कभी यह भिन्नताएँ इस सीमा तक पाई जाती हैं कि बालकों को भिन्न वर्गों में रखना आवश्यक हो जाता है। जो निम्नलिखित हैं:

1.5 सामान्य बालक का अर्थ

सामान्य बालक औसत शारीरिकी वाले एवं स्वस्थ होते हैं तथा सामान्य शारीरिक श्रम वाले कार्यों को करने में किसी प्रकार की बाधा का अनुभव नहीं करते हैं। कक्षा में अधिकांश बालकों की भाँति वे भौतिक उपलब्धि में भी औसत होते हैं तथा सभी विषयों को समान रूप से महत्व देते हुए शिक्षक द्वारा दिये गये कक्षा कार्य को लगन के साथ पूरा करते हैं। इनके सीखने की गति प्रायः औसत ही होती है। समाज में ये अपेक्षित व्यवहार करते हैं, सामाजिक कार्यों में रचनात्मक सहयोग देते हैं तथा उपलब्ध साधनों से अधिक लाभ उठाने की क्षमता रखते हैं। इन्हीं कारणों से इनका समाज एवं विद्यालय में समायोजन उत्तम रहता है तथा ये संवेगात्मक रूप से संतुलित होते हैं।

सभी बच्चे शारीरिक रूप से एक दूसरे से भिन्न पाये जाते हैं, कुछ छोटे होते हैं, कुछ बड़े, कुछ कमजोर होते हैं तो अन्य बलवान, कुछ में सीखने की क्षमता अच्छी होती है तथा वह जल्दी से सीख जाते हैं एवं नई परिस्थितियों में उन्होंने जो सीखा है वह उसका आसानी से सामान्यीकरण कर लेते हैं। सामान्य बालकों में आपस में अन्तर कम् मात्रा में पाया जाता है, वे शारीरिक रूप से लगभग एक से होते हैं, उनमें सीखने की क्षमता भी लगभग एक समान होती है। मानसिक रूप से भी वह लगभग औसत वर्ग के होते हैं उनका सामाजिक व्यवहार भी सामाजिक व्यवस्थाओं एवं मान्यताओं की परिधि में होता है, उनमें सम्प्रेषण करने की क्षमता एवं भावनात्मक संतुलन भी सामान्य मात्रा में पाया जाता है तथा वे सामान्य शिक्षा कार्यक्रम के अन्तर्गत शिक्षा ग्रहण करने की स्थिति में हों, ऐसे बच्चों को सामान्य बालक की श्रेणी में रखा जाता है।

1.6 सामान्य बालक के लक्षण

1.6.1 सामाजिकता : (सामाजिक स्वीकृति) मनुष्य एक सामाजिक परिवेश में रहता है। प्रत्येक समाज में कुछ परिपाटियाँ नियम और तौर-तरीके प्रचलित

होते हैं जो बालक इनके अनुकूल काम करता है वह सामान्य बालक कहलाता है। इस प्रकार सभी बालक सामाजिक परम्पराओं और मर्यादाओं का पालन करते हैं। सामान्य बालक ऐसा कोई काम नहीं करना चाहते जिससे समाज में उनकी बदनामी हो। अपने दैनिक जीवन में वे अपनी इच्छाओं को समाज सम्मत तरीकों से सन्तुष्ट करते हैं। वे समाज में समय-समय पर मनाए जाने वाले उत्सवों और सामाजिक कार्यक्रमों में भाग लेते हैं। वे दूसरों से मिल-जुलकर रहते हैं और जाति-बिरादरी के आदेशों का पालन करते हैं यद्यपि वे पोशाक, खानपान, रहन-सहन आदि में भिन्नता बनाए रखते हैं परन्तु दूसरों से इतने भिन्न नहीं रहते कि लोग उन पर उंगलियाँ उठाने लगे। सामान्य रूप से जिसको जाति-बिरादरी अच्छा माने वह किया जाय और जिसे बुरा माने उससे दूर रहा जाय। इस तरह सामान्य बालक सामाजिक होता है।

1.6.2 आवश्यकताओं की पूर्ति और सन्तुलन

सामाजिकता के अतिरिक्त सामान्य बालक का दूसरा मुख्य गुण अपनी आवश्यकताओं की भली प्रकार पूर्ति करना है। स्वस्थ व्यक्ति वह होते हैं जो बात-बात में अपना सन्तुलन नहीं खोते हैं। वह छोटी-मोटी कठिनाई, कमी, थकान तकलीफ अथवा बीमारी आदि से घबराता नहीं बल्कि उनका उपचार कराता है। उसकी दिनचर्या नियमित होती है और वह किसी न किसी नौकरी अथवा व्यापार के द्वारा अपनी आजीविका कमाता है। सामान्य बालक दिन-रात कल्पनाओं में डूबे न रहकर ठोस जमीन पर रहते हैं और व्यवहारिक रूप से चलते हैं। ऐसा नहीं है कि इनको हताशाएँ न होती हों परन्तु वे इससे अपना सन्तुलन नहीं खोते। वे मजबूरियों से लड़ते हैं या उनसे समझौता कर लेते हैं और सभी प्रकार की अति से दूर रहते हैं। सामान्य बालक अपने गुणों और कमजोरियों को समझते हैं और स्नेह तथा मैत्री का महत्व जानते हैं।

1.6.3 स्वास्थ्य, सुरक्षा और संयम : सामान्य बालक अपनी सामाजिक, आर्थिक, शारीरिक तथा मनोवैज्ञानिक स्थिति को स्वस्थ और सुरक्षित रखने का प्रयास करते हैं। सामान्य रूप से वे अपने व्यवहार में नैतिकता बनाए रखते हैं। उन्हें अपने जीवन के लक्ष्यों का पता रहता है और वे उसके लिए मेहनत से प्रयास करते हैं। सफलता प्राप्त करने पर उनका उत्साह बढ़ता है परन्तु असफल होने पर भी वे सन्तुलन नहीं खोते वे पिछले अनुभवों से सीखते हैं और भविष्य में उसका लाभ उठाते हैं। आशा, संयम, विचार, कार्य, व्यवहारिकता और

आत्मनिर्देशन आदि उनके व्यक्तित्व के सामान्य लक्षण होते हैं। सामान्य बालक महत्वाकांक्षी होते हैं परन्तु इतने नहीं कि महत्वाकांक्षा के सामने सब कुछ भूल जाएँ। इनमें छोटे-मोटे चरित्र के दोष देखे जा सकते हैं परन्तु इतने नहीं कि दूसरे लोग उन पर उंगली उठाने लगें या उनका बहिष्कार करें। इनमें बुद्धि कम या अधिक हो सकती है परन्तु इससे उनके अपने कार्यों में विशेष बाधा नहीं आती।

1.6.4 समुपयुक्त संवेगशीलता : सामान्य बालक में दृढ़ संवेगात्मक सम्बन्धों को बनाये रखने, दूसरों के संवेगों को समझने तथा दूसरों के सुख-दुख में शामिल होकर उपयुक्त ढंग से संवेग व्यक्त करने की योग्यता होती है। वह जीवन में प्रसन्नता एवं सुख की अनुभूति करता है। वह सहज ढंग से हँसने, मुस्कराने तथा दूसरों से प्रेम कर सकने में समर्थ होता है। समायोजित बालक अवसर पड़ने पर नियन्त्रण खोते हुए क्रोध भी व्यक्त कर सकता है। उसमें संवेगों की अभिव्यक्ति न तो अवरोधित और न हीं आवश्यकता से अधिक मुखर रूप में उपस्थित होती है। उसके संवेग, उसके नियन्त्रण में रहते हैं। उसके संवेग की अभिव्यक्ति परिस्थिति के अनुरूप होती है।

1.6.5 स्वयं का वास्तविक मूल्यांकन : सामान्य बालक अपनी योग्यताओं तथा उपलब्धियों के अनुरूप आत्म-सम्मान रखता है। वह अपने आपको नैतिक दृष्टि से दृढ़ तथा सापेक्षिक रूप से तीव्र अपराध भावना से मुक्त अनुभव करते हुए भी अपने भीतर ऐसी इच्छाओं अस्तित्व की उपस्थिति का अनुभव करता है जिन्हें व्यक्तिगत तथा सामाजिक दृष्टि से अनुपयुक्त समझा जाता है।

1.6.6 स्वयं का उपयुक्त ज्ञान : सामान्य बालक को अपनी मुख्य प्रेरणाओं, इच्छाओं, लक्ष्यों, महत्वकांक्षाओं मनोरचनाओं तथा हीन भावनाओं आदि का ज्ञान रहता है। वह अपनी कमियों तथा योग्यताओं से परिचित होता है। सामान्य बालक को अपनी सीमाओं का बोध होता है। जो शारीरिक भी होता है और मनोवैज्ञानिक भी। वह अपनी सीमाओं की क्षतिपूर्ति के लिए अपनी प्रबल विशेषताओं को और प्रबल बनाता है।

1.6.7 अपनी वैयक्तिकता को बनाये रखते हुए समूह की आवश्यकताओं की पूर्ति कर सकने की योग्यता : सामान्य बालक वह है जो अपनी वैयक्तिकता को भी बनाये रखे और साथ ही साथ समूह की इच्छाओं की भी पूर्ति कर सके।

केवल निजी स्वार्थों तक सीमित रहना या अपने आपक़ो पूर्णरूपेण संघ को समर्पित कर देना भी उपयुक्त नहीं है।

1.6.8 उत्तरदायित्व की स्वीकृति : सामान्य बालक में उत्तरदायित्व की भावना पाई जाती है। बालक केवल एक क्षेत्र में ही नहीं वरन् अनेक क्षेत्रों में उत्तरदायित्वों को ग्रहण करता है। वह अपने लिये तथा अपने व्यवहार के लिए उत्तरदायित्वों को स्वीकार करता है। उसमें जीवन की क़ठिनाइयों का सामना करने की योग्यता पाई जाती है, तथा उसमें अपनी आयु एवं योग्यता के अनुसार उत्तरदायित्व ग्रहण करने का विश्वास पाया जाता है।

1.6.9 व्यक्तित्व में संगठन तथा स्थायित्व का होना : सामान्य बालक में व्यक्तित्व के तीनों पक्षों चिन्तन, बोध तथा संकल्प में पर्याप्त संतुलन होता है। साथ ही साथ उसके व्यवहार में सापेक्षिक रूप में स्थिरता होती है, उसके व्यवहार में बिना कारण जल्दी-जल्दी परिवर्तन नहीं होता। ऐसे बालक आंतरिक सामंजस्य स्थापित करने में सक्षम होते हैं तथा दूसरों से शांतिमय संबन्ध ही नहीं स्थापित करते हैं, वरन् उनकी प्रकृति भी शांतिमय होती है। वह अपने जीवन में विभिन्न प्रकार्यों एवं भूमिकाओं को सुव्यवस्थित प्रतिमान के अनुसार संगठित करता है।

1.6.10 लक्ष्योन्मुखता : सामान्य बालक का लक्ष्य यथार्थपरक होता है। बालक जब अपने लक्ष्य को प्राप्त करने में अपने को असमर्थ पाता है तो वह अपने लक्ष्य के स्तर को नीचा कर देता है। बालक अपने लक्ष्य की प्राप्ति के लिए ज्ञान एवं कौशलों को अर्जित करना चाहता है। यद्यपि उनके मार्ग में अनेक बाधाएँ आती हैं फिर भी वे अपने लक्ष्य की प्राप्ति के लिए प्रयासरत रहते हैं। वे अपने ज्ञान एवं कौशलों में उन्नति लाने का प्रयास करते हैं तथा आवश्यकता पड़ने पर अपने लक्ष्य को यथार्थपरक स्तर पर ले आते हैं। वह अपने समय एवं आयाम का उचित प्रयोग जानता है जो लक्ष्य प्राप्त करने की संभावनाओं में वृद्धि करते हैं।

उपर्युक्त सामान्य बालक के लक्षणों के आधारों के अतिरिक्त Symonds, The Dynamics of Human Adjustmant, page 568. के अनुसार उपयुक्त ढंग से जीवन के संघर्षों में डटे रहना सामान्यता का द्योतक है। उनके अनुसार "सामान्य बालक वह है जो भयावह आघातों तथा बाधा उपस्थित करने वाली परिस्थितियों पर विजय प्राप्त करें।"[1]

उपरोक्त विवेचन का यह अर्थ कदापि नहीं है कि सामान्य बालक में सभी बातें वांछनीय मात्रा में पायी जायेंगी। वास्तव में संसार में कोई भी ऐसा बालक

नहीं मिलेगा जिसमें उपरोक्त सभी गुण आवश्यक मात्रा में विद्यमान हों। ऐसा पूर्ण सामान्य व्यक्ति मात्र कल्पना की वस्तु है। वैसे सामान्य बालक में उपरोक्त अधिकांश गुण वांछनीय मात्रा में पाये जाते हैं उसमें उपरोक्त गुणों का आवश्यकता से अधिक या अभाव विकृति नहीं होती।

1.7 बाल-अपराध का अर्थ

बालकों के द्वारा सामाजिक मूल्यों के विपरीत किया गया प्रत्येक कार्य 'बाल अपराध' कहलाता है। इस प्रकार के कृत्यों का विस्तार बहुत अधिक है। इसमें साधारण उद्दण्डता से लेकर हत्या तथा बलात्कार जैसे गम्भीर अपराध सम्मिलित हैं। क्योंकि प्रत्येक राष्ट्र तथा समाज के अपने पृथक सामाजिक मूल्य तथा नैतिक मापदण्ड होते हैं अतः जो बालक निर्धारित मूल्यों और मान्यताओं के विरुद्ध कार्य अथवा समाज विरोधी कार्य करता है तो उसको अपराधी माना जाता है।

बाल अपराध को विस्तार से समझने के लिए हमें मनोविज्ञान कानूनविदों, अपराधशास्त्रियों, तथा समाजशास्त्रियों के द्वारा दी गयी परिभाषाओं के सन्दर्भ में समझना आवश्यक है।

डा. एम. जे. सेथना के अनुसार—"बाल-अपराध के अन्तर्गत किसी स्थान-विशेष के कानून के अनुसार एक निश्चित आयु से कम के बच्चे द्वारा किये जाने वाले समाज-विरोधी कार्यों को सम्मिलित किया जाता है।"[2]

गिलिन और गिलिन के अनुसार—"समाजशास्त्रीय दृष्टिकोण से एक बाल-अपराधी वह है जिसके कार्य को समूह गिरा हुआ समझता है तथा जिसके कार्य समाज के लिए हानिकारक होने के साथ कारण निशिद्ध होते हैं"[3]

न्यूमेयर के अनुसार—"बाल-अपराधी एक निश्चित आयु से कम का वह व्यक्ति है जिसने समाज-विरोधी कार्य किया है और जिसका दुर्व्यवहार कानून को तोड़ने वाला होता है।"[4]

डा. जेम्स के अनुसार—"बाल-अपराधी का तात्पर्य उस बालक से है जो एक आदत के रूप में अपनी निराशा को समाज-विरोधी कार्यों अथवा हिंसक व्यवहारों के रूप में प्रदर्शित करता है।"[5]

रॉबिन्सन ने बाल-अपराध को कुछ विशेष व्यवहारों के आधार पर स्पष्ट करते हुए लिखा है, "बाल-अपराध के अन्तर्गत सड़कों पर घूमना, भीख माँगना,

दुर्व्यहार करना, घातक शैतानियाँ और अनियंत्रित व्यवहार करना आदि सम्मिलित किये जाते हैं।"

वेरेशियस तथा मिलर के अनुसार "अल्पव्यस्क के द्वारा किया गया वह व्यवहार है जो विशेष विधिक प्रतिमानों अथवा किसी सामाजिक संस्थान के आदर्शों को निरन्तर और गम्भीरता के साथ तोड़ता है। जिससे कि व्यवहार करने वाले व्यक्ति अथवा समूह के विरुद्ध कानूनी कार्यवाही का दृढ़ आधार प्राप्त हो जाता है।"[6]

डा. हेकरवाल के अनुसार "सामाजिक दृष्टिकोण से बाल अपराध का तात्पर्य बच्चे अथवा किशोर के ऐसे व्यवहार से है जो मानवीय सम्बन्धों के क्रम में, जिसे समाज अपने अस्तित्व के लिए आवश्यक समझता हो, बाधा डालता है।"[7]

फ्राइडलैण्डर केवल अपराध की गम्भीरता को ही पर्याप्त नहीं समझते बल्कि इनके अनुसार बच्चा जब एक-से अधिक बार अपराध करे केवल तभी उसे बाल अपराधी कहा जाना चाहिए। आपके शब्दों में, "बाल अपराधी वह बच्चा है जिसकी मनोवृत्ति कानून को भंग करने वाली हो अथवा कानून को भंग करने का संकेत करती हो।"[8]

सीरिल बर्ट के अनुसार : "किसी बच्चे द्वारा किया जाने वाला समाज-विरोधी व्यवहार जब इतना गम्भीर हो जाता है कि राज्य द्वारा उसे दण्ड देना आवश्यक हो जाये, केवल तभी उस व्यवहार को हम बाल-अपराध कहते हैं।"[9]

ओहायो कोड यू. एस. ए. के अनुसार 'बाल अपराधी वह है जो कानून भंग करता है, आवारागर्दी करता है, आज्ञा का उल्लंघन करने में अभ्यस्थ है, जिसके व्यवहार से उसका अपना तथा दूसरों का नैतिक जीवन खतरे में पड़ता है, अथवा जो अपने माता-पिता या अभिवावकों की अनुमति के बिना विवाह करने की कोशिश करता है।"[10]

उपरोक्त सभी परिभाषाओं से स्पष्ट होता है कि बाल-अपराध एक निश्चित आयु से कम के बच्चों द्वारा किया जाने वाला कोई भी वह समाज विरोधी कार्य है जो देश के कानून के अनुसार निषिद्ध होता है। विभिन्न समाजों के कानून एक-दूसरे से कुछ भिन्न होते हैं। यही कारण है कि विभिन्न समाजों में बाल-अपराध की कसौटियाँ भी एक-दूसरे से कुछ भिन्न हो सकती हैं। उदाहरण के लिए जापान में 14 वर्ष से लेकर 20 वर्ष, तक की आयु के बच्चों द्वारा किये

जाने वाले अपराध को बाल-अपराध माना जाता है जबकि स्वीडन में 9 वर्ष से 21 वर्ष तक, अमेरिका में 7 वर्ष से 21 वर्ष, ईरान में 11 से 18 वर्ष, थाईलैण्ड में 14 से 18 वर्ष, मिस्र में 7 से 15 वर्ष, लेबनान में 7-15 वर्ष तक की आयु के अपराधी बालक बाल-अपराधी कहलाते हैं। भारतवर्ष में भारतीय दण्ड संहिता के अनुसार बाल-अपराध की अवधारणा को निम्नांकित तीन विशेषताओं की सहायता से समझा जा सकता है।

1. भारत में 7 वर्ष से कम आयु के बच्चे द्वारा किये गये अपराध को अपराधी की श्रेणी में नहीं रखा जाता क्योंकि इस आयु तक बच्चा अबोध होता है जो अपराधिक इरादे को लेकर कोई अपराध नहीं कर सकता।
2. बाल अधिनियम, 1960 के अनुसार 7 वर्ष से 18 वर्ष तक की आयु के लड़कों द्वारा किये जाने वाले कानून-विरोधी व्यवहार बाल-अपराध के अन्तर्गत आते हैं, तथा 18 से 21 वर्ष तक की आयु के लड़कों द्वारा किये जाने वाले अपराध को किशोर अपराध कहा जाता है। एक ही अपराध के लिए इन दोनों श्रेणियों के लिए पृथक-पृथक न्यायिक प्रक्रिया और दण्ड प्रक्रिया अपनायी जाती है।
3. बाल-अपराध का तात्पर्य केवल साधारण अपराधों से होता है। 7 वर्ष से अधिक का कोई बच्चा यदि हत्या, राजद्रोह अथवा किसी बहुत गम्भीर ऐसे अपराध का दोषी हो जिसके लिए मृत्यु-दण्ड या आजीवन कारावास की सजा का प्रावधान हो तो ऐसे अपराध को बाल-अपराध की श्रेणी में नहीं रखा जाता है।

1.8 अपराधी बालकों द्वारा किये जाने वाले कार्य

इस सम्बन्ध में दूसरा प्रश्न यह उठता है कि किन कार्यों को हम बाल अपराध कह सकते हैं। विधि द्वारा निर्धारित एक निश्चित आयु समूह के भीतर के बालक द्वारा किये जाने वाले अपराध निम्नलिखित है :–

1. विधि या अध्यादेश का उल्लंघन,
2. आदतन स्कूल से भागना,
3. जानबूझकर चोरों, दुश्चरित्रों या अनैतिक व्यक्तियों की संगति,
4. अपचारी स्वभाव जो सुधार से परे हों,

5. माता-पिता या अभिवावक के नियन्त्रण से परे हों,
6. अपराध की दिशा में बढ़ना या अवारापन,
7. अपने को या दूसरे को चोट पहुँचाना,
8. बिना उचित कारण और बिना सहमति के घर से अनुपस्थित रहना,
9. अनैतिक और असामाजिक आचरण,
10. सार्वजनिक स्थानों में नीच, फूहड़ या गँवार भाषा का प्रयोग,
11. जानबूझकर अप्रतिष्ठित घरों से संपर्क,
12. जुआ घरों या अन्य ऐसे ही स्थानों में जाना,
13. रेलवे स्टेशनों या बस अड्डों में बिना कार्य के घूमना,
14. रेलगाड़ियों, कारों, बसों आदि से कूदना या निरूद्देश्य सफर करना,
15. नशीली वस्तुओं के बिक्री के स्थानों, मदिरालयों में जाना,
16. रात्रि में सड़कों या सुनसान स्थानों में घूमना,
17. सार्वजनिक स्थानों या पाठशालाओं के आस-पास आचरण,
18. ऐसे किसी व्यवसाय या कार्य में संलग्न होना जो स्वयं अथवा दूसरों के लिए खतरनाक या क्षति पहुँचाने वाला हो।
19. सिगरेट या तम्बाकू का किसी भी स्वरूप में प्रयोग करना,
20. विधि द्वारा निषिद्ध स्थानों में जाना,
21. अवैधानिक कार्यों व स्थानों में उपस्थित होना,
22. नशीली दवाओं या वस्तुओं का प्रयोग,
23. उद्दण्डता करना,
24. भीख माँगना,
25. शराब का सेवन करना,
26. आपराधिक बातें करना या योजना बनाना,
27. गलियों, फुटपाथों या पार्कों में सोना,
28. अनाथालय या अन्य ऐसे ही संस्थानों से भागना,
29. अवैधानिक कार्यों के लिए प्रयुक्त होने वाले स्थान में पाया जाना,

30. शराब के नशे में गाड़ी चलाना,
31. विधि का उल्लंघन करते हुए बिना सहमति के विवाह करने का प्रयास करना,
32. यौनाचार में संलग्न होना।

1.9 बाल-अपराध के प्रकार

बाल अपराध के प्रकार को वर्गीकृत करना आसान कार्य नहीं है क्योंकि समय, स्थान, अपराधी की आयु, देश की कानूनी व्यवस्था, सामाजिक मूल्यों, नैतिकता के मानदण्ड तथा नैतिक एवं धार्मिक आचरण व वातावरण के अनुरूप इसकी परिभाषा भी बदल जाती है। बालकों द्वारा किये जाने वाले अपराधों के स्वरूप, उनका सामाजिक सन्दर्भ तथा कारक एक-दूसरे से बहुत भिन्न हो सकते हैं। इन अपराधों की प्रकृति को विभिन्न समाज-वैज्ञानिकों ने भिन्न रूप से स्पष्ट किया है। इनमें हार्वड बेकर, एडविन पॉवर्स, येशर, कोहेन तथा डेविड माटजा वे प्रमुख विद्वान हैं जिन्होंने अपने अध्ययनों के आधार पर बाल अपराध के विभिन्न प्रकारों को स्पष्ट किया है जिन्हें निम्नांकित रूप से समझा जा सकता है :–

1.9.1 व्यक्तिगत बाल-अपराध : व्यक्तिगत बाल अपराध वे हैं जो व्यक्तिगत आधार पर किसी बच्चे द्वारा अकेले ही किये जाते हैं। व्यक्तिगत रूप से किये जाने वाले बाल अपराध बच्चे की उन समस्याओं के कारण होते हैं जो परिवार से दोषपूर्ण अन्तःक्रियाओं के कारण पैदा होती है। जो बच्चे माता-पिता द्वारा उपेक्षित होते हैं या हीनता की भावना से ग्रस्त होते हैं अथवा उनमें अपने किसी न किसी नातेदार के प्रति बहुत अधिक ईर्ष्या पायी जाती है। अतः परिवार की परिस्थितियों से असन्तुष्ट होने के कारण ही व्यक्तिगत बाल अपराधों को प्रोत्साहन मिलता है।

1.9.2 समूह द्वारा समर्थित बाल-अपराध : इस प्रकार के बाल-अपराध किसी बच्चे द्वारा कुछ दूसरे बच्चों के साथ किया जाता है। ऐसे अपराधों की प्रकृति व्यक्तिगत नही होती बल्कि साधारणतया तीन-चार बच्चे मिलकर कोई अपराधी व्यवहार करते हैं। इस तरह के अपराधों का कारण व्यक्तिगत नहीं होता बल्कि इसका कारण परिवार, पड़ोस या संगति की अपराधी प्रवृति होती है। यदि परिवार या पड़ोस का वातावरण अपराधी प्रकृति का होता है तो बच्चे को बचपन से ही अपराध करने वाले लोगों की संगति मिलने लगती है। इसके

फलस्वरूप बच्चे अपराधी व्यवहार को ही एक सामान्य व्यवहार के रूप में देखने लगते हैं।[11]

1.9.3 संगठित बाल अपराध : संगठित बाल-अपराध वे अपराध हैं जो बच्चों के द्वारा संगठित गिरोहों के रूप में किये जाते हैं। इनमें जेब काटने और मामूली चोरियों से लेकर हिंसक अपराध तक सम्मिलित हैं। इस तरह के अपराधों का मुख्य कारण एक अपराधी उप-संस्कृति होती है। यह वह संस्कृति है जिसमें उन बच्चों को समूह में ऊँचा स्थान दिया जाता है जो अपने समाज के मूल्यों के विरुद्ध व्यवहार करने में अधिक रूचि लेते हैं। यह संस्कृति बच्चों को अपराध करने का प्रोत्साहन देने के साथ ही उन्हें अपराध के नये-नये तरीकों का प्रशिक्षण भी देती हैं। अतः स्वभाविक है कि अपराधी उप संस्कृति से सम्बन्धित बच्चे एक दूसरे से घनिष्ठता महसूस करने लगते हैं। इससे संगठित बाल-अपराधों को प्रोत्साहन मिलता है।[12]

1.9.4 परिस्थिति सम्बन्धी बाल-अपराध : परिस्थिति सम्बन्धी बाल-अपराध पहले के तीन तरह के बाल अपराधों से इस अर्थ में भिन्न होते हैं, कि इनके अन्तर्गत बच्चे का अपराध के प्रति कोई पक्का इरादा न होने के बाद भी एक विशेष परिस्थिति में वह आकस्मिक रूप से अपराधी व्यवहार कर बैठता है। परिस्थिति सम्बन्धी बाल अपराध या तो इस कारण होते हैं कि बच्चे में अपने ऊपर नियंत्रण रखने कि क्षमता कम होती है अथवा उस परिवार का नियन्त्रण बहुत कमजोर होने के कारण उसे उचित और अनुचित का अधिक बोध नहीं रह जाता तो वह अपराध कर बैठता है।[13]

बाल अपराध के उपरोक्त प्रकारों का अध्यन करने से स्पष्ट होता है कि व्यक्तिगत बाल-अपराध की जड़ें बच्चे के व्यक्तित्व में ही निहित होती हैं, वहीं समूह द्वारा समर्थित एवं संगठित बाल अपराधों का सम्बन्ध बहुत कुछ अपराधी क्षेत्रों से होता है इसके विपरीत परिस्थिति सम्बन्धी बाल-अपराध भिन्न परिप्रेक्ष्य प्रस्तुत करता है। इसमें अपराध की जड़ें गहरी नहीं होती और अपराध के लिए प्रेरणाएँ और उसे नियन्त्रित करने के साधन बहुधा अपेक्षाकृत सरल होते हैं।

1.10 बाल-अपराध के कारण

बाल-अपराध की समस्या को किसी एक कारण के आधार पर नहीं समझा जा सकता बल्कि बाल-अपराध में कई कारक महत्वपूर्ण भूमिका निभाते हैं। यदि हम भारत के सन्दर्भ में बाल-अपराध के कारणों की विवेचना करें तो स्पष्ट होगा

कि यहाँ अनेक दशाएँ संयुक्त रूप से बाल-अपराध की समस्या के लिए उत्तरदायी हैं। इनमें से कुछ मुख्य दशाओं के आधार पर ही बाल-अपराध के वास्तविक कारणों को समझा जा सकता है जो निम्नलिखित हैं :–

1.10.1 मनौवैज्ञानिक तथा व्यक्तिगत कारण (Psychological and Individual Causes) : बच्चों का मस्तिष्क बहुत कोमल और ग्रहणशील होता है। जब कभी भी विभिन्न दशाओं के फलस्वरूप बच्चे का मानसिक रूप से संतुलन बिगड़ने लगता है अथवा बच्चे का जीवन मानसिक रूप से अस्थिर हो जाता है तो उसमें अपराध की प्रवृति पैदा होने लगती है। बाल-अपराध के लिए कुछ प्रमुख मनोवैज्ञानिक तथा व्यक्तिगत कारणों को इस प्रकार समझा जा सकता है :–

1. मानसिक अस्थिरता (Emotional Instability) : मनोवैज्ञानिकों और मनोचिकित्सकों ने मानसिक अस्थिरता को बाल-अपराध के लिए उत्तरदायी माना है। साधारणतया बच्चे की जब सामान्य इच्छाओं और अनिवार्य आवश्यकताओं की पूर्ति नहीं हो पाती है तो उसके मन में अनेक प्रकार के तनाव उत्पन्न होने के साथ ही वह हर समय अपने आपको असन्तुष्ट अनुभव करने लगता है। मानसिक अस्थिरता की दशा में यह निश्चय नहीं कर पाता कि कौन से व्यवहार उचित है और कौन से अनुचित ये लोग अधिकांशतः अधिक उत्तेजित, उग्र, आवेगी, संवेगात्मक दृष्टि से अस्थिर होते हैं अतः अधिक उत्तेजित दशा में स्वयं पर नियन्त्रण खोने के उपरान्त अपराध कर बैठते हैं **हेली** और **ब्रोनर** ने यह पाया कि लगभग **19%** बाल-अपराधियों में मानसिक अस्थिरता पायी जाती है।

2. बुद्धि का निम्न स्तर (Lower Level of Intelligence) : साधारणतया यह देखने को मिलता है कि अधिकांश बाल-अपराधियों की बुद्धि का स्तर सामान्य से कुछ कम होता है इसलिए वह यह नहीं समझ पाता कि उसके द्वारा किये जाने वाले समाज-विरोधी कार्य का परिणाम क्या होगा, प्रत्येक दशा में वह अपने कार्य को उचित और न्यायपूर्ण समझता है। मानसिक पिछड़ेपन के कारण उनमें तर्कशक्ति का अभाव होता है जिसके फलस्वरूप उसके संगी-साथी उन्हें जल्दी अपराध की ओर ले जाने में सफल हो जाते हैं।

3. दोषपूर्ण चरित्र (Vicious Character) : अधिकांश बाल-अपराधियों में ईमानदारी, नैतिकता तथा सम्मानजनक व्यवहार की कमी पायी जाती है। साधारणतया उनके व्यवहार में कटुता, क्रूरता, अभद्रता और धोखाधड़ी

का समावेश होता है। चरित्र सम्बन्धी इन विशेषताओं के कारण अधिकांश लोग न तो उन पर विश्वास करते हैं और न ही उन्हें सम्मान के दृष्टिकोण से देखते हैं। समाज में जैसे-जैसे उनका तिरस्कार बढ़ता है, वे अपराधी व्यवहार करने लगते हैं।

4. हीनता की भावना (Inferiority complex) : जो बच्चे आरम्भ में ही पढ़ने में बहुत कमजोर होते हैं, अपने साथियों की तुलना में शारीरिक रूप से विकारयुक्त होते हैं अथवा जो किसी भी काम को कुशलतापूर्वक नहीं कर पाते वे इस हीन भावना का शिकार हो जाते हैं कि उन्हें अपने मित्रों के बीच कोई सम्मान नहीं मिल सकता। इस हीनता की भावना को वे मादक द्रव्य-व्यसन जुए की आदत और संगी साथियों के साथ मारपीट करके दूर करने का प्रयत्न करने लगते हैं।

5. शारीरिक दोष (Physical Handicaps) : जो बच्चे काने, कम सुनने वाले, हकलाकर बोलने वाले अथवा बहुत लम्बे या बहुत छोटे कद के होते हैं, उनकी अपने साथियों द्वारा अक्सर हँसी उड़ायी जाने लगती हैं। शरीर में आयु से अधिक शक्ति होने से बच्चे में यौनिक विकार पैदा होने लगते हैं। शक्ति बीमारियों से ग्रस्त होने की दशा में बच्चा असामान्य ढंग से व्यवहार करने लगता है। यह सभी दशाएँ बच्चों की मानसिकता को प्रतिकूल रूप से प्रभावित करके उसे ऐसे व्यवहार करने का प्रोत्साहन देने लगती हैं जिनका सम्बन्ध किसी न किसी तरह के अपराध से होता है।

6. वंशानुक्रम (Heredity) : बाल-अपराध के उद्भव और विकसित होने का एक कारण बच्चों की अनुवांशिकता भी है। अपराधी प्रवृति अर्जित नहीं की जाती है, अपितु यह बालक को अपने जन्म से ही माता-पिता द्वारा प्राप्त होती है, उनको अपराधी व्यवहार के प्रमुख गुण माता अथवा पिता या संयुक्त रूप से दोनों के द्वारा ही प्राप्त होते हैं।

1.10.2 पारिवारिक कारण (Femalial Causes) : परिवार को ही बालक की प्रथम पाठशाला माना जाता है। यही संस्था बालक का भविष्य बिगाड़ती या सँवारती है। परिवार ही बालक को स्वस्थ या अस्वस्थ नागरिक बनाता है। परिवार से प्राप्त होने वाली सीख उसकी मानसिकता, विचारों और व्यवहारों को प्रभावित करती है। पारिवारिक कारणों में बाल-अपराध के लिए उत्तरदायी कुछ प्रमुख दशाएँ निम्नलिखित हैं :

1. विघटित परिवार (Broken Families) : परिवार में माता-पिता के मध्य खराब सम्बन्ध, पारिवारिक कलह, लड़ाई-झगड़े, परिवारिक सम्बन्धों का टूटना तथा असहयोगी प्रवृत्ति आदि के कारण बालक के मानसिक स्वास्थ्य को विशेष रूप से प्रभावित करते हैं। माता-पिता दोनों का ही नौकरी पर जाना तथा बालक का नौकरो के संरक्षण में पलना भी अपराधी प्रवृत्ति के विकास के लिए उत्तरदायी हो सकता है।

2. माता-पिता का दुर्व्यवहार (Misbehaviour of Parents) : परिवार में यदि बच्चे को माता-पिता के दुर्व्यवहार का शिकार बनना पड़े तो उसमें आरम्भ से ही घृणा, क्रूरता और प्रतिशोध की भावना पैदा होने लगती है। परिवार मे अक्सर सौतेली माँ अथवा सौतेले पिता के कारण बच्चों के साथ भेद-भाव का व्यवहार किया जाने लगता है। अनेक माता-पिता स्वयं बच्चो को जेब काटने या छोटी-मोटी चोरी करने का प्रशिक्षण देते हैं। अत्यधिक निर्धन वर्गों में बच्चों को अक्सर भीख माँगने के लिए अथवा अपराधी गिरोहों के लिए कार्य करने के लिए बाध्य किया जाता है।

3. दोषपूर्ण अनुशासन (Defective Discipline) : अत्यधिक कठोर अनुशासन अथवा बच्चों को दी जाने वाली आवश्यकता से अधिक स्वतन्त्रता भी ऐसी दशाएँ हैं जो बच्चों को अपराध की ओर ले जाती हैं। छोटी-छोटी बात पर बच्चों को शारीरिक दण्ड देने से बच्चे स्वयं ही क्रूर व्यवहार के अभ्यस्त होने लगते हैं। यह प्रवृत्ति उन्हें साथियों से मारपीट करने और हिंसक व्यवहार करने की प्रेरणा देती है। अधिक लाड़-प्यार से बच्चों में जुआ खेलने, शराब पीने तथा यौनिक अपराध करने की प्रवृत्ति बढ़ने लगती है।

4. पक्षपातपूर्ण व्यवहार (Discriminativing Behaviour) : परिवार में यदि किसी बच्चे को अधिक प्यार दिया जाये तथा किसी दूसरे बच्चे के साथ हमेशा कठोर व्यवहार किया जाये तो स्वाभाविक है कि ऐसे कठोर व्यवहार से बच्चे के मन में ईर्ष्या और बदले की भावना उत्पन्न होने लगती है। घर से भागने वाले अधिकांश बच्चे पक्षपातपूर्ण व्यवहार के कारण ही अपराधी गिरोहों की संगति में पड़ जाते हैं। ऐसे बच्चों को घर के वातावरण की अपेक्षा अपराधी प्रवृत्ति के बच्चों के साथ बैठना अधिक अच्छा लगता है।

5. माता-पिता का चरित्र व आचार : माता-पिता के चरित्र व आचरण का बालकों के व्यक्तित्व पर बड़ा प्रभाव पड़ता है। ऐसे बालक बहुत कम होते

हैं जो अपने माता-पिता को झूठ बोलते और मक्कारिपूर्ण व्यवहार, यौन अनैतिकता तथा चोरी करते देखते हुए भी अपना व्यवहार सामाजिक मूल्यों और मान्यताओं के अनुसार बना पाता हो। यदि परिवार में माता वेश्यावृत्ति में लिप्त हो तो उसकी लड़कियों को भी उसका अनुसरण करने में संकोच न होगा और वे भी व्यभिचार की ओर बढ़ेंगी।

6. भाई-बहनों का प्रभाव : केवल माता-पिता और बालकों के सम्बन्ध का ही नहीं बल्कि भाई-बहनों के व्यक्तित्व का भी बालकों के व्यक्तित्व पर बड़ा प्रभाव पड़ता है। यदि घर के बड़े बालक अपराधी व्यवहार करते हैं। तो उनका असर छोटे भाई-बहनों पर जरूर पड़ता है।

7. भीड़-भाड़ युक्त परिवार : वर्तमान में औद्योगीकरण के कारण शहरों की तेजी से बढ़ती हुई जनसंख्या के कारण रहने की उचित व्यवस्था नहीं है। सारा परिवार छोटे-से मकान अथवा एक कमरे में रहता है। मकानों के ऊँचे किराये और आय की सीमितता के कारण निम्न एवं मध्यम वर्ग के लिए अधिक कमरों वाले मकानों को जुटा पाना प्रायः कठिन होता है। छोटे-छोटे घरों में बच्चों के खेल-कूद व मनोरंजन के लिए उपयुक्त स्थान का अभाव होने के कारण स्वयं माता-पिता भी चाहते हैं कि बच्चे घर से बाहर ही खेलें। जहाँ नियन्त्रण के अभाव में वे अपराधी बालकों के सम्पर्क में आते हैं। ऐसे परिवारों में गोपनीय स्थल का भी अभाव होता है। वहाँ शान्त वातावरण एवं एकान्त की तो कल्पना ही नहीं की जा सकती। इन सभी का बच्चों के मस्तिष्क पर बुरा प्रभाव पड़ता है।

1.10.3 सामाजिक कारण (Social Factors) : वर्तमान समय में सभी विद्वान यह स्वीकार करते हैं कि बाल-अपराध का सर्वप्रमुख कारण समाज का विघटित पर्यावरण है। भारतीय परिस्थितियों के संदर्भ में विभिन्न सामाजिक दशाओं तथा बाल-अपराध के सम्बन्ध को निम्नांकित रूप से समझा जा सकता है :

1. अस्वस्थ मनोरंजन (Unhealthy Recreation) : बच्चों के जीवन में मनोरंजन का विशेष महत्व होता है। अधिकांश बच्चे टेलीविजन, सिनेमा, कॉमिक्स, तरह-तरह के खेलों और मित्रों के साथ हँसी-मजाक के द्वारा अपने मनोरंजन की आवश्यकता को पूरा करते हैं। वर्तमान युग में मनोरंजन के अधिकांश साधन बच्चे के चरित्र निर्माण न करके उनमें उत्तेजना और तनाव उत्पन्न करते

हैं। टेलीविजन के अधिकांश कार्यक्रमों में हत्या, डकैती, अपहरण, सेक्स तथा तस्करी के दृश्य बच्चों में उत्तेजना पैदा करते हैं। अश्लील पत्रिकाएँ बच्चों के जीवन को अनैतिक बनाने लगती हैं। हॉजर के अध्ययन से स्पष्ट हुआ है कि अनेक बाल-अपराधियों ने विशेष चलचित्र अथवा टेलीविजन के कथानक का अनुसरण करके ही पहली बार अपराध किया।

2. दोषपूर्ण संगति (Defective Comanionship) : वास्तव में अपराधी मनोवृत्ति के कुछ लोगों का कार्य एक अपराधी गिरोह का निर्माण करके आजीविका चलाना होता है। ऐसे गुण्डे या 'दादा' कम आयु के भोल-भाले बच्चों को उनके रुचि के अनुसार कुछ प्रलोभन देकर उन्हें अपने साथ रखकर बाद में उन्हें कुछ भय दिखाकर उनसे अपराध करवाना आरम्भ कर देते हैं।

एक बालक के अपराधी बनाने में उसके साथियों-दोस्तों का भी योगदान होता है। अकेलेपन में अपराध सीखने के अवसर बहुत ही कम होते हैं। यदि बालक के दोस्त, संगी-साथी अपराधी प्रवृत्ति के होंगे तो निश्चय ही उसका प्रभाव बालक के व्यवहार पर पड़ेगा। अतः बालक की संगति में बुरे साथियों में उसके समान आयु वाले और वयस्क साथी भी हो सकते हैं।

3. स्कूल (School) : विद्यालय ज्ञान का मन्दिर है जहाँ मानवता ढाली जाती है। विद्यालय का अनुपयुक्त वातावरण होने पर बच्चे से अच्छा नागरिक बनने की अपेक्षा नहीं की जा सकती। विद्यालय का बच्चे पर प्रत्यक्ष और अप्रत्यक्ष प्रभाव पड़ता है। स्कूल का वातावरण, अध्यापकों का व्यवहार, स्कूल के साथी छात्रों व अध्यापकों के साथ सम्बन्ध, अध्यापकों की प्रभावहीनता, अध्यापक का घर में संघर्ष, उनकी असुरक्षा, बीमारी एवं प्रशिक्षण, पाठ्यक्रम की कठोरता, मनोरंजन एवं आराम का अभाव, अयोग्य छात्रों की क्रमोन्नति, घर में अधिक काम तथा आलस्य, आदि कुछ ऐसे कारण हैं जो बच्चे के कोमल मस्तिष्क को प्रभावित कर उसे अपराधी या अयोग्य नागरिक बनाने में योगदान देते हैं।

4. नगरीकरण (Urbanization) : नगरीकरण के कारण गाँवों से जो लाखों बच्चे नगरों के निवासी बन जाते हैं वे यहाँ की परिस्थितियों से कठिनता से ही अनुकूलन कर पाते हैं। विभिन्न धर्मों, जातियों, वर्गों तथा मनोवृत्तियों के लोगों के बीच वे अपनत्व तथा स्नेह की कमी का अनुभव करते हैं साथ ही नगरों का वातावरण उन्हें तड़क-भड़क और भौतिक सुविधाओं की ओर आकर्षित करता है। बाजारों और सिनेमाघरों की भीड़ उन्हें जेब काटने, चोरी करने तथा

अश्लीलता प्रदर्शित करने का अवसर प्रदान करती है। अपरिपक्व बुद्धि के कारण आरम्भ में बच्चे ऐसे कार्यों को एक मनोरंजक विषय के रूप में देखते हैं लेकिन धीरे-धीरे वे बाल अपराधी बन जाते हैं।

5. सामाजिक नियन्त्रण की कमी (Lack of Social control): जब कभी भी समाज में नियन्त्रण स्थापित करने वाले नियमों के प्रभाव में कमी होने लगती है। तब बाल-अपराधों की संख्या में वृद्धि हो जाती है। सामाजिक नियन्त्रण की कमी प्रत्यक्ष रूप से बाल-अपराधों के लिए उत्तरदायी नहीं होती बल्कि समाज में एक ऐसा वातावरण तैयार करती हैं जिसमें बाल-अपराधों को प्रोत्साहन मिलने लगता है। जब समाज में कानूनों का प्रभाव घट जाता है, धार्मिक नियमों तथा प्रथाओं की शक्ति कम पड़ जाती है तथा ईमानदारी के मूल्यों का कोई महत्व नहीं रह जाता तो बच्चों का जीवन भी अनियन्त्रित बनने लगता है। आरम्भ में बच्चे माता-पिता की आज्ञा का उल्लंघन और स्कूल में अनुशासनहीनता का व्यवहार करते हैं तथा बाद में अपराधी मनोवृत्ति के बच्चों की संगति में पड़कर अपराध करने लगते हैं।

6. दोषपूर्ण आवास (Defective Housing): मकान की स्थिति का बाल-अपराधों से प्रत्यक्ष सम्बन्ध है। भारत के नगरों में मकानों की कमी के कारण निम्न आय वर्ग के अधिकांश लोग एक ही कमरे वाले मकान अथवा झुग्गी झोपड़ियों में निवास करते हैं। इन मकानों से बच्चों को सभी तरह की दशाओं को देखने और सुनने का अवसर मिलने के कारण उनमें उत्तेजना पैदा होने लगती है। बहुत से बच्चे इसी उत्तेजना के कारण अश्लील व्यवहार, यौनिक अपराधों तथा मार-पीट जैसे अपराधों के शिकार हो जाते हैं। घर में स्थान की कमी से बच्चे गलियों में समाज-विरोधी प्रवृत्ति के बच्चों के साथ खेलने लगते हैं। यदि मकान किसी अपराधी क्षेत्र में बना होता है तो भी बच्चे आरम्भिक जीवन से ही अपराधी व्यवहारों का अनुसरण करने लगते हैं। रोड्स ने अपने अध्ययन के आधार पर स्पष्ट किया कि अपराधी क्षेत्रों में बने छोटे-छोटे मकान बाल-अपराध के मुख्य केन्द्र होते हैं।

7. युद्ध सम्बन्धी परिस्थितियाँ (War Condition) : युद्ध सामाजिक विघटन एवं विनाश उत्पन्न करता है, तथा सामान्य परिवारिक जीवन को नष्ट करता है। चारों ओर तनाव का वातावरण होने से एक ओर बच्चों में उत्तेजना बढ़ती है तो दूसरी ओर उन्हें मनमाने व्यवहार करने का वातावरण मिल जाता है। एल्सा कास्टेण्डिक के अध्ययन के परिणामों के अनुसार यूरोप में युद्ध के

कारण बच्चों की शिक्षा बन्द हो गयी थी। बच्चों के माता-पिता युद्ध कार्य में व्यस्त थे, बच्चों की देखरेख करने वाला कोई नहीं था। बम गिरने के समय शहर में लूटपाट मच जाती थी। शान्ति के समय की अपेक्षा इस काल में बाल-अपराध की दर 50 प्रतिशत बढ़ गयी थी। इस समय बच्चों का युद्ध-पूर्व नैतिक मूल्यों से अनुकूलन करना कठिन हो गया था।

1.10.4 सांस्कृतिक कारण (Cultural Factors): बाल-अपराध के सामाजिक तथा सांस्कृतिक कारणों में बहुत सीमान्त अन्तर है। सांस्कृतिक कारणों से भी बाल-अपराध का जन्म होता है ये कारण निम्नलिखित हैं :–

1. सांस्कृतिक विषमताएँ (Cultural Antipathy) : सांस्कृतिक विषमताएँ एक ऐसी दशा है जिसमें बच्चे के परिवार के नियमों तथा उसके साथियों के व्यवहारों में बहुत भिन्नता होती है। ऐसी स्थिति में साधारणतया एक बच्चा अपने माता-पिता के आदर्शों को स्वीकार करना नहीं चाहता जबकि संगी-साथियों के व्यवहार-प्रतिमानों का अनुकरण करने की उसे सामाजिक स्वीकृति नहीं मिल पाती। बालकों की आपराधिक प्रवृत्ति के लिए बहुत कुछ अंशों में पाश्चात्य सभ्यता-संस्कृति का तीव्रतापूर्वक पतन हो रहा है और उसके स्थान पर आयातित पाश्चात्य सभ्यता-संस्कृति पनपने लगी है। पश्चिम से आयी उप-संस्कृति, बाल-अपराध का अंग बन रहा है। वह उप-संस्कृति, जाति, धर्म, शिक्षा तथा धन आदि की सीमाओं को पूर्णतया लांघ चुकी है और सम्पूर्ण देश में स्वस्थ भारतीय संस्कृति के स्थान पर एक गुण्डा-उप-संस्कृति का विकास हो रहा है।

2. मूल्यों में भ्रम (Confusion in Values): जब बच्चे के सामने विरोधी मूल्य होते हैं तो वह यह तय नहीं कर पाता है कि कौन-से मूल्य सही एवं अपनाने योग्य है एक तरफ घर पर बच्चों को गुरुजनों एवं बड़ों का सम्मान करना सिखाया जाता है, दूसरी तरफ छात्र कॉलेजों में हड़ताल करते हैं। माता-पिता बच्चों को घर पर सत्य बोलने एवं चोरी न करने की शिक्षा देते हैं, दूसरी तरफ वही पिता ऑफिस में घूस लेता है, गबन करता है। इस प्रकार के विरोधी मूल्य होने पर बच्चा भ्रम में पड़ जाता है और वही व्यवहार करने लगता है जो वह लाभप्रद समझता है।

3. नैतिक पतन (Moral Degradation): बच्चों का हृदय अत्यन्त कोमल और मस्तिष्क अत्यधिक संवेदनशील तथा अनुकरण करने वाला होता है। समाज में जब नैतिक पतन काफी बढ़ जाता है तो स्वाभाविक रूप से बाल

अपराध भी बढ़ने लगते हैं। किसी समाज में यदि ऐसा वातावरण बन जाए जिसमें अधिकारी भष्ट हो जायें, रिश्वतों के द्वारा नियुक्तियाँ होने लगे, कालाबाजारी व्यापारियों की नैतिकता बन जाय, अनुशासनहीनता से व्यक्ति को नेतृत्व मिलने लगे तो निश्चय ही बच्चों को भी अपराधी व्यवहारों के द्वारा अपनी आवश्यकताओं को पूरा करने का प्रोत्साहन मिलता है।

4. अनियन्त्रित स्वतन्त्रता की माँग (Demand of Unrestricted Freedom): वर्तमान युग की संस्कृति द्वारा बच्चों और युवकों के लिए पूर्ण स्वतन्त्रता का समर्थन किया जाने लगा है कि बच्चों को पूर्ण स्वतन्त्रता देकर ही उनके व्यक्तित्व का समुचित विकास किया जा सकता है। इससे प्रभावित होकर कम आयु के लड़के और लड़कियाँ परिवार तथा समाज में अधिक से अधिक स्वतन्त्रता की माँग करने लगे हैं। इसी का परिणाम है कि अब परिवार में यदि किसी किशोर को यौनिक अनैतिकता, अनुशासनहीनता या बुरी संगति से रोका जाये तो इसे भी वह परिवार या माता-पिता का शोषण समझकर घर से भागने या अपराधी गिरोह का साथ पकड़ने को तैयार हो जाता है तथा व्यक्तिगत स्वतन्त्रता के नाम पर इसका औचित्य दिखाने का प्रयत्न करता है। वर्तमान संस्कृति की अनियन्त्रित स्वतन्त्रता पहले तो बच्चों और किशोरों की आर्थिक आवश्यकताओं को बढाती हैं और जब परिवार के सीमित साधनो के द्वारा इन आवश्यकताओ की पूर्ति नहीं हो पाती, तब उन्हें अपराधी व्यवहारों की ओर प्रवत्त कर देती है।

5. जाति-विभेद (Caste Discrimination): भारतीय परिस्थितियों में बाल-अपराध का एक अत्यधिक महत्वपूर्ण कारण यहाँ कि सांस्कृतिक परम्परा है जिसके अनुसार कुछ व्यक्तियों को उच्च जातियों से सम्बन्धित होने के कारण आज भी विशेष अधिकार प्राप्त है। भारत मे स्वतन्त्रता के बाद कानूनी रूप से यद्यपि जाति-विभेद को समाप्त कर दिया गया है लकिन उच्च जातियों की मानसिकता आज भी निम्न जातियों को अपने बराबर स्तर देने की नहीं है। इसके फलस्वरूप निम्न जातियों के बच्चे आज भी स्वयं को अकेला और उपेक्षित महसूस करते हैं शिक्षा प्राप्त करने के साथ ही इन बच्चों का अपने उन सांस्कृतिक मूल्यों में कोई विश्वास नहीं रह जाता जिनके द्वारा हजारों वषों से उनका शोषण किया जाता रहा था। अपनी इस निराशा व प्रतिशोध की भावना को वे अक्सर अपराध के द्वारा सन्तुष्ट करने का प्रयत्न करने लगते हैं। सम्भवतः यही कारण है कि भारत में आज बाल-अपराधों में लगभग 45% बाल-अपराधी अनुसूचित जातियों और जनजातियों से सम्बन्धित हैं।

1.10.5 आर्थिक कारण (Economic Factors): भारतीय सामाजिक-आर्थिक संरचनाओं में आर्थिक दशाओं का बाल-अपराध से घनिष्ठ सम्बन्ध है। आर्थिक कारणों से बालक राज्य और समाज की मान्य रुढ़ियों और कानूनों को भंग करता है। इनमें से कुछ प्रमुख आर्थिक परिस्थितियाँ इस प्रकार हैं :–

1. निर्धनता (Poverty): निर्धनता अनेक ऐसी समस्याओं को जन्म देती है जो बाल-अपराधों को बढ़ाती है। निर्धनता के कारण न बालक को अच्छी शिक्षा मिल पाती है और न ही उसे स्वस्थ मनोरंजन की सुविधाएँ प्राप्त होती हैं। भोजन और अनिवार्य आवश्यकताओं के लिए भी उसे कदम-कदम पर तिरस्कृत होना पड़ता है। निर्धनता की स्थिति में माता-पिता द्वारा की गयी अवहेलना और कभी-कभी शारीरिक प्रताड़ना से भी बच्चे में प्रतिशोध की भावना उत्पन्न हो जाती है। उसका अवचेतन मन सुख-सुविधाओं को पाने के लिए उसे प्रेरित करता है, चाहे इनकी प्राप्ति अवैध रूप से ही क्यों न की जाय। इसी दुविधा तथा हीनता की भावना के कारण बच्चा अक्सर अपराधी गिराहों की संगति में फँस जाता है।

2. माताओं तथा बच्चों द्वारा नौकरी (Employment of Mothers and Children): बाल अपराधियों में एक बड़ी संख्या ऐसे बच्चों की होती है जो या तो बहुत छोटी आयु से स्वयं नौकरी करना आरम्भ कर देते हैं अथवा आर्थिक कठिनाइयों के कारण उनकी माँ को नौकरी करनी पड़ती है। माँ की नौकरी करने के कारण बच्चों को दिनभर गलियों में घूमने, आवारा लड़कों के साथ उठने-बैठने तथा स्कूल से भागने की खुली छूट मिल जाती है। ऐसी स्थिति में अक्सर बचपन से ही बालक अपराधी व्यवहार करना सीख जाते हैं। विभिन्न प्रकार की नौकरियों में लगे हुए बाल श्रमिकों पर किया जाने वाला अत्याचार भी उन्हें अपराध करने की प्रेरणा देता है।

3. आर्थिक तनाव (Economic Strains): भारतीय परिस्थितियों के अन्तर्गत उच्चवर्गीय बच्चों में आर्थिक तनाव बाल-अपराध का सम्भवतः सबसे मुख्य कारण हैं। सम्पन्न तथा प्रतिष्ठित परिवार के बच्चों में परिवार के सदस्यों के कुछ विशेष व्यवहार प्रतिमानों को देखकर उनमें भौतिक मूल्यों के प्रति आकर्षण भी उतना ही तेजी से बढ़ता है। ऐसे परिवारों के बच्चे अक्सर स्वयं भी धूम्रपान, जुए और मद्यपान को एक फैशन के रूप में देखने लगते हैं। यह स्वाभाविक है कि इन सभी आवश्यकताओं को वे अपने जेब खर्च से ही पूरा नहीं कर सकते। विशेषकर जुए में हार, मद्यपान की अधिकता, साथियों के दबाव तथा आधुनिकता

की माँग को पूरा करने के लिए उन्हें या तो घर में चोरी करनी पड़ती है अथवा अपने अपराधी साथियों की सहायता से स्वयं भी अपराध करने पड़ते हैं। विगत कुछ वर्षों में रेलों में पड़ी डकैतियाँ, राहजनी के मामलों, बलात्कार की घटनाओं मूर्तियों की चोरियों तथा तस्करी के मामलों में सम्भ्रान्त परिवार के जिन बालकों को पकड़ा गया, उससे यह सिद्ध हो जाता है कि आर्थिक तनाव किस प्रकार एक बालक को अपराध की ओर प्रेरित कर सकते हैं।

बाल अपराध के उपरोक्त सभी कारणों से स्पष्ट होता है कि इस समस्या की विवेचना किसी एक कारण के आधार पर ही नहीं की जा सकती। दूसरी बात यह है कि किसी विशेष दशा के होने पर बच्चों द्वारा अपराधी व्यवहार करना सदैव आवश्यक नहीं होता। यह दशाएँ केवल उन परिस्थितियों को स्पष्ट करती है जो बाल-अपराध के लिए उपयुक्त वातावरण तैयार करती है।

1.11 व्यक्तित्व का अर्थ

व्यक्तित्व व्यक्ति के विकास का एक जटिल पहलू है। प्रत्येक व्यक्ति का समायोजन उसके व्यक्तित्व से निर्धारित होता है। कोई भी व्यक्ति विभिन्न परिस्थितियों में अपना समायोजन कैसे करेगा यह उसके व्यक्तित्व से प्रभावित होता है।

व्यक्ति के व्यक्तित्व की मौलिक विशेषताएँ उसके बचपन से ही झलकने लगती हैं। बचपन का प्रतिबिम्ब ही उसकी युवावस्था व वृद्धावस्था में सतत् रूप से चलता रहता है।

मनुष्य एक सामाजिक प्राणी है, वह अपने चारों ओर के वातावरण को स्वयं व्यवस्थित करता है। इस सुव्यवस्थापन कार्य में उसके व्यवहारों का अध्ययन कर व्यक्तित्व को समझा जा सकता है। व्यक्तिव कोई विशिष्ट गुण या लक्षण नहीं है जो किसी एक या कुछ ही मनुष्यों में पाया जाता हो यह मनुष्य के व्यवहारों का दर्पण है। व्यक्तित्व मनुष्य के गुण, अवगुण, अनुभव, चिंतन, प्रक्रिया आदि का संगठित रूप है। व्यक्तित्व शब्द बहुत अधिक व्यापक होता है।

प्राचीनकाल में व्यक्तित्व को ईश्वर की देन समझा जाता था। यदि कोई व्यक्ति प्रतिभाशाली और बुद्धिमान है तो वह ईश्वर की इच्छा समझी जाती थी और व्यक्ति यदि कम बुद्धि का और मूर्ख है, तो वह भी ईश्वर की इच्छा समझी

जाती है। परन्तु आधुनिक युग में इस विचारधारा पर विश्वास नहीं किया जा सकता है। आधुनिक युग में व्यक्ति अपनी इच्छा के आधार पर अपने व्यक्तित्व का विकास करता है।

प्रत्येक मनुष्य का अपना विशिष्ट व्यक्तित्व होता है। व्यक्ति का व्यक्तित्व व्यवहारों की विभिन्नता के अनुसार एक दूसरे से भिन्न समझा जाता है। प्रत्येक शिशु अपने साथ कुछ जन्मजात् प्रवृत्तियाँ लेकर आता है संसार के वातावरण और परिस्थितियों में पलता हुआ वह अपने व्यक्तित्व का समायोजन करता है। उसके गुणों व अवगुणों का ऐसा समन्वय होता है कि उसका वैसा समन्वय अन्यत्र नहीं हो पाता है। व्यक्तित्व का निर्माण वातावरण एवं परिस्थितियों के अनुरूप होता है, इस सम्बन्ध में हम कह सकते हैं कि व्यक्तित्व के गुणों का संगठन सभी व्यक्तियों में समान रूप से नहीं हो पाता। अर्थात् व्यक्तित्व के गुणों की मात्रा प्रत्येक व्यक्ति में अलग-अलग हो सकती है।

व्यक्तित्व मानवीय व्यवहार के प्रतिमान हैं, जो किसी परिस्थिति-विशेष के प्रत्युत्तर में किये जाते हैं और इनका उस परिस्थिति-विशेष से अलग कोई अस्तित्व नहीं होता है।

वे परिभाषाएँ जो व्यक्तित्व की स्पष्ट और सही रूप में व्याख्या करती हैं, व्यक्तित्व को क्रियाशील बनाती हैं, व्यवस्थित व्यवहार की ओर इंगित करती हैं तथा व्यक्ति के वंशानुक्रमित वातावरण के महत्व की ओर हमारा ध्यान आकृष्ट करती हैं। उन परिभाषाओं का वर्णन करना भी अनिवार्य हैं जिससे कि व्यक्तित्व को और स्पष्ट किया जा सके।

गार्डन आलपोर्ट 1961: "व्यक्तित्व व्यक्ति के भीतर मनोदैहिक गुणों का वह गत्यात्मक संगठन है जो पर्यावरण के प्रति उसके अनूठे समायोजन का निर्धारण करता है।"[14]

एम. एन. मन 1953: "व्यक्तित्व की परिभाषा उस अति विशेषतापूर्ण संगठन के रूप में की जा सकती है जिसमें व्यक्ति की संरचना, व्यवहार के ढंग, रूचियाँ, अभिवृत्तियाँ, क्षमताएँ, योग्यताएँ सम्मिलित है।"[15]

एच. जे. आइजनेक 1970: "व्यक्ति की अभिप्रेरणात्मक व्यवस्थाओं का वह सापेक्ष रूप से स्थिर संगठन है जिसकी उत्पत्ति जैविक अन्तर्नादों, सामाजिक तथा भौतिक वातावरण की अन्तःक्रिया के फलस्वरूप होती है।"[16]

जे. एफ. डेशील: ''उसकी सम्पूर्ण प्रतिक्रियाओं एवं प्रतिक्रिया सम्भावनाओं

का संस्थान है जैसा कि उसके परिवेश में जो सामाजिक प्राणी है, उनके द्वारा आँका जाता है। वह व्यक्ति के व्यवहारों का समायोजित संकलन है, जो व्यक्ति अपने सामाजिक व्यवस्थापन के लिए करता है।"[17]

रैक्स रोड़ : "व्यक्तित्व समाज द्वारा मान्य तथा अमान्य गुणों का सन्तुलन है।"

एच. एस. वारेन : "व्यक्तित्व व्यक्ति का सम्पूर्ण मानसिक संगठन है जो उसके विकास की किसी भी अवस्था में होता है।"

पेरविन 1985 : व्यक्तित्व व्यक्ति या व्यक्तियों के उन संरचनात्मक एवं गत्यात्मक गुणों का प्रतिनिधित्व करता है, जो परिस्थितियों में विभिन्न प्रकार की विशेष अनुक्रियाओं को प्रदर्शित करते हैं।

उपरोक्त परिभाषाओं के अध्ययन के उपरान्त यह निष्कर्ष निकलता है कि व्यक्तित्व सम्बन्धी सामान्य विचार बहुत ही व्यापक है और विभिन्न व्यक्ति उन्हें विभिन्न मतानुसार स्पष्ट करते हैं। किन्तु आधुनिक मनोवैज्ञानिक व्यक्तित्व की किसी एक परिभाषा पर सहमत नहीं हैं। कुछ व्यक्तित्व मनोवैज्ञानिक जैव रासायनिक एवं शारीरिक पक्षों पर बल देते हैं, तो दूसरे मनोवैज्ञानिक व्यक्ति के बाह्य व्यवहार का निरीक्षण करते हैं कुछ मनोवैज्ञानिक व्यक्तित्व की परिभाषा विशेषताओं यथा अचेतन प्रक्रियाओं के रूप में करते हैं व्यक्तित्व की प्रत्येक परिभाषा में व्यवहार के विभिन्न पक्षों पर बल दिया गया है यह परिभाषाएँ अत्यधिक मूर्त भी हो सकती हैं और अत्यधिक अमूर्त भी। व्यक्तित्व की सभी परिभाषाएँ आवश्यक रूप से सही या गलत नहीं होती हैं, बस व्यक्तित्व मूल्यांकन तथा अनुसंधान के लिए कम या अधिक लाभदायक होती है। यह परिभाषाएँ हमारे ज्ञान में वृद्धि ला सकती हैं।

प्रत्येक व्यक्ति अपने में अनोखा होता है। हर व्यक्ति में गुणों एवं लक्षणों का ऐसा सम्मिश्रण होता है, कि उसमें अनोखापन आ जाता है जिस प्रकार रंगों को अलग-अलग मात्रा में मिलाया जाय तो हर मिश्रण का रंग अलग-अलग होगा, इसी प्रकार व्यक्तित्व अनोखे होते हैं, जो एक-दूसरे से मिलते नहीं है। प्रत्येक व्यक्ति में सामान्यपन होते हुए भी वे एक-दूसरे से भिन्न होते हैं। कोई भी दो व्यक्तियों का व्यक्तित्व एक जैसा नहीं होता। दो जुड़वा बच्चों का व्यक्तित्व भी एक-सा नहीं होता इसलिए कहा जाता है, कि प्रत्येक बालक एक-सा नहीं होता है।

व्यक्तित्व विशिष्टता व्यक्ति के स्थायी गुणों की ओर संकेत करता हैः

हर व्यक्ति के व्यवहार में कुछ स्थायी गुण होते हैं जो व्यक्ति के व्यवहार में बार-बार परिलक्षित होते हैं व्यक्तित्व व्यक्ति के इन स्थायी गुणों की ओर संकेत करता है तत्कालिक गुणों की ओर नहीं जैसे-जैसे व्यक्ति की आयु बढ़ती जाती है वैसे-वैसे ये गुण और भी स्थायी होते जाते हैं और व्यक्तित्व के अंग बनते जाते हैं। इन स्थायी गुणों के आधार पर ही हम व्यक्तियों के विषय में भविष्यवाणी कर सकते हैं।

व्यक्तित्व पर्यावरण प्राणी के गतिशील अनुकूलन का प्रतिनिधित्व करता हैः

व्यक्ति का जन्म के समय कोई व्यक्तित्व नहीं होता है, व्यक्तित्व जन्मजात नहीं होता। व्यक्ति के पास जन्म के समय कुछ क्षमताएँ होती हैं जो बीज रूप में होती हैं, उसका विकास किया जा सकता है। व्यक्ति समाज में अन्तः क्रिया की प्रक्रिया द्वारा अन्य व्यक्तियों के सम्पर्क में रहकर सीखता है और अपने व्यक्तित्व का विकास करता है। इसलिए कहते हैं कि व्यक्तित्व अर्जित किया जाता है न कि जन्मजात होता है। व्यक्ति अपने पर्यावरण में अनुकूलन करता है और उस अनुकूलन करने की प्रक्रिया में गुण एवं लक्षण अर्जित करता है जो उसके व्यक्तित्व के अंग बनते जाते हैं इस प्रकार प्राणी गतिशील अनुकूलन पर्यावरण के साथ करता है। अतः स्पष्ट है कि व्यक्तित्व पर्यावरण से प्राणी का गतिशील अनुकूलन है।

व्यक्तित्व सामाजिक अन्तःक्रिया द्वारा अत्यधिक प्रभावित होता हैः

व्यक्तित्व का उदय एवं विकास ही सामाजिक अन्तः क्रिया से अत्यधिक प्रभावित होता है। सामाजिक अन्तः क्रिया न हो तो व्यक्तित्व का उदय ही नहीं हो सकता, वैसे भी यदि व्यक्तित्व के गुणों एवं लक्षणों की सूची तैयार की जाय और यह देखा जाय कि वे किसके द्वारा अधिक प्रभावित हुए हैं तो हमें ज्ञात होगा कि वे सामाजिक अन्तः क्रिया के द्वारा अत्यधिक प्रभावित हुए हैं।

व्यक्तित्व स्थायी, गतिशील और सामाजिक प्रवृत्तियों के एक अनोखे संगठन का प्रतिनिधित्व करता हैः

व्यक्तित्व की व्याख्या एक व्यक्ति के समस्त गुणों को जोड़ देने मात्र से नहीं की जा सकती, क्योंकि गुणों के आपसी संगठन के प्रकार एवं प्रकृति से उनका प्रभाव एक ईकाई के रूप में प्रदर्शित होता है। व्यक्तित्व एक अनोखे संगठन का प्रतिनिधित्व करता है व्यक्तित्व स्थायी प्रवृत्तियों को ही परिलक्षित

करता है। व्यक्तित्व गतिशील प्रवृत्ति का होता है, क्योंकि नवीन पर्यावरण और परिस्थितियों से सदैव अनुकूलन करता रहता है इससे स्पष्ट है कि व्यक्तित्व स्थायी, गतिशील और सामाजिक प्रवृत्तियों के एक अनोखे संगठन का प्रतिनिधित्व करता है।

1.12 व्यक्तित्व का विकास

व्यक्तित्व व्यक्ति के विकास का एक जटिलतम पहलू है। व्यक्तित्व व्यक्ति द्वारा वातावरण के प्रति किये जाने वाले मौलिक अभियोजन एवं व्यवहार के झुकावों का संगठन है। व्यक्ति की विशेषताएँ, शील, गुण, संवेग, प्रेरणाएँ, मूल्य, ध्येय एवं उसके प्रत्यक्षीकरण करने के तरीके सभी व्यक्तित्व की संरचना में सम्मिलित होती है।

व्यक्तित्व का विकास उस समय से ही प्रारम्भ हो जाता है जब बालक माँ के पेट में होता है। जन्म के बाद बालक का विकास तीव्रगति से चलता है। व्यक्तित्व के भिन्न-भिन्न लक्षणों का विकास भिन्न-भिन्न अवस्थाओं तथा भिन्न आयु स्तरों में होता है। व्यक्तित्व विकास को समझने से पूर्व यह आवश्यक है कि विकास का अर्थ क्या है?

विकास का अर्थ परिवर्तन से है। मानव जीवन में अविराम परिवर्तन होते रहते हैं जीवन की विभिन्न अवस्थाओं के अन्तर्गत आने वाले सभी परिवर्तन मानव विकास के अन्तर्गत आते हैं। विकास की प्रक्रिया में एक निश्चित परिवर्तन पाया जाता है। परन्तु यह परिवर्तन कभी स्थिर नहीं रहता है विकास क्रम में नई विशेषताओं का विकास होता है और पुरानी विशेषताओं का लोप होता है मानव प्राणी में होने वाला यह परिवर्तन उसकी समायोजन एवं अनुकूलन योग्यता से सम्बन्धित होता है। वैज्ञानिक दृष्टि से उन परिवर्तनों, विशेषताओं, गुणों की क्रमिक एवं नियमित उत्पत्ति को विकास कहते हैं। यह एक प्रकार का ऐसा परिवर्तन है जिसमें नवीन विशेषताओं क्षमताओं एवं अनुकूलन योग्यताओं का विकास होता है। यह परिवर्तन गुणात्मक होते हैं तथा व्यक्ति को समाज एवं वातावरण मे अनुकूलन स्थापित करने में सहायता देते हैं। यह परिवर्तन जैविक, सामाजिक एवं मनोवैज्ञानिक प्रक्रियाओं में सम्पूर्ण जीवन काल में अविराम गति से होते रहते हैं। यहाँ विकास का तात्पर्य मानव प्राणी में घटित होने वाले शारीरिक वृद्धि एवं विकास से नहीं है, वरन् व्यक्तित्व विकास का तात्पर्य उसके व्यक्तित्व संरचना तथा उसके प्रकार्य से है।

मानव कभी स्थिर नहीं रहता है, गर्भावस्था से लेकर मृत्यु के समय तक उसमें निरन्तर परिवर्तन होते रहते हैं। प्रत्येक आयु में होने वाले परिवर्तन व्यक्तित्व विकास की प्रक्रिया को महत्वपूर्ण ढंग से प्रभावित करते हैं।

व्यक्तित्व का विकास जीवन के अनुभव के साथ-साथ होता है, यह एक स्थिर अपरिवर्तनशील तथा जीवन के किसी बिन्दु विशेष के साथ चिपका होने वाला तथ्य नहीं है। व्यक्ति वास्तविकता का ज्ञान तथा परख करने वाला बुरे तथा भले का विचार विकसित करने वाला तथा अपनी योग्यताओं का आस-पास के वातावरण के संदर्भ में मूल्यांकन करने वाला व्यक्तित्व का केन्द्र बिन्दु है।

व्यक्तित्व निश्चित और चिर-स्थायी वस्तु नहीं है। व्यक्ति के दिन-प्रतिदिन के अनुभव वातावरण का प्रकार, जिसमें कि व्यक्तित्व विकसित हो चुका है और वे सभी सुविधाएँ और अवसर जो उसे दिये जाते हैं, उसके व्यक्तित्व के लिए उत्तरदायी होते हैं। बालक दिन के प्रत्येक क्षण में अपने व्यक्तित्व को विकसित करता है। उसके किसी एक पक्ष का उल्लेखनीय विकास हो भी जाता है तो यह विकास उसके व्यक्तित्व को निखारने वाला ही सिद्ध होना चाहिए, इसका उसके सम्पूर्ण व्यक्तित्व तथा व्यक्तित्व के आयामों पर अधिक प्रतिकूल प्रभाव नहीं पड़ना चाहिए अर्थात् व्यक्तित्व विकास दर या मात्रा सम्बन्धी अंतर एक सीमा में ही रहना चाहिए। किसी भी अवस्था में इसे व्यक्ति के व्यक्तिगत कल्याण तथा सामाजिक कल्याण से विपरीत आचरण करने वाला सिद्ध नहीं होना चाहिये। व्यक्तित्व के सभी पक्षों का संतुलित तथा मर्यादित विकास इनके विकास को पूरी तरह सर्वांगीण बना कर इन्हें पूर्ण मानव बनने की ओर उन्मुख करने की सामर्थ्य रखता है। संतुलित व्यक्तित्व से विभूषित व्यक्ति अपने में निहित शक्तियों तथा वातावरण से प्राप्त अवसरों का पूर्ण लाभ उठाकर व्यक्तिगत रूप से तथा सामाजिक रूप से प्रगति करने की पर्याप्त क्षमता रखता है।

1.13 व्यक्तित्व के प्रकार

यद्यपि प्रत्येक बालक अपना अलग अस्तित्व रखता है और उसकी विशेषताएँ दूसरे बालकों से भिन्न होती है यहाँ हम व्यक्तित्व से सम्बन्धित कुछ गुण अथवा विशेषताओं के आधार पर व्यक्तित्व के प्रकार का वर्णन निम्न प्रकार से कर सकते हैं। :–

1.13.1 बहिर्मुखी व्यक्तित्व[18]: बहिर्मुखी व्यक्तित्व वाले वे बालक होते हैं, जिनकी रुचि जगत् में होती है। बहिर्मुखी व्यक्तित्व वाले बालकों में कार्य करने

की दृढ़ इच्छा, बहादुरी के कार्यो में रुचि, शासन करने का स्वभाव, शीघ्र न घबराने वाले, शान्त और आशावादी व परिस्थिति एवं आवश्यकता के अनुकूल अपने को व्यवस्थित करने वाले होते हैं।

बहिर्मुखी व्यक्तित्व वाले बालकों का ध्यान सदैव बाह्य समाज की ओर लगा रहता है, इसलिए आन्तरिक जीवन कष्टमय होता है। अपने शासकीय स्वभाव के कारण बाह्य क्रियाओं को अधिक महत्व देते हैं। ऐसे बालक वातावरण के प्रभाव से शीघ्र प्रभावित होते हैं। और स्वयं को वातावरण की आवश्यकताओं के अनुसार व्यवस्थापित कर लेते हैं, उनके विचार स्वतन्त्र नहीं होते, किन्तु बहुत-से लोगों के विचारों के ही अनुसार वह अपने विचारों का निर्माण करता है।

ऐसे बालक उन गुणों को जानते हैं, जिन्हें संसार में प्रशंसा की दृष्टि से देखा जाता है तथा उन्हें अपनाते हैं साथ ही धारा-प्रवाह बोलने वाले और मित्रों जैसा व्यवहार करने वाले होते हैं। इनका व्यवहार चिन्तामुक्त होता है तथा स्वयं की अवस्था, पीड़ा आदि की चिन्ता नहीं करते हैं।

1.13.2 अन्तर्मुखी व्यक्तित्व[19]: अन्तर्मुखी व्यक्तित्व वाले बालक वे होते हैं। जिनकी रुचि स्वयं में होती है और स्वयं के जीवन की ओर आन्तरिक रूप में जुड़ी होती हैं। ऐसे व्यक्तित्व वाले बालक कम बोलने वाले, लज्जाशील और पुस्तकों तथा पत्र-पत्रिकाओं को पढ़ने में रुचि लेते हैं। इनका व्यवहार आज्ञाकारी होता है, शीघ्र ही घबराने वाले होते हैं। इनके अन्दर आत्मचिन्तन होता है जिससे ये दूसरों को प्रभावित करते हैं। इनका स्वभाव क्रोधी होता है और इनके अन्दर लचीलापन नहीं होता है। अन्तर्मुखी व्यक्तित्व के स्वामी बालक अज्ञाकारी, स्वयं के लिए चिन्तित, संदेही एवं सावधान होते हैं। ऐसे बालकों में अच्छे लेखक के गुण तो होते हैं, लेकिन ये अच्छे वक्ता नहीं होते और चुपचाप रहते हैं वे प्रायः प्रतिक्रियावादी होते हैं अपने विचारों को वास्तविकता के अनुकूल नहीं बनाते, वरन् वास्तविकता को अपने स्वभावानुसार मोड़ने का प्रयत्न करते हैं। अन्तमुर्खी व्यक्तित्व वाले बालक अधिक लोकप्रिय नहीं होते। ये चिन्ताग्रस्त रहते हैं व अपनी वस्तुओं तथा कष्टों के प्रति सजग होते हैं।

अन्तर्मुखी व्यक्तित्व के बालकों में सामाजिक रुचि नहीं होती। इसी प्रकार वह अपने जीवन के ढंग को भी प्रकट करता है जबकि सामाजिक समस्याएं उसके जीवन के साथ मेल करने को आती है, वह उनसे पलायन करने की सोचता है। वह स्नायुक दोषों से भी पीड़ित होता है।

1.13.3 उभयमुखी व्यक्तित्वः उभयमुखी व्यक्तित्व वाले बालक अपने जीवन की आवश्यकताओं के लिए स्पष्ट निर्णय रखते हैं। उभयमुखी बालक एक स्थिति में अन्तर्मुखी धारणाओं को विचार में ला सकता है, और दूसरी स्थिति में बहिर्मुखी विचारों को अपनी क्रियाओं में स्थान दे सकता है, जैसे एक बालक अच्छा लेखक तथा वक्ता दोनों हो सकता है।

स्पष्टतः कुछ ही इस प्रकार के बालक होते हैं जो पूर्णतया अन्तर्मुखी या बहिर्मुखी होते हैं ज्यादातर बालकों में अन्तर्मुखी व बहिर्मुखी व्यक्तित्व का मिश्रण होता है।

सत्य ही कहा है कि हर व्यक्ति कार्य करने की इच्छा रखता है, किन्तु समुदाय के भय के कारण या समुदाय की इच्छा के कारण वह अपनी इच्छा को कुचल देता है। यदि व्यक्ति इन दोनों में सामंजस्य की भावना से कार्य करने की विचारधारा रखता है तो निस्सन्देह उसका व्यक्तित्व अच्छा होगा। यदि वह सामंजस्य को प्राप्त नहीं करता तो निश्चय ही उसका जीवन असामान्य हो जाता है।

1.14 व्यक्तित्व को प्रभावित करने वाले तत्व

व्यक्तित्व का विकास विभिन्न तत्वों के क्रिया-प्रतिक्रिया के फलस्वरूप होता है। जो अनेक निरन्तर क्रियाशील तत्वों से प्रभावित होती है। ये तत्व निम्नलिखित हैः–

1.14.1 वंशानुगत कारक (Genetic factors): वंशानुगत गुणों का शारीरिक आकार-प्रकार एवं पक्वीकरण की दर का व्यक्तित्व पर प्रभाव पड़ता है। वंशानुगत गुण सदैव वातावरण और शिक्षण के साथ क्रिया-प्रतिक्रिया करते हैं। हम सामान्यतया यह कह सकते हैं कि एक स्वस्थ शक्तिशाली बालक अपने वातावरण के साथ शक्तिपूर्ण तरीके से ही प्रतिक्रिया करता है। वह विभिन्न प्रकार की परिस्थितियों और विस्तृत वातावरण के सम्पर्क में आता है और इस प्रकार एक शान्त, दुर्बल, अक्रियाशील बालक की अपेक्षा अधिक विभिन्न प्रकार के अनुभव प्राप्त करता है। बालक की क्रियाशीलता पर परिवारिक अभिवृत्तियों का भी प्रभाव पड़ता है। अर्थात् बालक की अधिकांश व्यक्तिगत विशेषताएँ उसके संरक्षकों के अनुरूप होती है।

1.4.2 शरीर की रचना और शारीरिक दशाः शरीर रचना और व्यक्तित्व में घनिष्ठ सम्बन्ध हैं। शारीरिक न्यूनताएँ और असमानताएँ आदि शारीरिक

विशेषताएँ व्यक्तित्व के विकास को बहुत अधिक प्रभावित करती हैं। बालक शारीरिक विशेषताओं के दृष्टिकोण से जितना अधिक सम्पन्न अथवा अभावग्रस्त होता है, उसका जीवन के प्रति दृष्टिकोण, आपसी व्यवहार का ढंग, मूल्य और मान्यताएँ उसी के अनुकूल बन जाती हैं। बालक की शारीरिक बनावट के प्रति दूसरे व्यक्ति जिस प्रकार की भावनाओं का प्रदर्शन करते हैं और बालक उसके आधार पर अपने बारे में जो भी धारणाएँ बनाता है, उनका प्रभाव उसके व्यक्तित्व के निर्माण में अवश्य पड़ता है। आत्महीनता या आत्मगौरव की प्रवृत्तियाँ तथा विभिन्न कुंठाओं और व्यवहार चेष्टाओं का इसी से जन्म होता है।

1.14.3 शरीर रसायन (Body chemistry): बालक के शरीर में पाया जाने वाला रसायन यथा पित्त, कफ की अधिकता भी व्यक्तित्व विशेषताओं को प्रभावित करती हैं; जैसे—रक्त की अधिकता वाले बालक आशावादी, पित्त की अधिकता वाले चिड़चिड़े, कफ की अधिकता वाले व्यक्ति शान्त पाये गये हैं इसी प्रकार पाचन क्रिया में विभिन्न प्रकार की रासायनिक प्रतिक्रियाएँ सम्मिलित हैं, यदि यह प्रतिक्रियाएँ सामान्य ढंग से नहीं चलती हैं तो व्यक्ति की पाचन शक्ति बिगड़ जायेगी, उसमें उदासी छा जायेगी, थकान, चिड़चिड़ापन आदि के लक्षण उत्पन्न हो जाएँगे जिससे उसके व्यक्तित्व पर प्रभाव पड़ेगा।

1.14.4 परिपक्वता की दरः बालक के पक्वीकरण की दर, में विभिन्नता पायी जाती है, जिसके फलस्वरूप बालक भिन्न -भिन्न शारीरिक आयु में शारीरिक परिपक्वता प्राप्त करते हैं। परिपक्वता यह निश्चित करती है कि एक व्यक्ति क्या और किस प्रकार अधिगम करेगा। यदि बालक में परिपक्वता सामान्य गति से नही चलती है तो निश्चय ही उसका व्यक्तित्व प्रभावित होगा। वे बालक स्वयं के बारे में नकारात्मक मूल्यांकन करते हैं उनमें अपर्याप्तता एवं तिरस्कार की तीव्र भावनाएँ पाई जाती हैं। और आत्मनिर्भरता की कमी होती है तथा अधिक विद्रोही प्रकृति के होतें हैं। इसके विपरीत शीघ्र परिपक्व होने वाले बालकों में पर्याप्तता की भावना पाई जाती है। वे बालक दूसरों के द्वारा स्वीकार किये जाते हैं उनमें आत्म विश्वास एवं आत्मनिर्भरता पाई जाती है, वे अधिक परिपक्व होते हैं, और व्यस्क भूमिकाएँ अदा करने की क्षमता उनमें पायी जाती है। निश्चय ही ऐसे बालकों का मनोवैज्ञानिक अभियोजन अपेक्षाकृत अच्छा होता है।

1.14.5 अन्तः स्रावी ग्रन्थियाँः अन्तःस्रावी ग्रन्थियों अथवा नलिका विहीन ग्रन्थियों से निकलने वाले स्राव सीधे रक्त में प्रवेश करते हैं ये किसी प्रकार की

नलिकाओं के द्वारा बहाकर नहीं ले जाये जाते इस कारण इन्हें नलिकाविहीन ग्रन्थियाँ कहते हैं। इन ग्रन्थियों से निकलने वाले स्राव हारमोन्स कहलाते हैं। इनका प्रभाव शारीरिक एवं मानसिक दोनों प्रकार से होता है। इन प्रभावों के सन्दर्भ में प्राप्त परिणाम यह प्रदर्शित करते हैं कि सर्वकिन्वी ग्रन्थी (pancreas) में परिवर्तन होने से रक्त में शर्करा की मात्रा कम होती हैं, जिससे उसकी मानसिक शक्तियाँ क्षीण हो जाती हैं और बालक के व्यक्तित्व में चिड़चिड़ापन और भय की भावना उत्पन्न हो जाती है।

थायरॉइड ग्रन्थि Thyroid gland श्वास नलिका के दायें-बायें स्थित होती है इसे गल ग्रन्थि भी कहते हैं। इस ग्रंथी से निकलने वाला स्राव थायरॉक्सिन कहलाता है। यदि ग्रन्थि स्राव पर्याप्त मात्रा में नहीं निकलता है तो बालक का शारीरिक विकास अवरूद्ध हो जाता है। बालक के हाथ-पैर छोटे, .ओठ और जीभ मोटी, बौनापन तथा पेट शरीर की अपेक्षा कुछ बड़ा हो सकता है तथा ये मानसिक रूप से दुर्बल होते हैं। यदि ग्रन्थि की क्रियाशीलता बढ़ जाती है तो शारीरिक लम्बाई मे असामान्य रूप से वृद्धि हो जाती है, व्यक्ति अशान्त, चिन्तित, अस्थिर और चिड़चिड़ा हो जाता है।

पिटयूटरी ग्रन्थि जो मस्तिष्क के निचले पिछले भाग में स्थित होती है। यह ग्रन्थि के एन्टीरियर भाग से निकलने वाले स्त्राव अन्तः स्त्रावी ग्रन्थियों से निकलने वाले स्त्रावों को नियन्त्रित करता है। इस ग्रन्थि की क्रिया गति बढ़ जाती है तो बालक के हाथ, पैर, नाक, जबड़ा लम्बा हो सकता है। इसी प्रकार यदि ग्रन्थि बालक के विकास काल में कम गति से कार्य करती है तो व्यक्ति का विकास अवरूद्ध हो जाता है।

जनन ग्रन्थियों से निकलने वाले स्त्राव गोनेडल हारमोन्स कहलाते हैं। गोनेडल हारमोन्स में प्रोजेस्टिन्स, एन्ट्रोजन्स, एस्ट्रोजेन्स नामक तीन स्त्राव होते हैं, इन सभी का प्रभाव व्यक्तित्व पर पड़ता है। इन्हीं स्त्रावों के कारण पुरुषों और स्त्री के यौन अंगों का विकास निर्भर करता है। बालक के व्यक्तित्व के सामान्य रूप से विकसित होने के लिये इन ग्रंथियों की स्त्राव की पर्याप्त मात्रा अत्यन्त आवश्यक होती है।

1.14.6 परिवारिक प्रभाव (Family Influences): व्यक्तित्व विकास में पारिवारिक जीवन का बहुत अधिक महत्व है। घर और परिवार के स्वस्थ वातावरण में बच्चे को अपने व्यक्तित्व के विकास के लिए समुचित अवसर

प्राप्त हो सकते हैं जबकि घर का बिगड़ा हुआ वातावरण बालक के व्यक्तित्व को गलत दिशा प्रदान कर सकता है। घर और परिवार के वातावरण में बच्चे के व्यक्तित्व के विकास को प्रभावित करने वाले कुछ उल्लेखनीय तत्व निम्नलिखित हैं-

1. माता-पिता (Parents): बालकों के व्यक्तित्व विकास से जुड़े विभिन्न मुद्दों से माता-पिता का सीधा सम्बन्ध है। माता-पिता की सक्रिय एवं सकारात्मक भूमिका व्यक्तित्व विकास में महत्वपूर्ण भूमिका निभाते हैं। माता-पिता की शिक्षा, उसके व्यक्तित्व संबंधी गुण, संवेगात्मक और सामाजिक व्यवहार उनके आपसी सम्बन्ध, रुचि और अभिरुचि तथा चरित्र का बच्चों के व्यक्तित्व विकास पर प्रभाव पड़ता है। माता-पिता की उपस्थिति-अनुपस्थिति का भी प्रभाव व्यक्तित्व विकास पर पडता है। सर्वाधिक महत्वपूर्ण प्रभाव पिता की अनुपस्थिति का पड़ता है पिता की अनुपस्थिति बालक के समाजीकरण और विश्वास में अवरोध उत्पन्न करती है।

2. परिवारिक सम्बन्ध (Family Relationship): बालक के व्यक्तित्व पर माता-पिता के अतिरिक्त परिवार के अन्य सदस्यों का भी प्रभाव पड़ता है। यह देखा गया है कि यदि परिवार के अन्य सदस्य बालक के साथ स्नेहपूर्ण व्यवहार करते हैं, उसकी आवश्यकताओं को पूरा करने में सहायता करते हैं, उसे अच्छी-अच्छी बातें सिखाते हैं तो निश्चय ही ऐसा वातावरण बालक के व्यक्तित्व में धनात्मकता उत्पन्न करता है। परिवार के अनेक सदस्यों में माता-पिता के बाद, भाई, बहन, दादा, दादी, चाची, ताऊ आदि किसी का भी प्रभाव अधिक हो सकता है।

3. पैतृक अभिवृत्ति (Parental Attitudes): बालक अपने अभिभावकों की अभिवृत्तियों का प्रत्यक्षीकरण किस प्रकार करता है, इसका प्रभाव भी व्यक्तित्व विकास पर पड़ता है। जो बालक यह अनुभव करते हैं कि उनके माता-पिता उनको अधिक स्वीकृत करते हैं, उनकी अहम् शक्ति अधिक होती है, ऐसे बालकों की आकांक्षाएँ अपेक्षाकृत अधिक वास्तविक होती हैं तथा उनमें स्वतन्त्रता भी अधिक होती है।

4. परिवार का आकार (Size of family): परिवार का आकर भी बालक के व्यक्तित्व को महत्वपूर्ण ढंग से प्रभावित करता है। जब परिवार में माता-पिता के अतिरिक्त बच्चों की संख्या अधिक होती है और परिवार में सुविधाओं का अभाव होता है तब व्यक्तित्व पर इस प्रकार के परिवार के आकार

का प्रभाव ऋणात्मक पड़ता है। इसी प्रकार से जब किन्हीं माता-पिता के कोई अकेली सन्तान होती है, तो ऐसे माता-पिता अपनी संतान को लाड़-प्यार अधिक करते हैं। ऐसी अवस्था में बालक के जिद्दी ओर असामाजिक बनने की सम्भावनाएँ अधिक रहती है।

5. परिवार का आर्थिक स्तर (Economic Status of the Family): परिवार की आर्थिक स्थिति का व्यक्तित्व पर एक विशेष सीमा तक बड़ा ही महत्वपूर्ण प्रभाव पड़ता है। अत्यधिक गरीबी में पले बच्चों में हीनता और असुरक्षा की भवनाएँ अपेक्षाकृत अधिक देखने को मिलती है। गरीबी के तनावपूर्ण वातावरण का प्रभाव बच्चों के मानसिक विकास और व्यवहार अथवा व्यक्तित्व पर भी पड़ता है।

6. जन्मक्रम (Ordinal Position): बालक का जन्मक्रम भी उसके व्यक्तित्व विकास को प्रभावित करता है। अधिकांशतः पहले जन्मक्रम वाले बच्चों में अनिश्चयता, असुरक्षा, आश्रितता, उत्तरदायित्व, ईर्ष्या, रूढ़िवादिता, प्रभुत्व और आक्रामकता, सुझाव ग्रहणशीलता, उत्तेजना, संवेदनशीलता, अन्तर्मुखी, उच्च उपलब्धि अभिप्रेरणा, आदि व्यक्तिगत लक्षण पाये गये। इसी प्रकार से जिस बच्चे का जन्मक्रम द्वितीय होता है, उसमें स्वतन्त्रता, अक्रामकता, अच्छा समायोजन, विश्वसनीयता, साहसी, विनोदी, बहिर्मुखी-व्यक्तित्व आत्म-विश्वास, अच्छी प्रकृति, उदार, अपरिपक्व, अनुपयुक्तता की भावना, हीनता की भावना बेचैनी, ईर्ष्या, अनुत्तरदायित्व, प्रसन्नता आदि लक्षण पाये जाते हैं। अनेक अध्ययनों **(C.K. Conners, 1970, P.W. Lunneborg, 1968, R.E. Nisbet, 1968)** में यह देखा गया कि प्रथम, द्वितीय और अन्तिम जन्म-क्रम वाले बच्चों के उपर्युक्त व्यक्तित्व लक्षण वंशानुगत न होकर वातावरण पर आधारित है।

1.14.7 स्कूल तथा साथी समूहः परिवार के बाद बालक के व्यक्तित्व पर पड़ोस का प्रभाव पड़ता है। वह पड़ोस के जिन बच्चों के साथ खेलता है अथवा जो बच्चे बालक के साथ उससे खेलने उसके घर आते हैं, बच्चा इन बच्चों से अनेक आदते और तरह-तरह के कौशल ही नहीं सीखता है, बल्कि बच्चे का बौद्धिक ओर संवेगात्मक विकास भी इन बच्चों के व्यवहार से प्रभावित होता है। जब बच्चा कुछ और बड़ा हो जाता है जब वह विद्यालय जाता है। विद्यालय में वह भौतिक सफलता और असफलता के अनुभव प्राप्त करता है। विद्यालय में बच्चे के समायोजन सम्बन्धी अनुभव उनके विकसित होते हुए व्यक्तित्व के लिए लाभदायक भी हो सकते हैं और हानिकारक भी।

विद्यालय में बालक अपने सहपाठियों तथा विद्यालय के शिक्षकों आदि के व्यवहार से ही प्रभावित नही होता है, बल्कि विद्यालय का सामान्य वातावरण भी बालक के व्यवहार को प्रभावित करता है। उसे विभिन्न सामाजिक-आर्थिक स्तर के बच्चों के साथ मिलने का अवसर मिलता है। वह इन तमाम प्रकार की आदतों, विचारों और चरित्र आदि से प्रभावित होता है।

1.14.8 सांस्कृतिक प्रभावः उपरोक्त कारकों के अतिरिक्त बालक का व्यक्तित्व उस संस्कृति से भी प्रभावित होता है जिस सांस्कृतिक वातावरण में बच्चे का विकास होता है। सभी मानव समाज के अंग होते हैं और हर समाज की एक निश्चित संस्कृति, निश्चित ज्ञान का भण्डार, चिन्तन और अनुभव के विशिष्ट तरीके, विशिष्ट अभिवृत्तियाँ, ध्येय तथा आदर्श होते हैं। संस्कृति के द्वारा यह निर्धारित किया जाता है कि बालक को क्या सीखना अनिवार्य है। संस्कृति वह सीमाएँ भी निर्धारित करती हैं जिनसे परे जाना बालक के लिये प्रतिबन्धित होता है। प्रत्येक संस्कृति के बालक के पालन-पोषण के अपने विशिष्ट तरीके होते हैं एवं प्रत्येक संस्कृति अपने सदस्यों से विशिष्ट प्रकार के व्यवहारों की अपेक्षा करती है।

1.14.9 व्यक्ति का अन्य व्यक्तियों के साथ व्यक्तिगत अनुभवों का इतिहासः व्यक्ति के अन्य व्यक्तियों के साथ अनुभवों में पारिवारिक अनुभव सर्वप्रथम एवं सर्वप्रमुख रहते हैं। बालक के प्राथमिक अनुभवों का व्यक्तित्व पर अत्यन्त महत्वपूर्ण प्रभाव पड़ता है। समाजीकरण की प्रक्रिया में बालक अपने वातावरण में पाये जाने वाले अनेकों व्यवहार के नमूनों में से व्यवहार के उन नमूनों को चुन लेता है जिन्हें परिवार एवं सामाजिक समूह सामाजिक मानकों के अनुसार मान्यता प्रदान करता है। इसी आधार पर बालक आक्रामक अथवा शांत, प्रतियोगी, अथवा सहयोगी, शाकाहारी अथवा मांसाहारी, बौद्धिक उपलब्धियों के प्रति प्रेरित अथवा अरुचिकर, ईमानदार अथवा बेईमान, आत्मनिर्भर अथवा दूसरों पर निर्भर आदि व्यक्तित्व के रूपों का विकास करता है। उसकी व्यक्तियों से अपेक्षाओं को निर्धारित करने में परिवार के प्रथम अनुभव अत्यधिक महत्वपूर्ण होते हैं। इसमें भी विशेष तौर पर माता के सानिध्य से प्राप्त अनुभवों का व्यक्तित्व के विकास पर गहन प्रभाव पड़ता है।

1.14.10 बुद्धि (Intelligence): जब बच्चे स्कूल में पढ़ना आरम्भ करते हैं तब बुद्धि का मापन इस कटौती के आधार पर करते हैं कि कौन-सा बच्चा कक्षा का कार्य कितना अधिक करता है। एक बालक अपने आपको

कितना बुद्धिमान समझता है, बालक का व्यक्तित्व विकास इस कारक से भी प्रभावित होता है। यह देखा गया है कि बालक जितना ही अधिक बुद्धिमान होता है, सामाजिक अभिवृत्ति उतनी ही प्रतिकूल होती है। जब एक साधारण बुद्धि वाला बालक अधिक बुद्धि वाले बालक के साथ रहता है तब उसे कमज़ोर बुद्धि वाला या बुद्धू समझा जाता है। जब बालक को इस बात का ज्ञान हो जाता है कि समूह की अपेक्षा उसकी बुद्धि कम या अधिक है तो वह अपने आपको दूसरों से भिन्न समझने लगता है। यह भिन्नता की भावना उसके व्यक्तित्व विकास को महत्वपूर्ण ढंग से प्रभावित करती है।

1.14.11 बालक का नाम (Child's Name): बहुत छुटपन में यद्यपि बालक के नाम का उसके व्यक्तित्व के विकास पर प्रभाव नही पड़ता है, परन्तु जब बड़ा हो जाता है और अपने नाम के अर्थ को समझने लगता है तथा उसके नाम के प्रति लोगों की क्या अभिव्यक्ति है तब इस अवस्था में उसका व्यक्तित्व अवश्य प्रभावित होता है। यदि उसके नाम का उच्चारण लोग बुरे आशय से करते हैं तो निश्चित रूप से इसका प्रभाव बालक के व्यक्तित्व पर पड़ता है। फलस्वरूप उसका आत्म-प्रत्यय त्रणात्मक प्रकार का हो जाता है। बालक के नाम और उसकी व्यक्तिगत विशेषताओं में समानता आवश्यक है। नाम और व्यक्तिगत विशषताओं में जितनी ही अधिक असमानता होगी व्यक्तित्व के विकास पर उतना ही गलत प्रभाव पड़ेगा।

1.14.12 सफलता और असफलता (Success & Failure): बालक अपनी सफलताओं और असफलताओं के प्रति क्या-क्या प्रतिक्रियाएँ करता है, यह उसके व्यक्तिगत और सामाजिक समायोजन के अतिरिक्त उसके आत्म-प्रत्यय को भी प्रभावित करती है। असफलता बालक के आत्म-प्रत्यय, व्यवहार, प्रतिमान और समायोजन आदि सभी को ऋणात्मक रूप से प्रभावित करती है। सफलता बालक की प्रेरणा और भविष्य की सफलताओं के प्रयासों को बढ़ा देती है तथा बालक में आत्म-सन्तुष्टि, आत्म-विश्वास और प्रसन्नता उत्पन्न करती है। उसमें स्वतन्त्रता की भावना का भी विकास होता है। असफलताओं के कारण बालक निम्न आकांक्षा स्तर, अपनी योग्यताओं के सम्बन्ध में अनिश्चय, अनुपयुक्तता और हीनता की भावना, निम्न प्रेरणा स्तर, अपनी त्रुटियों का दूसरों पर दोषारोपण एवं विवाद की भावना उत्पन्न हो जाती है।

1.15 बाल-अपराध और व्यक्तित्व में सम्बन्ध

व्यक्तित्व के लक्षणों तथा अपराध की प्रवृत्ति में बहुत निकट का सम्बन्ध पाया गया है। व्यक्तित्व व्यक्ति के परिवेश से अनुकूलन करने का ढंग है।

अपराधी बालक इस अनुकूलन में अपराधी कार्यों का प्रयोग करते हैं अतः अपराधी बालकों में व्यक्तित्व के कुछ विशेष लक्षण पाए जाते हैं जिनसे बाल अपराध के कारणों पर प्रकाश पड़ता है। बाल-अपराधियों में सामान्य बालक की अपेक्षा स्वच्छन्दता, विद्रोह, हिंसात्मक प्रवृत्ति, सन्देहशीलता, असंयम, दूसरों को दुख देने में सुख लेना, संवेगात्मक और सामाजिक असमंजन, बहिर्मुखी स्वभाव आदि कहीं अधिक पाए जाते हैं। संवेग की अपरिपक्वता अथवा संवेगात्मक असन्तुलन आदि सामान्य बालक की अपेक्षा आठ गुणा अधिक पाया जाता है। अपराधी बालक उद्दण्ड, अशान्त नियम भंग करने वाला और असामाजिक पाया जाता है।

अपराधी बालक अधिकतर साहसिक कार्यों में रुचि लेते हैं, उसमें सिनेमा देखने की लत बहुत अधिक पाई जाती है। उसके मनोरंजन के प्रमुख साधन सिगरेट पीना, जुआ खेलना, घर से बाहर रहना, तोड़-फोड़ करना तथा सरकारी गाड़ियों में चुपके से चढ़ जाना आदि पाए जाते हैं। डयूरिया ने भी अपने अध्ययन से यह सिद्ध किया कि अपराधी बालकों में संवेगात्मक अपिरपक्वता बहुत अधिक पाई गई।

मोटे तौर पर उन सभी लक्षणों को जो व्यक्ति का निर्माण करते हैं और समूह में उसकी भूमिका को स्थिर करते हैं, व्यक्तित्व कहा जाता है व्यवहार में यह लक्षण बुद्धि और मानसिक स्थिति, बौद्धिक क्षमता, स्वभाव, इच्छाएँ, आदतें, रुचियाँ, जीवन मूल्य, विचार, अभिव्यक्ति का तरीका, समूह में व्यक्ति की भूमिका और उसकी सामाजिक स्थिति तथा सामाजिक प्रतिष्ठा। इन सबका योग ही किसी व्यक्ति के व्यक्तित्व का निर्माण करते हैं। बाल-अपराध में इसकी महत्वपूर्ण भूमिका होती है।

एक कहावत है कि पूत के पैर पालने में ही पहचान लिये जाते हैं। कुछ बालक बचपन से उद्दण्ड, जिद्दी, अति विध्वंस प्रवृत्ति के होते हैं जैसे-जैसे समय बीतता है वैसे ही वह सब उसकी आदत में समावेश हो जाता है और आगे चलकर यही बालक अपराधी बन जाता है क्योंकि इस प्रकार के बालकों में स्वयं को सर्वोपरि मानने की इच्छा प्रबल होती है। परिवारिक दशाएँ तथा परिवार के सदस्यों के आपसी सम्बन्धों का बच्चे के व्यक्तित्व पर प्रभाव डालते हैं। यदि परिवार में माता-पिता के बीच पृथकीकरण हो गया हो या परिवार अनैतिकता का केन्द्र बन गया हो तो किस प्रकार बच्चे से स्वस्थ चरित्र निर्माण की आशा की जा सकती है इस प्रकार बच्चा भी उन्हीं परिस्थितियों से प्रभावित होकर

अर्थात वे गुण भी उसके व्यक्तित्व में समाहित हो जाते हैं और धीरे-धीरे बालक अपराधी व्यवहार सीखने लगता है; जैसे—जुआ खेलना, जेब काटना, चोरी करना, यौनिक दूराचरण करना, अव्यवस्था फैंलाना या किसी पर साधारण आघात करना आदि।

तीव्र संवेगिक तनाव के शारीरिक अथवा मानसिक कार्य में बाधा उत्पन्न कर देते हैं, जिससे उसमें आत्म अस्वीकृति उत्पन्न हो जाती है। ईर्ष्या, द्वेश आदि से उत्पन्न अप्रसन्नता आदि संवेगिक तनाव उत्पन्न करते हैं। जब तीव्र संवेगिक तनाव अस्थाई होता है तो व्यक्तित्व पर इसका कुप्रभाव अत्यधिक स्पष्ट होता है ऐसी अवस्था में वह अपराध की तरफ अग्रसर होकर अपराधी बन जाता है।

वातावरण बालक की इच्छाओं, आवश्यकताओं एवं रुचियों की पूर्ति में अनेक बाधाएँ प्रस्तुत करता है इसलिए बालक में असंतोष उत्पन्न होता है। परिणामस्वरूप बालक विपरीत परिस्थितियों के प्रति इस प्रकार प्रतिक्रिया करता है, कि जैसे वह दुःखी है, तथा अनेक ऐसी बाधाओं से घिरा एवं जकड़ा हुआ है जिन पर उसका कोई नियन्त्रण नहीं हैं परिणामस्वरूप उन बाधाओं के प्रति उनमें विद्वेश उत्पन्न होता है। यह विद्वेश बालक को अपराध के लिए प्रोत्साहित करता है।

परिवार का बड़ा आकार भी बच्चों पर समाज विरोधी प्रभाव डालता है बच्चों का मस्तिष्क कोमल और साधारण धारणाओं से प्रभावित होने वाला होता है ऐसी अवस्था में माता-पिता के साथ एक कमरे में सोने वाला और सभी प्रकार की परिस्थितियों को देखने व सुनने से उसके मन में तनाव की स्थिति उत्पन्न हो जाती है फलस्वरूप बच्चा भी अक्सर यौन अपराध करने के लिए प्रोत्साहित हो जाता है।

बुरा पड़ोस ओर अस्वस्थ मनोरंजन से बच्चे का व्यक्तित्व प्रभावित होता है विशेषकर औद्योगिक शहरों में गन्दी और घनी बस्ती के अस्वस्थ वातावरण के कारण बहुत से बच्चे बाल-अपराधी बन जाते हैं। मनोरंजन का कोई साधन उपलब्ध न होने के कारण बच्चों का अधिकांश समय गन्दे और मनमोहक विषयों में व्यतीत होता है धीरे-धीरे उसका व्यक्तित्व अपराधी के रूप में विकसित हो जाता है कुछ अनैतिक परिवार बाल-अपराध के केंद्र होते हैं अक्सर ऐसे

परिवारों में बच्चों को अनैतिक कार्यों, चोरी, जेब काटने इत्यादि के लिए प्रशिक्षित किया जाता है। एक घर में जहाँ शराब और जुए का अड्डा हो पिता रिश्वत लेकर बच्चों का पालन-पोषण करता हो तथा अन्य गलत कार्यों द्वारा जीविकापार्जन की जाती हो वहाँ बच्चे के अच्छे चरित्र की आशा नहीं की जा सकती है, परिणामस्वरूप उस बच्चे का व्यक्तित्व भी उसी प्रकार का हो जाता है।

कुछ जैविकीय या शारीरिक कारण भी उसमें हीनता की भावना विकसित करते हैं अनेक सर्वेक्षणों से यह ज्ञात हुआ है कि बहुत से अपराधी बालकों में कुछ विशेष शारीरिक दोष पाये जाते हैं साधारणतः यह देखा जाता है कि सभी बालक अपने या समूह के बीच एक विशेष आदर पाने की इच्छा रखते हैं लेकिन शरीर में कोई दोष होने के कारण उन्हें अपने समूह या मित्रों के बीच समुचित सम्मान प्राप्त नही हो पाता, इन सबके फलस्वरूप बच्चों में सभी के प्रति विरोधी भावनाएँ पैदा होती हैं जिसकी प्रतिक्रिया के रूप में वह अक्सर विरोधी व्यवहार करने लगता है।

प्रायः बालक का बीमारियों के कारण भी व्यक्तित्व विकास ठीक प्रकार से नही होता शरीर में अधिक शक्ति होने से लड़ने की आदत तथा यौन सम्बन्धों की तीव्र इच्छा का विकास होता है। बहुत कम शक्ति होने से सुस्ती या गुस्सा बढ़ता है जिसकी पूर्ति अक्सर अपराधी व्यवहार के द्वारा की जाती है। मानसिक संघर्ष और अस्थिरता भी व्यक्तित्व विकास में बाधक होते हैं। यदि बच्चे के चारो ओर की परिस्थितियाँ इस प्रकार की है कि उसके मन में अनेक प्रकार के तनाव उत्पन्न हो जाये या परिस्थितियों की वजह से वह यह निश्चय न कर सके कि उसे कौन-कौन से व्यवहार करने चाहिये और किन व्यवहारों को अपने से दूर रखने चाहिये, यही परिस्थितियाँ अपराध के लिए अनुकूल वातावरण का निर्माण करती है और बच्चे का व्यक्तित्व अपराधी किस्म का हो जाता है।

बुद्धि की कमी भी बच्चों को गलत मार्ग की तरफ ले जाती है। इसलिए देखा गया है कि अधिकतर बाल-अपराधी साधारण स्तर से कम बुद्धि के होते हैं। एक बाल-अपराधी कोई भी समाज विरोधी कार्य करते समय यह नहीं सोचता कि इसका परिणाम क्या होगा वह अपने प्रत्येक कार्य को पूर्ण रूप से न्यायिक तथा उचित समझता है। यौन अपराधों में विशेषकर कम बुद्धि के बच्चे ही लिप्त होते हैं।

कुछ बच्चों में स्वयं की कुछ आदतें और व्यक्तिगत दोष होते हैं जिससे उनका व्यक्तित्व दोषपूर्ण होता है और वे सरलता से अपराधी व्यवहार करने लगते हैं अधिकतर बाल अपराधियों में चरित्र संबंधी आदतें जैसे—विश्वास, ईमानदारी, नैतिकता आदि सम्बन्धी विशेषताओं का अभाव होता है, उनका व्यवहार और बात करने का ढंग अत्यधिक मृदु होता है और किसी भी कार्य को विश्वास के साथ नहीं करते हैं स्थान-स्थान पर ऐसे बच्चे बेईमानी और धोखे से भरे रहते हैं, इन सभी कारणों के फलस्वरूप समाज उनका तिरस्कार करता है जिसके प्रत्युत्तर में वे अपराध करने लगते हैं।

बहुत से बालक ऐसे होते हैं जो इस सिद्धांत में विश्वास रखते हैं कि सुख प्राप्त किया जाना चाहिए चाहे वह किसी भी प्रकार का हो या उसे प्राप्त करने के लिए कितना भी गलत कार्य क्यों न करना पड़े फलस्वरूप यौन अपराध व अनेक दूर्व्यसन के शिकार हो जाते हैं।

कम आयु में शराब के सेवन से बच्चों तथा किशोरों का सम्पूर्ण विवेक समाप्त हो जाता है। जुए में हारने से उन्हें बुरे व्यक्तियों द्वारा उधार लेना पड़ता है और न दे सकने पर उसके कहे अनुसार उन्हें अनेक समाज विरोधी कार्य करने पड़ते हैं इस कारण वह न केवल आर्थिक समस्याओं से घिर जाते हैं, बल्कि ऐसे बालक दुर्व्यसनों और अपराधी व्यवहार से फिर कभी बाहर नही निकल पाते हैं। यह सभी चारित्रिक गुणों की कमी के कारण होता है।

वर्तमान समय में शिक्षा व्यक्तित्व विकास करने के बजाय व्यक्तित्व में गिरावट लाती है जब शिक्षा का कोई उद्देश्य नहीं होता बच्चों को शिक्षा उपयोगी व व्यवहारिक प्रतीत नहीं होती तब उनके मन में शिक्षा के द्वारा समाज में उच्च स्थान प्राप्त करने का उत्साह नही रहता। शिक्षा के माध्यम से बच्चों का व्यावसायिक आधार पर शोषण होने लगता है तो बच्चों का आरम्भ से ही मानसिक तनाव बढ़ने लगता है। ऐसी शिक्षा प्रणाली में बच्चे आरंम्भ से ही उद्दण्ड अनुशासनहीन तथा सुस्त बनने लगते हैं ये परिस्थितियाँ बच्चों को बाल अपराधी बना देती हैं।

वंशानुक्रम का प्रभाव भी बाल-अपराध में महत्वपूर्ण भूमिका अदा करता है। कहा जा सकता है कि अपराधी व्यक्तियों की सन्तानें वंशानुक्रम तथा परिवार के वातावरण से ही अपराधी के गुण ग्रहण करते हैं ये गुण ही उस बालक के व्यक्तित्व के परिचायक होते हैं।

बच्चा जब जन्म लेता है तो वह केवल रक्त, माँस, हड्डी आदि का जीवित पुतला मात्र होता है। उस समय न तो उसमें कोई सामाजिक गुण होता है और न ही कोई समाज-विरोधी। उस समय तो वह केवल जीवित प्राणी होता है, और प्राणित्व को विकसित करने के लिए जैसे-जैसे वह अपने व दूसरे के व्यवहारों के प्रभावों को समझना आरम्भ करते हैं तो उनके व्यक्तित्व का विकास होने लगता है। परिवार में बालक जो कुछ भी सीखता है वह उसके जीवन की स्थायी पूँजी होती है इससे उनका व्यक्तित्व निर्धारित होता है। उसी के अनुसार वे समाज में व्यवहार करते हैं। बच्चा परिवार के सदस्यों में से किसी को अपना आदर्श चुन लेता है और अपने व्यक्तित्व को उसी प्रकार बनाने का प्रयास करता है। बच्चों के व्यक्तित्व का निर्धारण करने में माता-पिता के स्वभाव, चरित्र, व्यवहार, परस्पर सम्बन्ध, पारिवारिक सम्बन्धों, पड़ोसियों का व्यवहार, विद्यालय का वातावरण, शिक्षक, पुस्तकों, तस्वीरों, चलचित्रों, मेला, धार्मिक अराधना, जीवन की आकांक्षाओं एवं आर्थिक अवस्था का गहरा प्रभाव पड़ता है। उनकी अनैतिक गतिविधियों का बच्चों के व्यक्तित्व पर प्रतिकूल प्रभाव पड़ता है। यदि माता-पिता या परिवार के अन्य सदस्यों के पारस्परिक सम्बन्ध अस्वस्थकर, तनावपूर्ण होंगे तो बच्चे का व्यक्तित्व भी उसी प्रकार का बनेगा। इसी प्रकार परिवार ही बच्चे को महान बनाता है और परिवार ही उसे अपराधी बनाता है।

उपरोक्त विवरण के आधार पर हम कह सकते हैं कि बाल-अपराध का प्रमुख कारण आर्थिक, राजनितिक समस्याओं के साथ-साथ पारिवारिक और मनोवैज्ञानिक दशाएँ हैं और ये दशाएँ ही बच्चों के उचित व्यक्तित्व विकास में बाधक होती हैं।

1.16 संवेग का अर्थ

"संवेग को अंग्रेजी में Emotion कहते हैं। Emotion शब्द लैटिन भाषा के Emovere से लिया गया है जिसका अर्थ है हिला देना या उत्तेजित कर देना।"

संवेग एक ऐसी प्रक्रिया है जिसमें मानसिक एवं शारीरिक दोनों प्रकार की क्रियाएँ सम्मिलित हैं। इसमें व्यक्ति किसी मनोवैज्ञानिक या संवेगात्मक परिस्थिति का प्रत्यक्षीकरण कर उत्तेजित हो उठता है और उस उत्तेजित अवस्था का चेतन

अनुभव करते ही उसमें आन्तरिक एवं बाह्य शारीरिक परिवर्तन होने लगते हैं और वह संवेगात्मक व्यवहार करने लगता है। संवेग के कारण व्यक्ति कभी-कभी इतना प्रेरित हो जाता है, कि वह राष्ट्र, धर्म, जाति समूह और मानवता के लिये बहुत बड़े-बड़े कार्य करने के लिये तत्पर हो जाता है।

संवेग शब्द किसी भी प्रकार के आवेश में आने, भड़क उठने अथवा उत्तेजित होने की दशा को सूचित करता है। सेंवेग को हम व्यक्ति को झंझोर देने वाली दशा कह सकते हैं, जिसमें व्यक्ति की आवाज, व्यवहार सभी कुछ बदल जाता है। व्यक्ति का सामंजस्य बिगड़ जाता है, उसके हृदय की गति बढ़ जाती है या बहुत कम हो जाती है, पसीना तेजी से आने लगता है या मुँह सूख जाता है। व्यक्ति बहुत अधिक हँसने भी लग जाता है अथवा रोने भी लग जाता है।

संवेग व्यक्ति के व्यवहार में किसी न किसी अंश में अवश्य विद्यमान रहता है। जिस प्रकार सुगन्ध दिखाई न देने पर भी पुष्प में विद्यमान रहती है, उसी प्रकार मानवीय व्यवहार में संवेग व्याप्त रहते हैं,

बुडवर्थ 1961 : "संवेग किसी प्राणी की गतिमान और हलचलपूर्ण अवस्था है । व्यक्ति को यह स्वयं अपनी भावनाओं की उत्तेजनापूर्ण स्थिति प्रतीत होती है। दूसरे, व्यक्ति को यह उत्तेजित अथवा मांसपेशियों और ग्रन्थियों की एक क्रिया के रूप में दिखाई देती है।"[20]

क्रो व क्रो : "संवेग वह भावनात्मक अनुभूति है जो व्यक्ति की मानसिक और शारीरिक उत्तेजनापूर्ण अवस्था तथा सामान्यीकृत आंतरिक समायोजन के साथ जुड़ी होती है और जिसकी अभिव्यक्ति उपरी व्यवहार के द्वारा होती है"

ऑर्थर टी. जसील्ड : "संवेग शब्द किसी भी प्रकार के आवेश में आने, भड़क उठने अथवा उत्तेजित होने की दशा को सूचित करता है।"

1.17 संवेग के कुछ मुख्य प्रतिरूप :

संवेगों का बालकों के जीवन में विशेष स्थान है। ये केवल बालकों की प्रसन्नता को ही नहीं बढ़ाते वरन् क्रियाशीलता हेतू उसे प्रोत्साहित भी करते हैं। साथ ही वे कभी-कभी बालक को क्रियाशीलता से स्थायी रूप से अपंग भी बना देते हैं। जिस बालक का सामाजिक अभियोजन भली-भांति नही हुआ होता है, वे दुःख और हीनता की भावनाओं से ग्रस्त रहते हैं, जिस कारण उनमें हमेशा संवेगिक तनाव बना रहता है। संवेग बालक के लिए लाभप्रद होंगे या हानिप्रद,

यह संवेग के प्रकार, तीव्रता तथा अनुभव पर निर्भर करता है। कुछ विशेष आम प्रचलित संवेगों का वर्णन निम्न रूप से किया जा सकता है।

1.17.1 भय : भय एक महत्वपूर्ण व आधारभूत भावना है जो बालक की दैनिक जिन्दगी में बहुत महत्व रखती है। यह अधिकतर दैनिक जीवन में प्रत्यक्ष अनुभवों से पैदा होता है; जैसे—शोर का डर, भयानक आवाज का डर, ऊँचाई से गिरने का डर आदि।

जब भी बालक भयभीत होते हैं तो भय उत्पन्न करने वाली चीज से दूर भागने या उससे पीछा छुड़ाने की बात मन में एकदम उत्पन्न हो जाती है। परन्तु कई बार ऐसा भी होता है जब भागने के सभी रास्ते बन्द दिखाई देते हैं उस अवस्था में भयभीत करने वाले उद्दीपन का अपनी तरह से डटकर मुकाबला करने को भी उतारु हो जाते हैं। जैसे ही डराने वाली वस्तु, व्यक्ति या हालात से पीछा छूटता है तो डर समाप्त हो जाता है। परन्तु कई अवस्थाओं में डर का प्रभाव इतनी जल्दी समाप्त नहीं होता और भय की अनुभूति को अपने अंदर गहराई से बैठा लेता है तो उसके चेहरे, व्यवहार और क्रियाओं में भय की छाप स्पष्ट दिखाई देती रहती है। कुछ बालकों में भय की अतिशयता धीरे-धीरे एक मानसिक विकृति का रूप भी ले लेती है।

डर की भावना बालक के मन में बाल्यावस्था से ही होती है और मृत्युपर्यन्त रहती है। लेकिन विकास के साथ-साथ बच्चों के डर के प्रति उत्तेजना तथा कारण बदलते रहते हैं। अतः भय के मनोविकार को बिना व्यक्ति के अन्तर्मन में झाँके समझा नहीं जा सकता ।

1.17.2 क्रोध : क्रोध एक अत्यन्त महत्वपूर्ण संवेग है जो प्रत्येक व्यक्ति द्वारा प्रदर्शित किया जाता है। क्रोध एक अवांछनिय परिस्थिति के परिणाम स्वरूप उत्पन्न होता है। इस संवेग की अनुभूति के साथ युद्धप्रियता और कलह जैसी मूल प्रवृत्तियाँ जुड़ी होती हैं। बालक का क्रोधपूर्ण संवेगात्मक व्यवहार पूरी तरह सीखा हुआ तथा वातावरणजन्य व्यवहार होता है जब यह क्रोध का संवेग आगे तीव्रता की ओर बढ़ता है तो इसके प्रचण्ड आवेग में बालक विवेकशून्य होकर बहुत ही आक्रामक रूप अपना लेता है। शाब्दिक अभिव्यक्ति का स्थान क्रियात्मकता अक्रामकता ले लेती है। मारना-पीटना यहाँ तक कि एक-दूसरे की संपत्ति को नष्ट करने, अत्यधिक शारीरिक चोट पहुँचाने, हत्या करने का प्रयास करना इस व्यवहार के अंग बन जाते हैं।

ऐडलर नामक प्रसिद्ध मनोवैज्ञानिक के अनुसार अपने आपको दूसरों में श्रेष्ठ मनवाए जाने की प्रवृत्ति तथा प्रेरक मानव व्यवहार का मूल स्त्रोत माना जाता है। कुछ लोगों में यह बात जरूरत से ज्यादा पाई जाती है। वे हर कीमत पर अपने को दूसरों से श्रेष्ठ मनवाए जाने की ठान लेते हैं और इसके लिए अपने व्यवहार में ऐसी आक्रामकता धारण कर लेते हैं कि सब उनसे डरते रहें उनकी शक्ति और योग्यता का लोहा मानने लगें।

1.17.3 ईर्ष्या : यह बहुत सामान्य पायी जाने वाली घातक भावना है। यह किसी व्यक्ति के प्रति मन में उत्पन्न क्रोध की भावना है। इससे दूसरे व्यक्ति के पास जो वस्तु है, उसके प्रति बुरी भावना होती है। वह वस्तु घर, दौलत, इज्जत, शोहरत, विद्या आदि कुछ भी हो सकती है।

बालकों में ईर्ष्या का सबसे बड़ा कारण उपेक्षा पाया जाता है। जब अपने समूह में वे अन्य बच्चों को ज्यादा सम्मान शोहरत या प्रसिद्धि मिलते देखते हैं तो वे ईर्ष्या का शिकार हो जाते हैं। घर में माँ-बाप का दूसरे बच्चों के प्रति पक्षपात-भरा रवैया उनमें ईर्ष्या की भावना पैदा कर देता है। यदि माँ-बाप, अध्यापकों भाई बहनों साथियों का यह रवैया लगातार बना रहता है तो बच्चों के मन में यह भावना हमेशा के लिए बैठ जाती है। इस आयु में एक-दूसरे पर व्यंग्य कसना आम बात होती है। बालकों में मारने की प्रवृत्ति होती है। जब उन्हें इस बात से रोका जाता है तो वे सामाजिक बुराइयों की ओर अग्रसर हो जाते हैं; जैसे—झूठ बोलना, धोखा देना, चोरी करना आदि।

1.17.4 आक्रामकता : बाल्यावस्था में बच्चा जब क्रोधित होता है तो उसके स्वभाव में उग्रता देखने को मिलती है जिसे आक्रामकता कहा जाता है आक्रामकता शारीरिक तथा मौखिक दोनों प्रकार की हो सकती है।

जब क्रोध में बच्चा लड़ता-झगड़ता है तथा एक-दूसरे को मारता-पीटता है या एक-दूसरे की वस्तुओं को छीनता है तो वह शारीरिक आक्रामकता कहलाती है।

मौखिक आक्रामकता में एक-दूसरे से गाली-गलोच करना, छेड़ना या परेशान करना या तरह-तरह पुनरूत्तर देना सम्मिलित होता है।

बस (1961) के अनुसार "अक्रामकता वह प्रतिक्रिया है जो दूसरे प्राणी के लिए अनिष्टकर उद्दीपन प्रदान करता है"।[22]

बालकों में शारीरिक आक्रामकता अधिक पाई जाती है, जब बच्चा अपने

सामान्य जीवन प्रवाह मे कोई अवरोध अनुभव करता है, बालक की कोई आधारभूत मनोवैज्ञानिक आवश्यकता कुंठित होती है अथवा उसमें कोई बाधा आती है तो इन सब परिस्थितियों में बालक द्वारा आक्रामक या ध्वंसात्मक व्यवहार करने की सम्भावना रहती है। इस प्रकार की आक्रामकता में व्यक्ति का उद्देश्य किसी दूसरे व्यक्ति को क्षति पहुँचाना होता है जो क्रोध उत्पन्न करने के लिए उत्तरदायी होता है और उस व्यक्ति में क्षति के कारण उत्पन्न कष्ट अथवा परेशानी आक्रामक व्यवहार प्रस्तुत करने वाले व्यक्ति की आक्रामकता को अत्यधिक बल मिलता है।

5. प्रेमः प्रेम जीवन की सबसे ज्यादा महत्वपूर्ण अति प्रचलित संवेग व आवश्यक भावना है। दुनिया में कोई भी ऐसा व्यक्ति या प्राणी नहीं है जिसमें प्रेम के संवेग का संचार नही होता। सभी प्रेम का आदान-प्रदान करना जानते हैं और यह उनकी मूल आवश्यकता भी है। प्रेम के संवेग को स्नेह तथा अनुराग से भरपूर एक ऐसी भावात्मक अनुभुति या अभिव्यक्ति के रूप में जाना जा सकता है जिसे किसी एक प्राणी द्वारा किसी दूसरे प्राणी के प्रति अनुभूत या व्यक्त किया जाता है।

प्रेम में आत्मीय सम्बन्ध और बहुत अधिक निर्भरता पाई जाती है। इसमें व्यक्ति जिससे प्रेम करता है उसे कुछ देना ही चाहता है, उसका बदला नही चाहता।

प्रेम के प्रति पूर्ण समर्पण, त्याग की भावना तथा उसके अस्तित्व में अपने को विलीन करने की बात सभी प्रकार के प्रेम स्वरूपों में देखने को मिल सकती है। चाहे माँ का अपनी संतान के प्रति हो, या किसी मजनूँ का अपनी लैला, किसी भगतसिंह और सुखदेव का अपनी मातृ भूमि के प्रति अथवा किसी नानक और ईसा मसीह का सारी खुदाई के प्रति आदि सभी में प्रेम नामक संवेगात्मक अनुभूति के ही विविध रूप हैं। प्रेम नामक संवेग में अपनी ऐसी विशेषाताएँ तथा अच्छाइयाँ पाई जाती हैं जिसके कारण इस प्रकार के संवेगों की उपस्थिति को सभी अवस्थाओं में व्यक्ति विशेष तथा जन-समुदाय के कल्याण के लिए पूरी तरह शुभ और उपयोगी समझा जाता है।

1.18 परिपक्वता का अर्थ

परिपक्वता से तात्पर्य केवल बढ़ोतरी होने से नहीं है वरन् यह एक लम्बी प्रक्रिया है एक परिपक्व बालक वह है जो स्वयं को वस्तुपरक एवं वास्तविक अभिवृत्ति निर्धारित करने की स्वीकृति प्रदान करता है।

परिपक्वता का अर्थ प्राणी के परिपक्व हो जाने अर्थात बढ़ोतरी होने से है व्यक्ति केवल युवावस्था में ही पूर्ण परिपक्व नही होता वरन् प्रत्येक आयु की परिपक्वता, अलग-अलग होती है जैसे-जैसे आयु बढ़ती जाती है वैसे-वैसे उसमें आयु के अनुसार परिपक्वता आती जाती है।

परिपक्व एक स्वतः चलने वाली वह प्रक्रिया है, जिसके द्वारा जीव की संभाव्य क्षमताएँ कार्यात्मक तत्परता की अवस्था मे होने वाले परिवर्तन भी सम्मिलित हैं, जो विवृद्धि के साथ होते हैं। इस प्रक्रिया के परिणामस्वरूप ही शारीरिक, मानसिक और सामाजिक रूप से जीव की वृद्धि और सुदृढ़ होती है।

लगभग 15 वर्ष की आयु तक बालक अपनी पूर्ण लम्बाई प्राप्त कर लेता है यह 15 वर्ष की आयु की परिपक्वता है। परिपक्वता एक जीव शास्त्रीय शब्द है ड्रेवर के अनुसार-जीव शास्त्र में इसका अर्थ है प्राणी का परिपक्व हो जाना अर्थात उसकी बढ़ोतरी हो जाने पर मनोविज्ञान में सीखने की प्रक्रिया के विरुद्ध विकास की प्रक्रियाओं को ही परिपक्वता कहते हैं। परिपक्वता विकास एक ऐसी प्रक्रिया है जिसमें व्यक्ति के अंग प्रत्यंगों में क्रमिक परिवर्तन होते हैं जैसे शरीर बढ़ता है स्नायुविक ढाँचा बढ़ता है माँसपेशियाँ पुष्ट होती है शरीर विभिन्न क्रियाओं एवं क्षमताओं के लिए उपयुक्त बनता है।

हरलॉक के अनुसार—"परिपक्वता का अर्थ वंशानुक्रम के प्रभाव के कारण व्यक्ति में शील गुणों का भावी विकास है जिनकी व्यक्ति में जन्म के समय क्षमता होती है।"

सारांश में हम यह कह सकते हैं कि परिपक्वता वे सीमाएँ निश्चित करती हैं जिससे आगे विकास संभव नही है एक परिपक्व व्यक्ति तुरन्त प्राप्त होने वाले संतोष का मोह त्याग कर फलदायी लक्ष्यों के लिए कार्यरत होता है।

1.19 संवेगात्मक परिपक्वता का अर्थ

'संवेगात्मक परिपक्वता शब्द की व्याख्या करना बहुत कठिन है फिर भी' संवेगात्मक परिपक्वता का अर्थ स्पष्ट करते हुए यह कहा जा सकता है कि जो व्यक्ति अवनति, संघर्ष आदि परिस्थितियों से उभर कर खुद को निर्भर व उन्नति करने के लिए स्वयं को उसी ढांचे में ढाल ले अर्थात उसे देखने मात्र से ही ऐसा प्रतीत हो कि वह व्यक्ति अपनी उम्र के हिसाब से स्वाभाविक रूप से संवेगात्मक परिपक्व हैं। आज की वर्तमान परिस्थितियों में बालक जीवन की विभिन्न समस्याओं का सामना करते हैं; जैसे—चिंता, कुंठा, तनाव, भावनात्मक रूप से उदास रहना आदि।

प्रत्येक व्यक्ति के जीवन में संवेगात्मक अनुभव का महत्वपूर्ण स्थान है। यदि व्यक्ति के संवेगात्मक अनुभव कटु होते हैं तो उसके सामाजिक सामन्जस्य में कठिनाई आती है और उसका व्यवहार परिस्थितियों के प्रतिकूल होता है एक अपरिपक्व व्यक्ति तथा परिपक्व व्यक्ति के व्यवहार के अंतर देख कर हम संवेगात्मक परिपक्वता का अंतर जान सकते हैं। एक अपरिपक्व व्यक्ति के मुकाबले में परिपक्व व्यक्ति अधिक संवंगों को अनुभव कर सकता है।

उचित संवेगात्मक विकास से व्यक्ति इतना परिपक्व हो जाता है कि वह सुखद घटनाओं व परिस्थितियों से आनंदित होता है तथा दुःख के मौकों पर अपने आप को वातावरण के अनुसार ढालना सीख लेता है। इसीलिए संवेगात्मक परिपक्वता से हमारा यह अभिप्राय है कि संवेगात्मक रूप से परिपक्व व्यक्ति छोटी-छोटी सुखद घटनाओं; जैसे—समुद्र की लहरें, वर्षा की फुहार एक ठंडा पेय और सुगन्धित फूल आदि से भी आनन्द प्राप्त कर लेता है। लेकिन अपरिपक्व व्यक्ति एक छोटी-सी चोट-से भी जोर-जोर से चिल्लाने लगता है। छोटी आयु में बच्चा जिन परिस्थितियों, व्यक्तियों या वस्तुओं से भयभीत हो जाता है, बड़े होकर यह जान जाता है कि यह सभी वस्तुएँ हानिकारक नही हैं। जैसे-जैसे आयु बढ़ती है, बच्चा अपनी भावनाओं को उत्तम ढंग से प्रदर्शित करना सीख जाता है। आयु बढ़ने के साथ ही निराशाजनक परिस्थितियाँ भी बढ़ती है, लेकिन साथ-साथ उनका सामना करने का साहस भी बढ़ता है। भय, क्रोध, ईर्ष्या, असुरक्षा व चिन्ता किसी व्यक्ति की सामाजिक स्थिति में कोई परिवर्तन तो नही लाते अपितु वे स्थिति का सामना करने के लिए उस व्यक्ति के विचारों को प्रभावित करते हैं।

विलिटर और स्मिटसन 1974—"संवेगात्मक परिपक्वता एक ऐसी प्रक्रिया है कि वह लगातार संघर्षमय जीवन व्यतीत करते हुए भावनात्मक रूप से तथा मानसिक रूप से मजबूत हो जाता है।"

संवेगात्मक परिपक्वता को मापने के लिए विभिन्न वैज्ञानिकों द्वारा विभिन्न प्रकार के मापनी परीक्षणों को तैयार किया गया है जो संवेगात्मक परिपक्वता के कई रूपों को मापते हैं; जैसे—संवेगात्मक अस्थिरता, संवेगात्मक दमन, व्यक्तित्व विघटन, सामाजिक समायोजन, नेतृत्वहीनता इत्यादि।

1.19.1 संवेगात्मक अस्थिरताः यह एक महत्वपूर्ण तथ्य है जो किसी समस्या को हल न कर पाने की असमर्थता को दर्शाता है; जैसे-चिड़चिड़ापन,

एकाग्रता, कार्य क्षमता में कमी, अनाधिकृत परिवर्तन, झुंझलाहट, संवेदनशीलता आदि। यह सबसे अधिक सामाजिक कुसमायोजन से सह-संबन्धित है। परन्तु संवेगात्मक दमन और व्यक्तिगत विघटन से संबन्धित है।

1.19.2 सांवेगिक दमनः संवेगात्मक दमन को भी कारकों के समूह के द्वारा प्रस्तुत किया जाता है। जैसे-आत्महीनता के रूप में बेचैनी, उत्तेजना (भड़कना) आदि यह व्यक्तित्व विघटन और आत्मनिर्भरता की कमी से उच्च सह-संबंध से संबंधित है तथा संवेगात्मक अस्थिरता और सामाजिक कुसमायोजन से निम्न सह संबधित है।

1.19.3 सामाजिक कुसमायोजनः सामाजिक कुसमायोजित व्यक्ति से तात्पर्य ऐसे व्यक्ति से है जो समाज के नियमों को स्वीकार नही कर पाते,घृणा करते हैं, अनुशासन हीन होते हैं। ऐसे व्यक्ति जो झूठ बोलना, डींग मारना, भरोसे योग्य न होने वाले, सामाजिक रूप से कुसमायोजित होते हैं।

1.19.4 व्यक्तित्व विघटनः व्यक्तित्व विघटन में भयातुरता, उत्तेजना, आलोचना, दूरदर्शी न होना, अनुशासन हीन आदि लक्षणों को शामिल किया गया है। इससे ग्रसित व्यक्ति क्रोध, विवाद, अवज्ञा, वातावरण के प्रति हीनता आदि को उत्तेजना के रूप में प्रदर्शित करते हैं।

1.19.5 नेतृत्वहीनताः ऐसे व्यक्ति जो दूसरों पर आश्रित होते हैं तथा चीजों में कम रुचि रखते हैं। उनमें प्रायः आत्मविश्वास की कमी होती है।

1.20 संवेगात्मक परिपक्वता को प्रभावित करने वाले कारण

वयस्क के समान बालक के संवेगात्मक व्यवहार में भी समय-समय पर अन्तर आता रहता है। इसका कारण बालक के संवेगात्मक व्यवहार को प्रभावित करने वाले कुछ कारण है जो संवेगात्मक परिपक्ता को भी प्रभावित करते हैं ये कारण निम्नलिखित हैंः

1.20.1 पारिवारिक वातावरणः अपने जन्म के समय बालक जिस प्रेम को घर में माँ-बाप से प्राप्त करता है उसका उसके जीवन पर गहरा प्रभाव पड़ता है। जो कुछ बड़े करते हैं, उसकी छाप बालक पर अवश्य पड़ती है। यदि बचपन में बालक प्यार से किन्ही कारणों से वंचित रह जाता है, तो बालक की सकारात्मक भावनाएँ जैसे खुशी, प्रसन्नता, दया, उत्सुकता आदि को अभिव्यक्ति का उचित माध्यम नही मिलता तो वह संवेगात्मक रूप से अपरिपक्व रह जाता

है अतः परिवार में बड़ों का जैसा संवेगात्मक व्यवहार होता है। बालक उसी तरह का व्यवहार करना सीख जाते हैं। माता-पिता के व्यवहार के अतिरिक्त परिवार में बच्चों अथवा भाई-बहन की संख्या, उसका पहली, दूसरी या आखिरी सन्तान होना, परिवार की सामाजिक और आर्थिक स्थिति, माता-पिता द्वारा उसकी उपेक्षा या आवश्यकता से अधिक देखभाल और लाड़-दुलार आदि बातें भी बालक की संवेगात्मक परिपक्वता को बहुत प्रभावित करता है।

1.20.2 विद्यालय का वातावरणः विद्यालय का वातावरण भी बालकों की संवेगात्मक परिपक्वता पर पूरा-पूरा प्रभाव डालती है। विद्यालय के स्वस्थ और अनुकूल वातावरण के द्वारा बालकों को अपना संवेगात्मक संतुलन बनाये रखने और अपना उचित समायोजन करने में बहुत आसानी होती है। विद्यालय के वातावरण में व्याप्त सभी बातें जैसे विद्यालय की स्थिति, उसका प्राकृतिक एवं सामाजिक परिवेश, अध्यापन का स्तर, मुख्याध्यापक एवं अध्यापकों के पारस्परिक सम्बन्ध और अध्यापकों का स्वयं का संवेगात्मक व्यवहार आदि सभी बातें बालकों की संवेगात्मक परिपक्वता को पर्याप्त रूप से प्रभावित करते हैं।

1.20.3 माता या पिता की जुदाईः बालक माता या पिता जिस पर वह पूर्ण रूप से आश्रित हो, की जुदाई से भी संवेगात्मक रूप से परिपक्व नहीं हो पाता है। यदि यह जुदाई ज्यादा समय के लिए होती है तो प्रभाव ज्यादा गम्भीर होता है। अगर यह जुदाई कम समय के लिए होती है तब ये कम गम्भीर होती है।

1.20.4 परिवार प्रथाः संयुक्त परिवार में बालक माँ-बाप पर कम निर्भर रहता है। वहाँ वह माँ-बाप के अलावा अन्य सदस्यों के सम्पर्क में भी रहता है ऐसे बालक संवेगात्मक तौर पर सुरक्षित महसूस करते हैं। लेकिन एकल परिवार में बालक पूरी तरह से माँ-बाप पर निर्भर रहता है। माँ-बाप की थोड़ी-सी उदासीनता अथवा असावधानी उन्हें मानसिक तौर पर असंतुलित बना देती है। यदि माँ-बाप बच्चे को बचपन से ही संवेगात्मक सुरक्षा प्रदान करें तो बालक संवेगात्मक रूप से परिपक्व होगा।

1.20.5 माता-पिता का सोचने का गलत ढंगः कुछ माता-पिता पुरातन विचारों के होते हैं। वे बच्चे के शारीरिक स्वास्थ पर तो ध्यान देते हैं लेकिन मानसिक स्वास्थ पर ध्यान नही देते। वे इस बात को महसूस नही करते कि

यदि बच्चों के प्रति प्यार दर्शाया नहीं जाए तो बच्चे स्वयं इस बात का अनुभव नही करते। बालक की तर्कशक्ति इतनी विकसित नही होती है कि वह यह समझ पाए कि माँ-बाप की डाँट-फटकार व मार के पीछे उनका प्यार छिपा है। इसीलिए ऐसा अक्सर देखने में आया है कि बालक स्वस्थ तो होगा लेकिन वह प्रसन्न नही होगा और संवेगात्मक तौर पर अपरिपक्व होगा।

1.20.6 बालक पर अनावश्यक दबावः बालक पर शुरू से ही यह दबाव डाला जाता है कि वह अपनी भावनाओं को दबाए रखे। शुरू से ही माँ-बाप, भाई-बहन तथा बाद में अन्य व्यक्ति उसे यह सिखाते हैं कि शांत रहना चाहिए, क्रोध नहीं करना चाहिए, डरना नहीं चाहिए इत्यादि। इसीलिए शुरू से ही बालक की प्राकृतिक संवेगात्मक परिवक्वता में बाधा आती है।

1.20.7 सामाजिक विकासः सामाजिक विकास और संवेगात्मक परिपक्वता का आपस में गहरा सम्बन्ध है। बालक जितना अधिक सामाजिक होगा संवेगात्मक रूप से उतना ही परिपक्व और संयमशील बनेगा। सामाजिक रूप से अविकसित अथवा उपेक्षित बालकों को अपने संवेगात्मक समायोजन में बहुत कठिनाइयों का सामना करना पड़ता है। समाजीकरण की प्रक्रिया बालकों के ठीक-ठीक संवेगात्मक विकास और संवेगात्मक अभिव्यक्ति में बहुत सहायता देती है। सामाजिक दृष्टि से जिस प्रकार का संवेगात्मक व्यवहार अपेक्षित है, इसका पोषण बालक में उचित सामाजिक गुणों के विकास पर ही निर्भर करता है और इस दृष्टि से सामाजिक विकास संवेगात्मक परिपक्वता को प्रभावित करने में पूरी-पूरी भूमिका निभाता है।

1.20.8 पास-पड़ोस, समुदाय और समाजः परिवार और विद्यालय के अतिरिक्त बालकों का अथवा पड़ोस, समुदाय और समाज जिसमें वह रहता है, भी संवेगात्मक परिपक्वता को बहुत प्रभावित करते हैं। अपने संवेगात्मक व्यवहार से सम्बन्धित सभी अच्छे और बुरे संवेग और आदतों को वह इन्हीं सामाजिक समस्याओं के माध्यम से ग्रहण करता है। एक साहसी और निर्भय जाति या समुदाय में पैदा होने वाले अथवा ऐसे वातावरण में पलने वाले बालकों में साहस और निर्भयता का गुण आ जाना स्वाभाविक ही है। जिस समाज में बड़े लोग शीघ्र गाली-गलौच और मारपीट करते रहते हैं। उनके बच्चे भी अनायास ऐसी ही संवेगात्मक कमजोरियों के शिकार हो जाते हैं। भय, ईर्ष्या, घृणा, क्रोध, प्रेम सहानुभूति, दया आदि सभी तरह के अच्छे और बुरे संवेगात्मक गुण संवेगात्मक परिपक्वता को प्रभावित करते हैं।

1-20-9 स्वास्थ्य एवं शारीरिक विकासः शारीरिक विकास एवं स्वास्थ्य का संवेगात्मक परिपक्वता के साथ बहुत गहरा सम्बन्ध हैं। आन्तरिक और बाह्य दोनों प्रकार की शारीरिक न्यूनताएँ कई प्रकार की संवेगात्मक समस्याओं को जन्म दे सकती है स्वस्थ एवं हृष्ट-पुष्ट बच्चों की अपेक्षा प्रायः कमजोर अथवा बीमार बच्चे संवेगात्मक रूप से अपरिपक्व पाए जाते हैं। संवेगात्मक परिपक्वता के लिए विभिन्न ग्रन्थियों का ठीक प्रकार काम करना अत्यन्त आवश्यक है जो केवल स्वस्थ एवं ठीक ढंग से विकसित होते हुए शरीर में ही सम्भव हो सकता है। इस प्रकार से शारीरिक विकास की दशा और स्वास्थ्य का बच्चे की संवेगात्मक परिपक्वता पर गहरा प्रभाव पड़ता है।

1.20.10 बुद्धिः संवेगात्मक परिपक्वता की दिशा में बालक का संवेगात्मक समायोजन और स्थिरता के रूप मे बुद्धि महत्वपूर्ण भूमिका निभाती है। सामान्य रूप से अपनी ही उम्र के कुशाग्र बालकों की अपेक्षा निम्न बुद्धि स्तर के बालकों में कम संवेगात्मक परिपक्वता पाई जाती है। विचार शक्ति, तर्क शक्ति आदि बौद्धिक शक्तियों के सहारे ही व्यक्ति अपने संवेगों पर अंकुश लगाकर उनको अनुकूल दिशा देने में सफल हो सकता है। अतः प्रारम्भ से ही बालकों की बौद्धिक शक्तियाँ बच्चों की संवेगात्मक परिपक्वता को दिशा प्रदान करने में लगी रहती है।

इस प्रकार से संवेगात्मक परिपक्वता को प्रभावित करने वाले कारकों को दो श्रेणियों में विभाजित किया जा सकता है। पहली श्रेणी में परिवार, विद्यालय, आस-पड़ोस, समुदाय और समाज जैसे महत्वपूर्ण सामाजिक कारक आते हैं। दूसरी श्रेणी में शारीरिक, मानसिक विकास और बौद्धिक स्तर जैसे कारक हैं, जिन्हें पूर्ण तौर से व्यक्तिगत माना जा सकता है। सामाजिक और व्यक्तिगत दोनों ही प्रकार के कारक बच्चे की संवेगात्मक परिपक्वता को प्रभावित करने में कोई कसर नहीं छोड़ते। अतः यह सभी कारक प्रत्यक्ष या अप्रत्यक्ष रूप से बालक की संवेगात्मक परिपक्वता में बाधा डालते हैं।

1.21 बालकों के संवेगात्मक व्यवहार की विशेषताएँ

बालकों के संवेग तथा उनके प्रदर्शन में बड़ों से काफी भिन्नता देखने को मिलती है। उनकी इस भिन्नता और विशेषता को संक्षेप में निम्न प्रकार व्यक्त किया जा सकता है:-

1.21.1 बालकों के संवेग अति तीव्र होते हैः बालकों के संवेगों में आँधी-तूफान की-सी तीव्रता पाई जाती है। संवेगात्मक अवस्था में उनका अपने ऊपर नियन्त्रण नही रहता बालक छोटी-छोटी बातों पर भी अति तीव्र संवेगों का प्रदर्शन करते हैं। वे जब रोते हैं तो फूट-फूट कर रोते हैं तथा जब क्रोधित होते हैं तो पूरी तरह से अपने होश-हवास खो बैठते हैं।

1.21.2 बालकों के संवेग परिवर्तनशील होते हैंः बालकों के संवेग अस्थिर होते हैं और उनमें परिवर्तनशीलता का गुण भी पाया जाता है। उनके व्यवहार का एक प्रकार के संवेगात्मक व्यवहार से दूसरे में परिवर्तित हो जाना बहुत ही स्वाभाविक और सहज बात है। बालक एक क्षण में अति तीव्र क्रोध प्रदर्शित करते हैं तथा दूसरे ही क्षण क्रोध को भूलकर हँसने लगते हैं। संवेगों की परिवर्तनशीलता के तीन कारण होते हैंः-

A. संवेगों के प्रदर्शन द्वारा बालक अतिरिक्त शक्ति को मार्ग प्रदान करते हैं।

B. बौद्धिक अपरिपक्वता के कारण वे परिस्थिति को सही तरह समझ नही पाते हैं।

C. उनका ध्यान का विस्तार अति सीमित होता है। इस कारण उनके अवधान का विचलन आसानी से हो जाता है।

1.21.3 बालकों के संवेगों की संक्षिप्तताः आँधी तूफान अक्समात् जितनी तेजी से आते हैं उतनी ही तेजी से समाप्त भी हो जाते हैं, ठीक यही बात बालकों के संवेगों की है। वे किसी भी संवेग के लम्बे समय तक शिकार नही होते। उनके संवेग क्षणिक और संक्षिप्त होते हैं।

1.21.4 बालकों के संवेगों की जल्दी पहचानः बालक अपने संवेगों को बड़ी सरलता से प्रकट कर देता है। अर्थात् बालकों के संवेग उसके व्यवहार के लक्षणों द्वारा जल्दी पहचाने जा सकते हैं। उन्हें अपनी भावनाएँ और संवेगों को छुपाने का हुनर नही आता। अतः उनकी चेष्टाओं, मुद्रा तथा हाव-भाव से उनकी संवेगात्मक अवस्था का आसानी से पता लगाया जा सकता है।

1.21.5 संवेगात्मक अभिव्यक्ति का स्वरूपः एक बालक को अपने संवेगों के उग्र और भीषण प्रवाह को नियन्त्रित करना बहुत ही कठिन होता है इस अवस्था में प्रायः संवेगों की अभिव्यक्ति चीखने, चिल्लाने, वस्तुओं को फेंकने, तोड़-फोड़ करने, मारने-पीटने, भागने आदि क्रियाओं के माध्यम से होती है।

जैसे-जैसे वह बड़ा होता जाता है संवेगों की अभिव्यक्ति में पर्याप्त सुधार आ जाता है। सामाजिक सम्पर्क और प्रशिक्षण से उसका संवेगात्मक व्यवहार संतुलित, संयमित और सामाजिक होता चला जाता है। परिपक्वता ग्रहण करने पर संवेगों की अभिव्यक्ति के लिए वह भावनाओं की बाढ़ में न बह कर बुद्धि और अनुभव का सहारा लेना अधिक पसन्द करता है।

1.21.6 संवेगों की आवृत्तिः एक दिन अथवा एक निश्चित अवधि में बालक कितने प्रकार के संवेगों का शिकार होते हैं अथवा उनमें एक विशेष संवेग की पुनरावृत्ति कितनी बार होती है तो यह आसानी से पता चल सकता है कि अपनी संवेगात्मक अस्थिरता, परिवर्तनशीलता और संक्षिप्तता के गुणों के फलस्वरूप बालक अपने व्यवहार में संवेगों की संख्या तथा उनकी आवृत्ति के दृष्टिकोण से काफी आगे होते हैं।

1.21.7 बालकों के संवेगों की शक्ति में अन्तरः कुछ विशेष अवस्थाओं में बालकों के कई संवेग शक्तिशाली होते हैं। परन्तु धीरे-धीरे उनकी शक्ति न्यून होती है। छोटे बालक अपरिचित व्यक्तियों से बहुत डरते हैं। बाद में जब उनकों मालूम होता है कि डर का कोई कारण नहीं है तो वह भयभीत होना छोड़ देते हैं। बालक की आयु के साथ उसकी उग्रता तथा वेग कम हो जाता है।

1.22 बालकों में संवेगों की भिन्नता

संवेग शब्द किसी भी प्रकार के आवेश में आने भड़क उठने अथवा उत्तेजित होने की दशा को सूचित करता है। समय के साथ-साथ संवेगों पर नियन्त्रण करना सीखना तथा सामाजिक मान्यताओं के अनुसार व्यवहार सीखना ही संवेगात्मक विकास कहलाता है। बालकों के संवेगात्मक व्यवहार में भिन्नता पाई जाती है तथा संवेगों की शक्ति में अंतर आता रहता है।

सामान्य बालक के संवेग सरल, स्पष्ट, परिवर्तनशील व आसानी से पहचान में आने वाले होते हैं। सामान्य बालक के व्यक्तित्व संलक्षण में आत्मविश्वास, औसत से थोड़ा अधिक, आक्रामकता, भय, प्यार, स्नेह, खुशी, आश्चर्य, वात्सलय, स्वामित्व की भावना होती हैं ये सभी संवेग जीवन के सबसे महत्वपूर्ण व आधारभूत संवेग हैं जो हर आयु के बालकों की आवश्यकता होती हैं और आयु बढ़ने के साथ-साथ संवेगों पर नियन्त्रण करना ही संवेगाात्मक परिपक्वता कहलाती है। संवेगात्मक तौर पर परिपक्व व्यक्ति सुखद घटनाओं व परिस्थितियों में तो आनंदित होता है परंतु दुःखद मौकों पर अपने आपको वातावरण के अनुसार ढालना सीख लेता है।

अपराधी बालकों में ईर्ष्या, विद्रोह, क्रोध, घृणा, अक्रामकता, चिन्ता, शर्मीलापन आदि संवेगात्मक समस्याएँ हैं जो भावनात्मक अंतर अथवा परिपक्वता के अभाव के कारण पैदा होती हैं। ऐसे बालक चूँकि दूसरों से हिल-मिल नही पाते, वे लोकप्रिय नहीं होते उनमें नेतृत्व का गुण विकसित नहीं होता, दूसरे बालकों की अपेक्षा उनकी प्रतिभा को कम आँका जाता है इससे उनमें हीन भावना आ जाती है। यह प्रभाव बालक में संवेगात्मक तौर पर असन्तुलित व्यवहार को जन्म देती है और वे असंतुलित संवेग के स्वामी बन जाते हैं।

1.23 परिपक्वता और व्यक्तित्व में सम्बन्ध

गर्भकालीन अवस्था में विकास सिर से पैरों की ओर होता है। जन्म के बाद भी विकास का क्रम यही रहता है। परिपक्वता यह निश्चित करती है कि एक व्यक्ति क्या और किस प्रकार का अधिगम करेगा। व्यक्तित्व के अनेक लक्षण का विकास अधिगम पर आधारित रहता है। यदि व्यक्ति में परिपक्वता सामान्य गति से नहीं चलती है तो निश्चय ही उसका व्यक्तित्व प्रभावित होगा। परिपक्वता के साथ-साथ बालक की आवश्यकताएँ बढ़ती जाती है। व्यक्तित्व विकास के लिए आवश्यक है कि इन आवश्यकताओं की पूर्ति हो। परिपक्वता के साथ-साथ बालक अपना व्यक्तित्व विकास अपने चारों ओर उपस्थित लोगों से करने लग जाता है।

जिन बालकों को भरपूर प्यार, विश्वास व ममत्व नहीं मिलता अथवा अपने माँ-बाप की तानाशाही प्रवृत्ति के कारण वे स्वयं को दबा कर रखते हैं, वे संवेगात्मक तौर पर बड़े होकर भी अपने आपको असुरक्षित ही महसूस करते हैं जिससे उनका व्यक्तित्व विकास भी अवरुद्ध होता है। शुरू में बालक के संवेग बड़े तीव्र, जल्दी उत्पन्न होने, परिवर्तनशील व जल्दी पहचान में आने वाले होते हैं। लेकिन आयु के साथ-साथ वे अपने संवेगों पर नियंत्रण करना सीख जाते हैं तथा मान्यताओं के अनुसार व्यवहार करना सीख जाते हैं तो बालक का व्यक्तित्व प्रभावशाली, सुरक्षा की उपयुक्त भावना, वास्तविक जीवन का उद्देश्य, उपयुक्त आत्म-मूल्यांकन, समूह की आवश्यकताओं को पूरा करने की योग्यता आदि गुणों से युक्त होगा। इन व्यक्तित्व गुणों से यह व्यक्त होता है कि बालक अपनी आयु के अनुसार संवेगात्मक परिपक्वता ग्रहण कर पा रहा है। अगर बच्चे बढ़ती आयु के साथ-साथ संवेगात्मक तौर पर परिपक्व बन रहे हैं तो उन्हें विशेष ध्यान की आवश्यकता नही होती। परन्तु यदि बच्चे में आयु के अनुसार संवेगात्मक परिपक्व व समन्वित व्यक्तित्व का अभाव है तो बालकों कि भावनात्मक जरूरतों

को समझकर उसके अनुरूप व्यवहार करना चाहिए ताकि बालक मानसिक परिपक्वता के साथ-साथ भावनात्मक परिपक्वता ग्रहण कर अपना उचित व्यक्तित्व विकास कर बड़े होकर एक संतुलित व्यक्तित्व का स्वामी बने।

1.24 बालकों का सामाजिक-आर्थिक विकास

मानव को अपनी एक अपूर्व विशेषता के कारण अन्य वर्ग से भिन्न माना जाता है। वह विशेषता यह है कि वह एक सामाजिक प्राणी है। समाज उसके लिए जल, वायु तथा भोजन की तरह ही एक आवश्यक वस्तु है। वह समाज में रह कर जीना चाहता है और सामाजिक सम्बन्धों को बनाने तथा दूसरों के साथ समायोजन करने की चेष्टा करता है।

लेकिन इसका यह अर्थ नही है कि मानव में इस प्रकार के सामाजिक गुण और व्यावहारिक विशेषताएँ जन्मजात होती हैं बल्कि सामाजिक विकास का अर्थ उन योग्ताओं को अर्जित करना है जिसके द्वारा सामाजिक प्रत्याशों के अनुसार व्यवहार किया जा सके। सामाजिक विकास का लक्ष्य बालक को अपने परिवार पड़ोस तथा देश के अनुकूल बनाना तथा समाज व समुदाय की रीतियों, रिवाजों, नियमों तथा मान्यताओं आदि को सिखा कर समाज का क्रियाशील तथा उत्तरदायी सदस्य बनाना है।

सामाजिक विकास उस सामाजिक चेतना का विकास करता है जिससे वह जीवन के प्रत्येक क्षेत्र में सही व्यवहार कर सकें। जन्म के समय से ही बच्चे का सामाजिक विकास होना आरम्भ हो जाता है तथा आयु-पर्यन्त चलता रहता है। यह उन विशेष योग्यताओं को अर्जित करने का नाम है जिससे वह सुखद सामाजिक सम्बन्ध बना लेता है। यह अपने आप होने वाला विकास नही है अपितु इसमें लगातार प्रयास, पर्याप्त प्रेरणा व अच्छे अवसरों की आवश्यकता है।

बालक के सम्पूर्ण विकास के लिए सामाजिक विकास के साथ-साथ आर्थिक विकास भी प्रभावशाली भूमिका का निर्वाह करता है निम्न सामाजिक आर्थिक स्तर के बालकों का शारीरिक और मानसिक विकास, उच्च आर्थिक परिवारों के बालकों की अपेक्षा हीन होता है। परिवार की आर्थिक स्थिति का सीधा सम्बन्ध खाने-पीने, रहने आदि की सुविधाओं से है। सामान्य रूप से जब कोई व्यक्ति और उसका परिवार जीवनयापन के न्यूनतम साधनों को जुटाने में असफल रहता है तब उसे और उसके परिवार को गरीबी की स्थिति में माना जाता है इस तरह

गरीबी व्यक्ति के आर्थिक विकास को प्रभावित करती है। ऐसी स्थिति में न्यूनतम आवश्यताओं की पूर्ति भी नहीं हो पाती। इस स्थिति में परिवार के सभी सदस्यों को अभावों का जीवन जीना पड़ता है। परिणाम यह होता है कि बालक का विकास बाधित होता है।

परिवार की आर्थिक स्थिति ही बालक के आर्थिक विकास को निर्धारित करती है। और आर्थिक विकास से ही बालक का शारीरिक, मानसिक, बौद्धिक, नैतिक और मनोवैज्ञानिक विकास होता है। सामाजिक-आर्थिक विकास से ही बालक का भविष्य निर्धारित होता है। वास्तव में गरीबी से पीड़ित परिवारों और उनके पड़ोसियों में यदि तनाव, भावनात्मक असुरक्षा या अन्य इस तरह का असामाजिक वातावरण रहता है तो वहाँ बालक का उचित विकास नहीं हो पाता है उसके अपराधी व्यवहार अपनाने की सम्भावनाएँ बढ़ जाती हैं लेकिन जहाँ का सामाजिक वातावरण बेहतर, अच्छे आचरण वाले परिवार, पड़ोस में रहने वाले परिवार पढ़े-लिखे, मिलनसार हों तो वहाँ के वातावरण में पवित्रता पाई जाती है और स्वयं बालक भी अगर प्रतिष्ठित परिवार से सम्बद्ध है तो उसके सामाजिक-आर्थिक विकास में बाधा नहीं आती है।

Gunthy R. K. and Singh, M. (1982) Personality Correlaters of Juvenile Delinquency, Indian Journal of Clinical Psycology, Vol., 9 (1), Page 43-45 के अध्ययन के अनुसार 68.5 प्रतिशत अपराधी बालक गरीबी रेखा के नीचे, 24.5 प्रतिशत बाल अपराधी मध्यम आय वर्ग और 7 प्रतिशत बालक उच्च आय वर्गीय परिवारों से सम्बंधित थे।

इस तरह परिवार की सामाजिक-आर्थिक स्थिति का बाल अपराध से गहरा सम्बन्ध है। सामाजिक आर्थिक विकास और बाल-अपराध के सह-सम्बन्धों के अध्ययन से स्पष्ट हुआ कि संसार के लगभग प्रत्येक देश में गरीबी की समस्या अनेक सामाजिक समस्याओं को जन्म देती है।

D. C. Dumphy, 1963 के अध्ययन में यह देखा गया कि बालक की सामाजिक क्रियाएँ चरमसीमा तक पहुँच जाती है। अधिकांश समय वह बाहर अपने साथी समूह में रहना चाहता है। इस अवस्था में उसकी अभिवृत्तियों, रुचियों, मूल्य और व्यवहार आदि पर परिवार की अपेक्षा उसकी सामाजिक क्रियाओं और साथी समूह का प्रभाव पड़ता है।

1.25 बालक के सामाजिक–आर्थिक विकास को प्रभावित करने वाले कारक

ऐसे बहुत से कारक हैं जो बालक के सामाजिक-आर्थिक विकास को प्रभावित अथवा नियन्त्रित करते हैं। इन सभी कारकों में से कुछ व्यक्तिगत और कुछ वातावरण से सम्बन्धित हैं जो निम्नलिखित हैः

1.25.1 परिवार का वातावरणः बालक के सामाजिक-आर्थिक विकास में परिवार सबसे अधिक महत्वपूर्ण भूमिका निभाते हैं। परिवार का वातावरण तथा परिवार का सामाजिक-आर्थिक स्तर बालकों के सामाजिक-आर्थिक विकास को बड़े महत्वपूर्ण ढंग से प्रभावित करता है। बालक जाने-अनजाने उनसे व्यवहार का अनुकरण करता है और इस तरह अच्छे या बुरे सामाजिक गुणों और आदतों को ग्रहण करता है जो उसके साथ जीवन-पर्यन्त चलती रहती है। परिवार के आपसी सम्बन्ध, माता-पिता और परिवार के सदस्यों का बच्चे के प्रति किया जाने वाला व्यवहार, पारिवारिक मूल्य, परम्पराएँ और मान्यताएँ आदि सभी बातें बच्चे के सामाजिक-आर्थिक विकास पर प्रभाव डालती है।

ऐसे परिवार जहाँ बालक की मूलभूत आवश्यकताओं की पूर्ति होती रहती है। वहाँ बालक सामाजिक रूप से स्वस्थ एवं विकसित होता है। लेकिन यदि बालक बचपन से यह देखता है कि उसके परिवार के सदस्य आपस में लड़ते रहते हैं, एक दूसरे का साथ पसन्द नहीं करते, न घर में, न ही बाहर उनका व्यवहार अच्छा है तो वह यही बातें सीख लेता है। इसीलिए अकसर देखा गया है कि झुग्गी-झोपड़ी में रहने वालों के बच्चे छुटपन से ही झूठ बोलना, चोरी करना, गाली-गलोच करना व अन्य गलत आचरण सीख जाते हैं।

1.25.2 परिवार का स्वरूपः परिवार का स्वरूप बालक के सामाजिक-आर्थिक विकास को निर्धारित करने मे महत्वपूर्ण कारक हैं छोटे परिवारों में बालकों को अधिक आर्थिक सामाजिक लाभ प्राप्त होते हैं जबकि बड़े परिवारों में बालकों की संख्या अधिक होने के कारण आर्थिक-सामाजिक विकास में कठिनाई आती है। संयुक्त परिवार में बच्चे एक-दूसरे के साथ मिल-बाँट कर खाना, रहना व दूसरों के विचारों को समझना जल्दी सीख जाते हैं। लेकिन एक बच्चा जो एकल व छोटे परिवार से सम्बन्धित होता है, जिसकी हर इच्छा एक दम से पूरी हो जाती है, जो हमेशा घर में आकर्षण का केन्द्र रहता है, उसे बाहरी व स्कूल में अन्य बच्चों के साथ मिल-बाँट कर खानें, खेलने की आदत नहीं होती,

इसीलिए उसके सामाजिक-आर्थिक विकास में कठिनाई आती है।

1.25.3 परिवार की आर्थिक स्थिति का प्रभावः माँ-बाप की आर्थिक स्थिति भी बालक के सामाजिक आर्थिक विकास पर गहरा प्रभाव डालती है। बालक के विभिन्न प्रकार के व्यवहारों के लिए परिवार की आर्थिक स्थिति बहुत हद तक उत्तरदायी होती है। उच्च आर्थिक स्थिति वाले बालकों में आत्मविश्वास होता है। वे अपने आपको उन बच्चों से श्रेष्ठ समझने लगते हैं जो निम्न आर्थिक स्थित वाले घरों से सम्बन्धित होते हैं। जबकि निम्न आर्थिक स्थिति वाले बालकों में हीनता की भावना पैदा हो जाती है, वे अपने परिवार की आर्थिक स्थिति के कारण चाह कर भी पढ़ नहीं पाते तो उनका चिड़चिड़ा हो जाना स्वाभाविक है। वे समाज में किसी से मिलना-जुलना नहीं चाहते और वे समाज में पिछड़ जाते हैं जिससे बालकों का सामाजिक-आर्थिक विकास प्रभावित होता है।

1.25.4 विद्यालय और उसका वातावरणः विद्यालय में अध्यापकगण और विद्यार्थियों के पारस्परिक सम्बन्ध, उसके द्वारा संचलित क्रियाएँ और विभिन्न कार्यक्रम, उसके आदर्श सिद्धान्त तथा मान्यताएँ, अध्यापक और साथ में पढ़ने वाले विद्यार्थियों का सामाजिक व्यवहार और गुण-दोष, विद्यालय का स्तर आदि सभी बातें बच्चे के सामाजिक आर्थिक विकास को प्रभावित करती है। विद्यालय के अनेक कार्यक्रमों में भाग लेकर भी वह अनेक सामाजिक व्यवहार प्रतिमानों को सीखता है। वह सहयोग, मित्रता, उत्तरदायित्व तथा आत्मनिर्भरता आदि सीखता है।

1.25.5 मित्र–मण्डली का प्रभावः सामाजिक-आर्थिक विकास के दृष्टिकोण से बच्चों की मित्र-मण्डली का बहुत महत्व है। प्रत्येक बालक जिस मित्र-मण्डली का सदस्य होता है, उसमें उसका उचित स्थान, सम्मान, मित्र-मण्डली के आदर्श, विभिन्न प्रकार के सामाजिक गुण, मित्र-मण्डली के सदस्यों का आर्थिक स्तर, रहन-सहन का स्तर, बालक के सामाजिक-आर्थिक विकास में महत्वपूर्ण भूमिका निभाता है। अतः संगति का असर पड़े बिना नहीं रहता। जैसे जिसके साथी होते हैं वह वैसा ही बन जाता है। यदि मित्र मण्डली के सदस्यों का आर्थिक स्तर एक समान है तो बालक सामाजिक रूप से समायोजित होने में कठिनाई

अनुभव नहीं करता है। किन्तु यदि बालक के मित्र उससे अधिक आर्थिक रूप से साधन सम्पन्न हैं तो उससे उनके सामाजिक-आर्थिक विकास में कठिनाई आती है।

1.25.6 पास-पड़ोस और समुदायः जैसे-जैसे बालक बड़ा होता है वह घर आँगन को लाँघ कर पड़ोस और जिस समुदाय में पैदा हुआ है उसके सम्पर्क में आता है। पड़ोसियों की रुचियों, आदतों, गुणों, अवगुणों, रहन-सहन का स्तर, पास-पड़ोस में उपलब्ध साधन, आदि का बालक के सामाजिक-आर्थिक जीवन पर प्रत्यक्ष अप्रत्यक्ष रूप से गहरा प्रभाव पड़ता है। प्रत्येक समुदाय और समाज में रहने-सहने, खाने-पीने, बोलने-चालने, व्यवसाय व सांस्कृतिक और सामाजिक क्रिया-कलापों को करने का विशेष ढंग होता है जिसको बालक अनायास ग्रहण कर लेता है और वह उसी तरह से व्यवहार करने लगता है। इस प्रकार बालकों के सामाजिक-आर्थिक विकास को दिशा प्रदान करने में पड़ोस और समुदाय महत्वपूर्ण भूमिका निभाता है।

1.25.7 धार्मिक संस्थाएँ और क्लब इत्यादिः विभिन्न धार्मिक संस्थाएँ; जैसे—मन्दिर, मस्जिद, गिरजाघर और सामाजिक क्लब इत्यादि बच्चों के सामाजिक-आर्थिक विकास को प्रभावित करती है। समाज के सदस्यों को इकट्ठे होकर विचार विनिमय करने, एक-दूसरे के सम्पर्क में आने तथा पारस्परिक सम्बन्धों को बढ़ाने के दृष्टिकोण से इन स्थानों का बहुत महत्व है। विभिन्न धार्मिक संस्थानों और क्लबों में जिस तरह का वातावरण होता है इन संस्थानों के जो आदर्श परम्पराएँ और मान्यताएँ होती हैं उनका व्यक्तियों के सामाजिक व्यवहार को उचित और अनुचित दिशा प्रदान करने में बहुत हाथ रहता है।

1.25.8 सामाजिक व आर्थिक स्थिति का प्रभावः माँ-बाप की सामाजिक व आर्थिक स्थिति भी बच्चों के सामाजिक व्यवहारों पर गहरा प्रभाव डालती है। बालक के विभिन्न प्रकार के व्यवहारों के लिए उनके परिवार की आर्थिक स्थिति बहुत हद तक उत्तरदायी होती है।

उच्च आर्थिक व सामाजिक स्तर वाले बालकों में आत्मविश्वास अधिक होता है। व अपने आपको उन बच्चों से श्रेष्ठ समझने लगते हैं जो निम्न स्तर के घरों से सम्बन्धित होते हैं। निम्न स्तर वाले बालकों में हीनता की भावना

पैदा हो जाती है और वे सामाजिक रूप से पिछड़ जाते हैं। वे अपने परिवार की आर्थिक स्थिति के कारण चाह कर भी पढ़ नहीं पाते तो उनका चिड़चिड़ा हो जाना स्वाभाविक है। वे समाज में मिलना-जुलना नहीं चाहते। वे अपने आपको समाज में भली प्रकार से समायोजित नहीं कर पाते। निर्धनता के कारण भी हीन भावना का विकास हो जाता है।

1.25.9 शारीरिक ढाँचा और स्वास्थ्यः जिन बालकों का शरीर सुसंगठित और सुन्दर होता है, उन्हें अपने समूह और समाज में अच्छा स्थान प्राप्त होता है। एक स्वस्थ और सामान्य डीलडौल वाले बच्चे में आत्मविश्वास होता है और वह आत्मगौरव से युक्त होता है। उसमें कठिन-से-कठिन सामाजिक परिस्थितियों में अपने आपको समायोजित करने की पूरी योग्यता और क्षमता होती है। फलस्वरूप इनका सामाजिक-आर्थिक विकास अन्य बालकों की अपेक्षा शीघ्र और सामान्य होता है। इसके विपरीत एक बीमार, शक्तिहीन, रंग-रूप में भद्दे या बेडौल बालक, गूँगे, बहरे, अन्धे शारीरिक दोषों या न्यूनताओं से ग्रस्त बालक हीन भावना का शिकार होने के कारण अन्य बच्चे इन बालकों के साथ खेलना व मित्रता करना पसन्द नहीं करते अतः इन्हें सामाजिक अवसर कम प्राप्त होने के कारण इनका सामाजिक-आर्थिक-विकास अन्य बच्चों की अपेक्षा पिछड़ जाता है। इन बालकों में सामाजिकता के गुण, मित्रता, सहयोग आदि गुणों का अधिक विकास नहीं हो पाता है।

1.25.10 बुद्धिः बुद्धि की परिभाषा उचित समय पर उचित निर्णय लेने और नवीन परिस्थितियों में ठीक प्रकार अपना समायोजन कर सकने की योग्यता और क्षमता के रूप में दी जाती है इस प्रकार की योग्यता और क्षमता कुशल सामाजिक व्यवहार के लिए अत्यन्त आवश्यक होती है अतः बौद्धिक विकास का सामाजिक-आर्थिक विकास से बहुत निकट का सम्बन्ध है। जो व्यक्ति जितना अधिक बुद्धिमान होता है, वह उतना सफलतापूर्वक समाजिक परिवेश में अपने आपको समायोजित कर अधिक सामाजिक सिद्ध होता है

1.25.11 संवेगात्मक विकासः बालक के संवेगात्मक और सामाजिक विकास में भी धनात्मक सह-सम्बन्ध पाया जाता है। संवेगात्मक समायोजन और परिपक्वता को सामाजिक परिपक्वता का एक बहुत ही महत्वपूर्ण अंग माना जाता है। जो व्यक्ति अपने संवेगों को समय का विचार करते हुए ठीक मात्रा में व्यक्त करने

की क्षमता रखते हैं वे सामाजिक रूप से अधिक स्वस्थ एवं कुशल पाए जाते हैं। इसके विपरीत संवेगात्मक रूप से जिन व्यक्तियों का समायोजन ठीक प्रकार नहीं हो पाता वे सामाजिक बुराइयों और दोषों से ग्रस्त रहते हैं। अतः बच्चों के संवेगों को उचित प्रशिक्षण देने तथा उनके संवेगात्मक विकास को उचित दिशा प्रदान करने का हर सम्भव प्रयत्न किया जाना चाहिए ताकि वे अपने सामाजिक विकास में कोई कठिनाई अनुभव न करे।

1.25.12 व्यक्तित्वः बालकों का व्यक्तित्व भी उनके सामाजिक-आर्थिक विकास को महत्वपूर्ण ढंग से प्रभावित करता है। जिन बालकों में अनुपयुक्तता तथा हीनता की भावनाएँ होती हैं, उनमें आत्मविश्वास की कमी होती है। इस प्रकार के बालकों का विभिन्न सामाजिक परिस्थितियों में समायोजन उपयुक्त नहीं होता है व इस प्रकार के बालकों का सामाजिक-आर्थिक विकास भी अनुपयुक्त होता है।

संदर्भ

1. श्रीवास्तव राम जी, शर्मा, सिंह, तिवारी–व्यक्तित्व मनोविज्ञान–मोतीलाल बनारसी दास–1996 पृष्ठ सं. 162-170
2. M. J. Sethna, Society, and tha Criminal p. 315
3. Gillin & Gillin, Culltural Sociology p. 786
4. Mortin Neumeyer, Delinquency ir a changing society.
5. James S. Plant, pathogy of Crime and Delinquency p. 38
6. महेश भार्गव, विशिष्ट बालक शिक्षा एवं पुनर्वास, 2005 ख 293
7. डा. गोपाल कृष्ण अग्रवाल, समाजशास्त्र, 2006, पृष्ठ सं. 28
8. K. Frien/dlender, The psycho & analytical Approach to Juvenile Delinquency p. 24
9. Curil Burt, the young Delinquent, p. 15
10. डा. रामनाथ शर्मा एवं डा. राजेन्द्र कुमार शर्मा सामाजिक विघटन, 1996, पृष्ठ-3
11. डा. महेश भार्गव-विशिष्ट बालक, एच. पी. भार्गव बुक हाउस-2005 पृष्ठ- 298-301
12. डा. गोपाल कृष्ण अग्रवाल, समाजशास्त्र साहित्य भवन-2006.31-33
13. राम आहूजा, सामाजिक समस्याएँ, 200, रावत पब्लिकेशन्स, पृष्ठ सं.-344-346

14. डा. शर्माजी, श्रीवास्तव/डा. अवधनारायण व्यक्तित्व मनोविज्ञान 2003 पृष्ठ-9.
15. ड़ा. प्रीति वर्मा—बाल मनोविज्ञान एवं बाल विकास 1996 पृष्ठ-439.
16. शर्मा एवं शर्मा—मातृकला एवं बाल विकास—स्टार पब्लिकेशन्स-1999 पृष्ठ-107
17. डा. एस. एस. माथुर— सामान्य मनोविज्ञान—विनोद पुस्तक मन्दिर—1982 पृष्ठ-447
18. माथुर ड़ा. एस. "सामान्य मनोविज्ञान" विनोद पुस्तक मन्दिर, आगरा, 1982 पृष्ठ—458-462
19. श्रीवास्तव डा. रामजी : 'व्यक्तित्व मनोविज्ञान', मोतीलाल बनारसीदास, दिल्ली, 2003.

2

साहित्य का पुनरावलोकन

2.1 सम्बन्धित साहित्य का अर्थ

सम्बन्धित साहित्य से तात्पर्य अनुसंधान की समस्या से सम्बन्धित उन सभी प्रकार की पुस्तकों, ज्ञान-कोशों पत्र-पत्रिकाओं, प्रकाशित तथा अप्रकाशित शोध प्रबन्धों एवं अभिलेखों आदि से हैं, जिनके अध्ययन से अनुसंधानकर्ता को अपनी समस्या के चयन, परिकल्पनाओं के निर्माण, अध्ययन की रुपरेखा तैयार करने एवं कार्यों को आगे बढ़ाने में सहायता मिलती है। सम्बन्धित साहित्य अनुसंधान कार्य के लिए आवश्यक सैद्धान्तिक पृष्ठभूमि प्रदान करता है प्रत्येक प्रत्यय धारणा को स्पष्ट करता है। इसके द्वारा यह स्पष्ट हो जाता है कि इस समस्या क्षेत्र में अनुसंधान की स्थिति क्या है? क्या, कब, कहाँ, किसने और कैसे अनुसंधान कार्य किया है? इसके द्वारा अपने अध्ययन की योजना बनाना सरल हो जाता है।

2.2 सम्बन्धित साहित्य के अध्ययन का महत्व

वस्तुतः सम्बन्धित साहित्य के अध्ययन के बिना अनुसन्धानकर्ता का कार्य अन्धे के तीर के समान होगा। इसके अभाव में उचित दिशा में वह एक पग भी आगे नही बढ़ सकता। जब तक उसे ज्ञात न हो कि उस क्षेत्र में कितना कार्य हो चुका है, किस विधि से कार्य किया गया है तथा उसके निष्कर्ष क्या आया है, तब तक वह न तो समस्या का निर्धारण कर सकता है और न उसकी रूपरेखा तैयार कर कार्य को सम्पन्न ही कर सकता है। "एक कुशल चिकित्सक के लिए यह आवश्यक है, कि वह अपने क्षेत्र में हो रही

औषधि संबंधी आधुनिकतम खोजों से परिचित होता रहे, उसी प्रकार शिक्षा के जिज्ञासु छात्र, अनुसन्धान के क्षेत्र में कार्य करने वाले तथा अनुसंधानकर्ता के लिए भी उस क्षेत्र से सम्बन्धित सूचनाओं एवं खोजों से परिचित होना आवश्यक है"। बार तथा स्केट्स-राय पारसनाथ–अनुसंधान परिचय–लक्ष्मी नारायण अग्रवाल-आगरा-3 2002 पृष्ठ-95

2.3 सम्बन्धित साहित्य का अध्ययन

समस्या के अन्तर्गत जहाँ उपकरणों का उपयोग तथा स्वीकृति तत्वों के संकलन का कार्य विश्लेषण हेतू किया जाता है। समस्या से सम्बन्धित सम्पूर्ण साहित्य का पुनरावलोकन अध्ययन कार्य का मूलाधार है तथा शोध के गुणात्मक स्तर के निर्धारण में एक महत्वपूर्ण कारक है। कार्य में पुनरावृत्ति से बचने हेतु भावी कार्य की मौलिकता को जीवंत रखने के लिए संदर्भित साहित्य का अध्ययन किया जाता है। स्वयं के अध्ययन के विषय के संबंध में विस्तृत सूक्ष्म जानकारियाँ प्राप्त करने में संदर्भित साहित्य का सहयोग रहता है। जैसे सफल वकील को अपने मुकदमों की पैरवी के लिए उससे संबंधित सूचना को तुरन्त खोज सकने की योग्यता होनी चाहिए ठीक उसी प्रकार शिक्षा में सजग छात्रों में सूचनाओं के स्रोतों का उपयोग कर सकने की योग्यता होनी चाहिये।

2.4 व्यक्तित्व से सम्बन्धित साहित्य का अध्ययन

E.F. Hellers berg (1957) ने अपने अध्ययन से यह स्पष्ट किया कि संरक्षकों के बाद बालक के व्यक्तित्व विकास पर स्कूल का प्रभाव उसी प्रकार पड़ता है जिस प्रकार से पहला प्रभाव बालक पर घर या परिवार का पड़ता है और दूसरा प्रभाव उस कक्षा का पड़ता है जिसमें बालक पढ़ता है।

स्टेनगर (1960) ने अपने अध्ययनों द्वारा प्रमाणित किया है कि आर्थिक स्तर से गिरे हुए बालकों के व्यक्तित्व में हीनता, स्नायु दुर्बलता व अन्तर्मुखता के लक्षण पैदा हो जाते हैं।

D.R. Peterson (1961) ने अपने अध्ययन के बाद पाया कि जो बालक यह अनुभव करते हैं की उनके माता-पिता उनको अधिक स्वीकृत करते हैं, तो उनमें अहम शक्ति अधिक होती है उनकी अकांक्षाएँ अपेक्षाकृत अधिक वास्तविक होती है तथा उनमें स्वतंत्रता भी अधिक होती है अतः कहा जा सकता है कि पैतृक अभिवृत्ति व्यक्तित्व विकास को प्रभावित करती है।

सील्डसर (1962) ने व्यक्तित्व पर वंशानुक्रम के प्रभाव का अध्ययन किया और बताया कि वंशानुक्रम विकास पर बहुत अधिक प्रभाव डालते हैं।

बेन्डरा व रॉस (1967) **ने "परिवार एवं अक्रामकता का सम्बन्ध"** पर अध्ययन किया और पाया कि जो अभिभावक अधिक अक्रामक व्यवहार करते हैं उनके बच्चे भी अधिक अक्रामकता दर्शाते हैं। निरीक्षण के दौरान उन्होंने पाया कि समस्त बालकों में अक्रामकता की वृद्धि एक नियन्त्रित समूह कि तुलना में विशेष रूप से पाई गई तथा जिन परिवारों में बच्चों को मारा पीटा जाता है। पति-पत्नी का सम्बन्ध ठीक नहीं होता है वहाँ पर भी बालक अक्रामकता को प्रदर्शित करते हैं।

A.R. Mathur (1969) के अध्ययन में व्यक्तिव के लक्षणों पर किये अध्ययन से पता चला कि लक्षण व्यक्ति की स्थाई विशेषता है। किन्ही दो व्यक्तियों के लक्षण सूक्ष्म रूप से समान नहीं होते दो व्यक्ति अक्रामक हो सकते हैं। लेकिन दोनों कि अक्रामकता का विस्तार और प्रदर्शन का तरीका अलग होता है।

C.K Conners (1970) ने अपने अध्ययन में पाया कि प्रथम द्वितीय और अन्तिम जन्म क्रम वाले बच्चों के व्यक्तित्व लक्षण वंशानुगत न होकर वातावरण पर आधारित होते हैं।

मुखर्जी (1973) **"पारिवारिक सम्बन्ध एवं समायोजन"** विषय पर शोध किया। शोध से ज्ञात हुआ कि जो आजकल समाज विरोधी व्यवहार करने की समस्या उत्पन्न हो रही है, वह भी माता-पिता द्वारा बच्चों के तिरस्कार के कारण ही उत्पन्न हुई है, क्योंकि तिरस्कार के कारण ही बालक का व्यक्तित्व एकांकी हो जाता है फलस्वरूप उनका समाजीकरण ठीक से नही हो पाता और तब से बालक समाज विरोधी व्यवहार करने लगते हैं। जैसे-नियमों का उल्लंघन करना, अनुशासनहीन होना और आक्रामक व्यवहार करना।

काफीलुद्दीन (1980) **विद्यालयों के विद्यार्थियों की समस्याओं का अध्ययन पृष्ठ-109-111** आक्रामक व्यवहार की उत्पत्ति के जिम्मेदार कारकों के रूप में माता-पिता का अनुशासन, जन्म क्रम, परिवार के स्वरूप का अध्ययन भागलपुर के विभिन्न सामाजिक, आर्थिक स्थिति के कक्षा ग्यारहवीं के 400 छात्रों पर किया गया। प्रदत्तों का विश्लेषण मध्यमान, सह-सम्बन्ध, टी-परीक्षण, द्वारा विश्लेषण करने पर पाया गया कि एकल परिवार, एकमात्र सन्तान या पहली सन्तान, दृढ़ता शक्ति वाले बालकों में अक्रामकता अधिक थी।

साहनी (1984) ने व्यक्तित्व विशेषताओं के आधार पर अपराधी एवं गैर अपराधी बालकों का अध्ययन किया। जिसमें अपराधी तथा गैर-अपराधी बालकों के पारिवारिक, भावनात्मक, शारीरिक व सामाजिक समायोजन के अन्तर का अध्ययन किया गया। इसके लिए 105 लड़के लिये गये इसके अन्तर्गत प्रदत्तों के एकत्रीकरण हेतु बेल समायोजन मापनी, रॉकेच के मूल्य प्रश्नावली, इस्नेक व्यक्तित्व सूची एवं जेसनीस परीक्षण का उपयोग किया गया। इसके आधार पर पाया गया कि अपराधी बालकों की तुलना में सामान्य बालकों का घर, समाज, स्वास्थ एवं भावनात्मक समायोजन पाया गया तथा गैर अपराधी बालकों की तुलना में अधिक पाया गया इसके अलावा बहिर्मुखता, अन्तर्मुखता, सामाजिक कुसमायोजन तथा स्वायत्तता के आधार पर अपराधी बालकों तथा गैर अपराधी बालकों में सार्थक अन्तर पाया गया।

मल्होत्रा (1886)–हाई स्कूल के छात्रों के व्यक्तित्व, समायोजन, बुद्धि, तनाव, सामाजिक आर्थिक स्थिति का अध्ययन 535 विद्यार्थियों जिनमें 260 छात्र हिन्दी माध्यम सरकारी स्कूल के विद्यार्थी थे व 275 छात्र अंग्रेजी माध्यम स्कूल के थे पर किया गया। प्रदत्तों का विश्लेषण सह-सम्बन्ध द्वारा करने पर पाया कि हिन्दी माध्यम वाले बालकों एव अंग्रेजी माध्यम वाले दोनों में ही सामाजिक, आर्थिक एवं शैक्षिक उपलब्धि के साथ धनात्मक सह-सम्बन्ध था।

2.5 संवेगात्मक परिपक्वता से सम्बन्धित पूर्व साहित्य का अध्ययन

Burt (1947) ने अपने अध्ययन में 386 अपराधी बालकों का अध्ययन किया जिनमें से दो बालकों के माता-पिता किसी न किसी अपराध में जेल की सजा काट रहे थे पाँच बालक कठोर व्यवहार से ग्रसित थे, छः बालक नैतिक असुरक्षा के शिकार थे अतः स्वभाविक है ऐसे बालकों की संवेगात्मक परिपक्वता ऋणात्मक होगी।

बिल्लिंग्स्ली तथा ब्लू (1950) के निष्पादन पर संवेग के प्रभाव को देखा कि कुंठित स्कूल के छात्र जो परीक्षा में मनमाने तौर पर फेल किये गए थे, अनेक प्रकार की प्रतिरक्षाओं की प्रवृत्ति का उपयोग उस समय करते हैं जब उनके लक्ष्योन्मुख निष्पादन में ये बाधक होते हैं।

Devidson Long (1960) ने अपने अध्ययन में पाया कि बालकों के स्कूल के अनुभवों और बच्चों के स्वयं के प्रति प्रत्यक्षिकरण में घनिष्ठ सम्बन्ध है इस अध्ययन में देखा गया की जो बच्चे यह समझते हैं कि शिक्षक कि दृष्टि

में अच्छे बच्चे हैं ऐसे बच्चों का व्यवहार उपयुक्त होता है तथा ऐसे बच्चों की शैक्षिणिक उपलब्धि अपेक्षाकृत अधिक अच्छी होती है बच्चों के सामाजिक तथा संवेगात्मक परिपक्वता में स्कूल के साथी समूह का प्रभाव अधिक पड़ता है।

हीले तथा ब्रोनर (1975) ने 105 बालकों तथा 105 सामान्य बालकों का अध्ययन करके पता लगाया कि बाल-अपराध के कारकों में माता-पिता, उजड़े घर, अनैतिक बच्चे, और अन्य कारक प्रमुख हैं उनमें से 39 अपराधी बालक बड़े घर के थे जिनका अपराधी बनने का कारण मानसिक असुरक्षा थी अधिकतर बाल-अपराधियों के साथ संवेगात्मक संघर्ष किसी-न-किसी रूप में अवश्य ही पाया गया। इसमें इच्छा के विरुद्ध स्कूल जाना अपने साथियों से मतभेद होना, परिवार में असमान प्रेम पाया जाना आदि कारक थे इन मानसिक संघर्षों के कारण वे चोरी आदि करने लगते हैं और कभी-कभी संवेग में आकर घर आदि में आग लगा सकते हैं।

सी. बी. आशा (1979) ने "परिपक्वता एवं जन्म क्रम में संबन्ध" विषय पर अध्ययन किया। शोध हेतु 100 बालकों का चयन किया गया अध्ययन से ज्ञात हुआ कि प्रथम जन्म क्रम वाले बच्चे तुलनात्मक रूप से द्वितीय जन्म क्रम वाले व आखरी जन्म क्रम वाले बच्चों से अधिक परिपक्व होते हैं।

रेड्डी बी. आर. (1979) ने "उच्च एवं निम्न आर्थिक स्तर के विद्यार्थियों में संवेगात्मक परिपक्वता में भिन्नता" विषय पर अध्ययन कार्य किया। प्रदत्त संकलन हेतु चितौड़ के हायर सेकेण्डरी के 540 विद्यार्थियों का चयन किया गया ये विद्यार्थी कक्षा–8वीं 9वीं 10वीं के थे जिनकी आयु 13 से 18 वर्ष थी।

इस शोध से निष्कर्ष प्राप्त हुआ कि निम्न आर्थिक स्तर के विद्यार्थियों में संवेगात्मक परिपक्वता मध्यम एवं उच्च आर्थिक स्तर के विद्यार्थियों की अपेक्षा कम पायी गई वे लगभग सभी क्षेत्रों में स्वयं को कम समायोजित कर पाते थे।

पाण्डे तथा नागर (1980) ने अपने अध्ययन में पाया कि जो बालक माता-पिता के अलग हो जाने के कारण उनके प्यार से वंचित हो जाते हैं उन बालकों का व्यक्तित्व प्रारम्भ से ही संवेगात्मक रूप से अस्थिर व असुरक्षा की भावना से ग्रसित हो जाता है।

सन्धु एवं भार्गव (1987) ने अपने अध्ययन में पाया कि तिरस्कृत बालकों के व्यक्तित्व पर परिवारिक कारक; जैसे-परिवार का आकार, पारिवारिक प्रतिमान, लिंग, जन्म क्रम आदि सार्थक रूप से प्रभाव डालते हैं। अपने अध्ययन में

उन्होंने पाया कि तिरस्कृत बालक अधिक सीमित स्वभाव के संवेगात्मक रूप से अस्थिर, उग्र, शर्मीले, चिन्ता रहित तथा तनावमुक्त पाये गए।

विश्वकर्मा कु. सरिता (2005) **"अभिवावकों के उच्च/निम्न सामाजिक-आर्थिक स्तर के संदर्भ में शारीरिक रूप से विकलांग किशोर बालकों की संवेगात्मक परिपक्वता का अध्ययन"** ने शारीरिक रूप से विकलांग किशोर बालकों की संवेगात्मक परिपक्वता पर उनके अभिभावक के उच्च/निम्न सामाजिक-आर्थिक स्तर के प्रभाव सम्बन्धि तुलनात्मक परिणाम में किशोर बालक के उच्च सामाजिक आर्थिक स्तर का मध्यमान 84.00 व निम्न सामाजिक-आर्थिक स्तर के किशोरो का मध्यमान 86.43 है जो कि उच्च सामाजिक-आर्थिक स्तर के किशोरों से अधिक है। सांख्यकी दृष्टिकोण से T का मान 0.42 प्राप्त हुआ है, अर्थात् 0.05 स्तर पर सार्थकता हेतु मान 2.05 से कम है।

2.6 सामाजिक आर्थिक विकास से सम्बन्धित पूर्व साहित्य का अध्ययन

Burt, Curil (1943) के अध्ययन में 500 परिवारों का अध्ययन करते हुए पाया कि असंतोषजनक आर्थिक स्थिति वाले परिवारों के 28.6% बालक, सामान्य आर्थिक दशाओं वाले परिवारों के, 66.4% बालक और सुख सुविधाओं से युक्त परिस्थितियों वाले परिवारों के 5% बालक बाल-अपराधी रहे हैं।

जैन (1976) ने सामाजिक-आर्थिक स्थिति, परिवार का आकार के सम्बन्ध में अध्ययन इन्दौर की चार उच्चत्तर माध्यमिक विद्यालय के कक्षा नवीं के 350 छात्रों पर किया गया। प्रदत्तों का संकलन कुप्पूस्वामी कृत सामाजिक आर्थिक स्थिति मापनी एवं जलोटा की सामुहिक मानसिक योग्यता परीक्षण द्वारा किया। गुणांक विश्लेषण प्रविधि के द्वारा प्रदत्तों का विश्लेषण करने पर पाया गया की सामाजिक-आर्थिक स्थिति एवं बुद्धि में धनात्मक सार्थक सम्बन्ध था।

राव (1978) हाई स्कूल के बच्चों के सामाजिक विकास को बेंगलूरु के कक्षा नवीं एवं दसवीं के छात्रों पर देखा गया जिसमें इन्होंने पाया कि सामाजिक परिपक्वता का बच्चों के जन्म क्रम एवं माता-पिता के व्यवहार के साथ सार्थक सह-सम्बन्ध होता है। माता-पिता के प्यार, प्रोत्साहन, पुरस्कार का छात्रों के सामाजिक परपिक्वता के साथ सकारात्मक सम्बन्ध होता है तथा दण्ड, उपेक्षा का नकारात्मक सह-सम्बन्ध होता है।

सिन्हा (1978) **"छात्रों की व्यावहारिक रुचि एवं परिवार की भूमिका" पृष्ठ–180-185** में यह अध्ययन इण्टरमीडियट के छात्रों पर किया गया इन्होंने पाया कि छात्रों के आर्थिक एवं सामाजिक मूल्य को उच्च आर्थिक-स्तर एवं

पारिवारिक वातावरण प्रभावित करता है तथा परिवार के प्रजातान्त्रिक व्यवहार के आर्थिक, सामाजिक मूल्यों को प्रेरित करता है।

काले कल्पना (1981) ने अपने अध्ययन में पाया कि परिवार की आय व विद्यार्थी की पढ़ाई में गहरा सम्बन्ध है। परिवार की आर्थिक स्थिति यदि अच्छी होगी तो विद्यार्थी का शैक्षिक सामाजिक विकास अच्छा होगा। किन्तु आर्थिक स्थिति अच्छी न होने पर कुछ विद्यार्थी उच्च शिक्षा योग्य होते हुए भी जो शिक्षा प्राप्त करना चाहते हैं वह कर पाने में असमर्थ हो जाते हैं।

त्रिवेदी (1987) **"परिवार की सामाजिक, आर्थिक पृष्ठभूमि, माता-पिता का दृष्टिकोण एवं सुरक्षा की भावना का विद्यार्थियों के साथ सम्बन्ध"–पृष्ठ 225-227**–अध्ययन के लिए इण्टरमीडिएट कॉलेज के 523 छात्रों को लिया गया प्रदत्तों का संकलन कुप्पुस्वामी कृत सामाजिक-आर्थिक परिसूची, जलोटा की सामान्य मानसिक क्षमता परीक्षण तथा शैरी और सिन्हा कृत पारिवारिक अनुसूची की सहायता से किया गया। प्रदत्तों का विश्लेषण करने पर पाया गया सामाजिक-आर्थिक स्थिति एवं शैक्षिक उपलब्धि में सकारात्मक सह-सम्बन्ध था। साथ ही शैक्षिक उपलब्धि का सुरक्षा की भावना के साथ सह-सम्बन्ध सार्थक नहीं था। उन बालकों की शैक्षिक उपलब्धि बेहतर थी जिन्हें माता-पिता द्वारा विश्वास प्राप्त था बजाय उनके जिन्हें माता-पिता द्वारा कम स्वीकारा जाता है।

Crime in India (1995) के अनुसार 18,793 बाल-अपराधियों में से 52.9% प्रतिमाह से कम (अतिनिर्धन) आमदनी वाले घरों से थे, 29.2% 100 रुपये प्रतिमाह (निर्धन वर्ग) आमदनी वाले घरों में थे 11.4% 1000 से 2000 रुपये प्रतिमाह (निम्न मध्यमवर्ग) आमदनीवाले घरों से थे और 2.4% 3000 रुपये प्रतिमाह (उच्च मध्यमवर्ग) आमदनी वाले घरों से थे। यह सर्वेक्षण दर्शाता है कि बाल-अपराध निम्न वर्ग की घटना है। हमारे देश में बाल अपराध में किये गये लगभग सभी अध्ययन दर्शाते हैं कि जो लोग समाज के निम्न स्तर से सम्बन्धित हैं उनमें अपराध की दर सर्वाधिक पाई गई है।

किंग फोर्ड भाट और मेकले (1997) के अध्ययन के अनुसार पड़ोस और मोहल्ले का बालक के सामाजिक विकास पर बड़ा प्रभाव पड़ता है। इन्होंने सांख्यिकी विधि का प्रयोग करके निष्कर्ष निकाला कि बाल-अपराधी उस क्षेत्र में अधिक थे जहाँ रहन-सहन का स्तर बहुत नीचा था मनोरंजन का कोई साधन

नहीं था। बस्ती अस्थिर थी क्योंकि अस्थिर बस्तियों में कोई स्थाई सामाजिक नियम नहीं होता है।

Gluck, Eleanor and Sheldon, "Unraveling Juvenile Delinquancy" 1987-Page. 84-88. इस अध्ययन में पाया गया कि अपराधी व्यवहार अति भीड़ भरे स्थलों में निवास, अपर्याप्त स्वच्छता एवं सफाई, भौतिक रूप से क्षतिग्रस्त और गंदगी का परिणाम होता है। इस अध्ययन में ग्लीक ने 500 अपराधी और 500 सामान्य बालकों का अध्ययन करते हुए यह पाया कि निवास की स्थिति और उसके पर्यावरण का प्रभाव बच्चों पर सीधा पड़ता है। इसलिए उद्योग और व्यापारिक स्थलों के पास निवास स्थलों के पास बाल अपराध की दरें अधिक पायी जाती हैं।

अखिलेश डा. एस. "बाल अपराध" क्लासिकल पब्लिशिंग कम्पनी नई दिल्ली–1990 पृष्ठ 86-87 इस अध्ययन में पाया गया कि औसत से काफी कम आय वाले परिवारों के सर्वाधिक 51.5 प्रतिशत बाल अपराधी पाए गऐ हैं। मध्यम आय वर्ग वाले परिवारों के 24.5 प्रतिशत और सामान्य आय वर्ग वाले परिवारों में 17 प्रतिशत अपराधी हैं। समृद्धशाली परिवारों के केवल 7 प्रतिशत बालक अपराधी पाये गए। इस तरह कहा जा सकता है कि परिवार की आर्थिक स्थिति काफी कमजोर होने पर बाल अपराध की दर उच्च होती है। और आवश्यकतानुकूल आय की स्थिति में इसकी दर सामान्य होती है।

अखिलेश डा. एस–1990 **"बाल अपराध" पृष्ठ 59–तालिका क्र-18** ने बाल अपराधियों का जातिगत अध्ययन किया। निष्कर्षों के अनुसार बाल अपराधियों में 23.3 प्रतिशत ब्राह्मण, 13.2 प्रतिशत क्षत्रिय, 7.2 प्रतिशत वैश्य, 34.8 प्रतिशत पिछड़ी जाति, 7.0 प्रतिशत अनुसूचित जाति, 8.1 प्रतिशत अनुसूचित जन जाति और 6.4 प्रतिशत मुस्लिम पाये गये हैं। इनमें सर्वाधिक संख्या पिछड़ी जातियों के अपराधियों की है।

2.7 अध्ययन से सम्बन्धित अन्य पूर्व साहित्य का अध्ययन

Hely William and Bronner- "Delinquents and Criminals" Macmillan Company (1926) Page. 98. के अध्ययन में निष्कर्ष निकला कि 10 में से 9 बालकों ने स्वीकार किया कि वे अपने पिता के साथ भी शराब पीते हैं। उनके परिवार में जहाँ आय के अधिक साधन हैं। शराब पीने की प्रवृत्ति बच्चों में अधिक पायी गयी है। शराब की प्रवृत्ति उनके

समाज की परम्पराओं, दृष्टिकोण और पारिवारिक और सामुदायिक दशाओं के आधार पर कम या अधिक मात्रा में पायी जाती है।

K. D. Lumpkin, factors in the commitment of correctional school Girls in wisconsio, American Journal of Sociology, 37-225-26 (1931) के अध्ययन से निष्कर्ष निकला की भग्न परिवारों के 82 प्रतिशत बालक और अभग्न परिवारों के 61 प्रतिशत अपराधी बालक अनैतिक परिवारों के थे। अनैतिक परिवारों में बच्चों से यह अपेक्षा नहीं की जा सकती है कि वे समूह के मूल्यों और नैतिकता के अनुरूप आचरण करेंगे।

Glueck, S.T., and Glueck, Unraveling juvenile Delinquency, Harvard University Press, (1940), P. 356, ने 1000 अपराधी बालकों के अध्ययन से यह निष्कर्ष निकाला कि 13 प्रतिशत बालकों की बुद्धि उपलब्धि 70 से कम थी।

Gluck and Sheldon, "Unraveling Juvenile Delinquency" Newyork, (1950), Page 101-102. के अध्ययन से निष्कर्ष निकला कि बाल अपराधियों के 62.8 प्रतिशत अभिभावकों को शराब की लत में लिप्त पाया गया। सामान्य बच्चों के 39 प्रतिशत परिवारों में भी यह लत पायी गयी है। 23 प्रतिशत अपराधी बालकों की मातायें और 7 प्रतिशत सामान्य बालकों की मातायें शराब की लत में अभ्यस्त पायी गयी।

Theasher Show And Mekey (1950) ने अपने अध्ययन मं पाया कि बाल अपराध अधिक संख्या में समूह में होते हैं उनके अनुसार 90% अपराधों में बच्चों के साथी उनके अपराध में शामिल थे।

Albert. Reies Jr. Delinquency as a failure of Personal and Social Controls American Sociological Review, vol. 16, April (1951). शोध के अनुसार 1000 बाल-अपराधियों का अध्ययन करते हुये उनकी आयु का माध्य 13 वर्ष 5 माह पाया है। भारत में बाल अपराधियों की सर्वाधिक संख्या 14 वर्ष के आस-पास की आयु समूह की पायी गई है।

इवान्स (1952) ने 60-60 उच्च एवं निम्न सामाजिक वर्ग के बच्चों को उनकी बुद्धि, उम्र, कक्षा में प्राप्त श्रेणी आदि के आधार पर युग्मित कर सामाजिक समस्याओं के प्रति उनकी जागरूकता का अध्ययन किया। उसने देखा कि उच्च

स्थिति वाले बच्चों में सामाजिक समस्याओं के प्रति गुणात्मक चेतना प्राप्त हुई, जबकि निम्न सामाजिक वर्ग ने समस्या के मात्रात्मक पक्ष में अधिक रुचि व्यक्त की, गरीबी के प्रत्यक्षीकरण में दोनों समूहों ने मित्रता प्रदर्शित की, अन्य की अपेक्षा निम्न वर्ग के बच्चों में गरीबी के कारण निजी तथा सामाजिक विघटन के प्रति अधिक चेतना प्राप्त हुई।

डी.टी.हेयज़ (1952) और एच. एल. काच ने अपने अध्ययनों के बाद बताया कि अकेला बच्चा अपने अभिभावक को प्रतिरूप मानता है वह अपनी आयु के अन्य बच्चों की अपेक्षा अधिक परिपक्व होता है उसका परिवार व समूह में समायोजन होता है।

Barrara, Miltan; "The Juvenile Delinquent in society", New York (1955). के अध्ययन के अनुसार हत्या, बलात्कार, अपहरण में 10.2 प्रतिशत तथा सम्पत्ति के विरूद्ध अपराधों में इनका प्रतिशत 36.55 प्रतिशत तथा अन्य अपराधों में 21.9 प्रतिशत रहा है। इसी तरह जुआ खेलने के अपराध में पकड़े गये बाल अपराधियों का प्रतिशत 42.4 प्रतिशत पाया गया है।

बी. के भट्टाचार्य 1962 के अध्ययनों के बाद जो निष्कर्ष निकले उसके अनुसार कुल (18,793 प्रतिशत) बाल अपराधियों में से एक तिहाई (34.9 प्रतिशत) बालक अनपढ़ थे। (41.3 प्रशित) प्राइमरी पास थे। (19.4 प्रतिशत) मिडिल या सेकेण्डरी स्तर तक शिक्षित थे और बहुत कम संख्या में (4.4 प्रतिशत) हाई स्कूल या इससे ऊपर स्तर तक शिक्षित थे। इस प्रकार अधिकतर बाल अपराधी कम शिक्षित या अनपढ़ परिवारों से होते है।

बेन्डरा व रॉस (1967) **ने "परिवार एवं आक्रामकता का सम्बन्ध"** पर अध्ययन किया कि जो अभिभावक अधिक अक्रामक व्यवहार करते हैं उनके बच्चे भी अधिक आक्रामकता दर्शाते हैं। निरीक्षण के दौरान उन्होंने पाया कि समस्त बालकों में आक्रामकता की वृद्धि एक नियंत्रण सभूह की तुलना में विशेष रूप से पाई गई। तथा जिन परिवारों में बच्चों को मारा-पीटा जाता है पति-पत्नी का संबंध ठीक नही होता है वहाँ पर भी बालक आक्रामकता को प्रदर्शित करते हैं।

सुशील चन्द्रा (1967) के अध्ययन के अनुसार भारत में बड़ी संख्या में 83.9% बच्चों ने अकेले ही अपराध किया

हेली और ब्रोनर (1967) ने 372 भग्न परिवारों का अध्ययन किया जिसमें केवल 20% परिवारों में से 2 में एक अपराधी था छः बच्चों वाले 326 परिवारों

में केवल 12% बालक अपराधी व्यवहार में लगे हुए थे। इस अध्ययन से मालूम पड़ता है कि परिवार का विश्रृंखलन भी बाल-अपराध का एक कारण है।

Sheldon and Glueck (1968) ने अपराधी एवं सामान्य बालकों के अपने अध्ययन में पाया कि आधे से अधिक 90% अपराधी बालकों के माता-पिता में से केवल एक के द्वारा पाले गये थे जबकि 10% अपराधी माता-पिता दोनों के द्वारा पाले गये थे।

Glueck (1968) ने अपने अध्ययन में पाया कि 7 में से एक गैर-अपराधी परिवारों की तुलना में से एक परिवार बिगड़ गया जबकि माता-पिता में तनाव या झगड़ालु सम्बन्ध पनपने के कारण परिवार छोड़ कर चला गया।

Kuch (1970) ने अपने अध्ययन में देखा कि वह बालक जो व्यक्तिगत सम्बन्धों में निष्क्रिय थे मादक द्रव्यों का अधिक सेवन करने वाले थे। अध्ययन से ज्ञात हुआ कि किशोरावस्था तक परतंत्रता से छुटकारा नहीं मिला था। उनके अध्ययन से पता चलता है कि कुछ बालकों ने एक विशेष परिस्थिति में बेईमानी का प्रदर्शन किया वास्तव में किसी भी गुण की अभिव्यक्ति परिस्थिति पर निर्भर है।

Bill (1971) and Husteun (1983) ने अध्ययन के दौरान पाया कि जिन परिवारों में पिता अनुपस्थित रहते हैं ऐसे बालक आक्रामक, व्याकुल, चिंतित, संवेगात्मक तथा अस्थिर होते हैं।

विश्वनाथ सिंह 1971 "बाल्यावस्था में समायोजन की समस्या" का अध्ययन किया गया। इसमें 450 विद्यार्थी पटना शहर के स्कूलों से लिये गये। इसमें समयोजन के सात क्षेत्रों, स्वास्थ्य और शारीरिक विकास, स्कूल, घर, परिवार, पैसा और भविष्य से संबंन्धित समस्याओं का अध्ययन किया गया। इस अध्ययन से यह निष्कर्ष निकला कि जैसे-जैसे विद्यार्थियों की शिक्षा का स्तर बढ़ता है वैसे-वैसे समस्याएँ कम होती जाती है, नीची कक्षा के किशोरों को उनकी कम परिपक्वता अनुभव और प्रशिक्षण के कारण ज्यादा समस्याएँ होती हैं। जैसे-जैसे विद्यार्थी शारीरिक और बौद्धिक रूप से परिपक्व होने लगता हैं उसकी समस्याएँ कम होने लगती हैं उच्च वर्ग के विद्यार्थियों की तुलना में निम्न वर्ग के विद्यार्थियों की समायोजन समस्या अधिक थी।

Chilton R.J. and markale G.E., Family Disruption, Delinquent conduct," American Sociological Review, Vol. 37, (1972) Pages 93-99 के सर्वेक्षण के दौरान बाल अपराधियों के परिवारों

में अनुशासन और दोषपूर्ण अनुशासन का अनुपात 1:5 पाया गया है। 10 प्रतिशत परिवारों में अत्यधिक कठोर, 40 प्रतिशत परिवारों में अत्यधिक शिथिल और शेष 50 प्रतिशत परिवारों में अपर्याप्त अनुशासन की स्थिति है।

Mode A Marill (1972) ने 800 बाल अपराधियों की पारिवारिक स्थिति का अध्ययन करके यह निष्कर्ष निकाला कि 50.7% बाल-अपराधी भग्न परिवारों से सम्बन्धित थे।

ओझा (1973) **"अभिभावक व्यवहार का सन्तान की उपलब्धि पर प्रभाव"–पृष्ठ सं. 91-92-** माता-पिता के व्यवहार और कुछ सामाजिक आर्थिक चरों का छात्रों के शैक्षिक-आकांक्षा स्तर के साथ सह-सम्बन्ध का अध्ययन भागलपुर के कला संकाय के 120 शहरी छात्रों पर किया। प्रदत्तों का विश्लेषण काई-वर्ग, सह-सम्बन्ध, टी-परीक्षण और प्रसरण का विश्लेषण के द्वारा करने पर पाया कि माता का प्यार, पिता की आज्ञा और प्यार, माता-पिता द्वारा प्रोत्साहन एवं स्वतन्त्रता का बच्चों की उच्च उपलब्धि के साथ सह-सम्बन्ध था माता-पिता द्वारा बच्चों पर प्रतिबंध लगाने, उपेक्षा करने एवं अत्यधिक सुरक्षा का बच्चों की शैक्षिक उपलब्धि के साथ नकारात्मक सह-सम्बन्ध था।

कोइड्राई एवं साइमन 1974 के अध्ययनों से स्पष्ट हुआ है कि अनुराग और समझदारी होने पर उनके बच्चों में श्रेष्ठता की भावना, संयम, आत्मविश्वास, विश्वसनीयता और आत्मनिर्भरता जैसे लक्षण पाए जाते हैं। इसमें अपराध की प्रवृत्ति भी विकसित होती है।

हरजीत संधू 1977 के अनुसार 9,766 बालकों में से 19% बालकों ने चोरी, 13.2% बालकों ने सेंधमारी, 0.8% बालकों ने लूटपाट-डकैती, 9.8% बालकों ने दंगा, 4.7% बालक हत्या में 1.8% बालक बलात्कार 1.6% बालक अपहरण में लिप्त पाए गये।

हरलॉक (1978) ने व्यक्तिव पर परिवार के आकार के प्रभाव का अध्ययन किया और बताया कि जब भाई बहनों की संख्या अधिक होती है तो परिवार में सुविधाओं का अभाव होता है और व्यक्तित्व पर इसका परिणाम ऋणात्मक होता है।

रोहनर तथा नीलसन (1978) शोध के उपरान्त जो निष्कर्ष निकले उसके अनुसार तिरस्कृत बालकों का व्यक्तित्व अव्यवस्थित होता है। कभी-कभी इन बालकों में मनस्ताप व मनोविक्षप्तता के लक्षण दिखाई देते हैं। तिरस्कृत बालकों

के व्यक्तित्व में निम्न स्तरीय प्रत्यय निर्माण, शैक्षिक समस्या, व्याकुलता व हकलाने की प्रवृत्ति पायी जाती है।

डा. के एस शुक्ला 1979 इंस्टीट्यूट ऑफ क्रीमनोलॉजी एण्ड फोरेन्सिक साइंस नई दिल्ली ने अपने अध्ययन में पाया कि चोरी करने वाले बालकों के 10% परिवार अति गरीब, 29.5% परिवार गरीब, 25% परिवार सामान्य गरीब, 22.5% परिवार मध्यम आर्थिक स्थिति व 13% उच्च आय वर्गीय आर्थिक स्थिति परिवारों के थे।

यावस्था (1981) ने पढ़ने की आदत, व्यक्तित्व समायोजन, शैक्षणिक उपलब्धि, चिन्ता, सामाजिक-आर्थिक विकास, बुद्धिमत्ता एवं आवश्यकता के सम्बन्धों का अध्ययन किया। इसके लिए बेंगलुरु के 900 विद्यार्थी लिये गये। प्रदत्तों के एकत्रीकरण तथा मापन हेतु मैसूर व्यक्तित्व परीक्षण, चिन्ता मापनी, टी.ए.टी, बुद्धिमत्ता का शाब्दिक व अशाब्दिक परिक्षण, व्यावसायिक व शैक्षणिक प्रदर्शन स्केल का उपयोग किया गया। इन मापनियों के आधार पर पाया गया कि स्वयंकल्पना तथा पढ़ने की आदत में सार्थक सम्बन्ध नहीं पाया गया। परन्तु पढ़ने की आदत तथा शैक्षिक उपलब्धि में सार्थक सम्बन्ध पाया गया। इसी प्रकार सामाजिक-आर्थिक स्तर व पढ़ने की आदत में धनात्मक सम्बन्ध पाया गया। परन्तु पढ़ने की आदत तथा आवश्यकता में सार्थक अन्तर नहीं पाया गया।

लेवी एवं शिफ (1982) पृष्ठ-35 : में बताया कि जो बच्चे तलाकशुदा माँ के पास रहते हैं वे बालक उन बालकों की अपेक्षा अधिक आक्रामक चिंतित कम स्वायत्तता व अधिक निर्भर होते हैं जो कि, अपने पिता के साथ रहते हैं।

कुरैशी ए. एवं हुसैन ए. (1982) ने "भिन्न समााजिक आर्थिक स्तर वाले स्कूली बच्चों में अक्रामकता के तरीकों में अन्तर" पृष्ठ 199-200 पर इस विषय पर शोध किया गया है। शोध कार्य हेतु 80 बच्चों का चयन किया गया। अध्ययन से ज्ञात हुआ कि दो सामाजिक-आर्थिक समूह आक्रामकता की दिशा में सार्थक रूप से भिन्न पाए गए। ये भिन्नताएँ दोनों समूहों के विभिन्न सह-सम्बन्ध एवं जीवन अनुभव के द्वारा समझायी गयी हैं। दोनों ही समूहों में सार्थक अन्तर पाया गया।

साइरिल बर्ट, (1983) "अपराध समस्या और समाधान "-पृष्ठ संख्या -58 ने 197 बाल अपराधी और 400 गैर-अपराधी बालकों का अध्ययन किया गया, उन्होंने अपने अध्ययन में पाया कि गैर-अपराधी और बाल अपराधियों का भेद अनेक

कमियों और असमर्थताओं द्वारा किया जा सकता है। लगभग प्रत्येक बाल-अपराधी के पास चार या पाँच कारण ऐसे मौजूद रहते हैं। जो कि उनके अन्तःकरण पर खराब असर डालते हैं, फिर भी अन्तःकरण पर प्रभाव डालने वाले कारणों पर पर्याप्त रूप से प्रकाश पड़ता है जो बाल-अपराध के कारण होते हैं।

काले कुमारी सीमा 1987 ने "अक्रामकता के विकास पर व्यक्तित्व प्रकार, निरोधक सूक्ष्मग्राही एवं जन्म क्रम का प्रभाव" विषय पर शोध किया प्रस्तुत अध्ययन में प्रथम, द्वितीय व तृतीय जन्म क्रम के पात्रों की संख्या क्रमशः 82, 76, 50 ली गई। अध्ययन से ज्ञात हुआ कि प्रथम एवं द्वितीय क्रम के आक्रामकता के मध्यमान में 0.1 स्तर पर सार्थक अन्तर है। अर्थात प्रथम क्रम की आक्रामकता का स्तर समान नहीं है प्रथम क्रम की अपेक्षा द्वितीय जन्म क्रम वाले बालक अधिक आक्रामक होते हैं। प्रथम एवं तृतीय तथा द्वितीय एवं तृतीय जन्म क्रम में आक्रामकता का स्तर समान रहता है इनमें सार्थक अन्तर नहीं होता। जबकि काई स्क्वायर परीक्षण द्वारा तीनों जन्म क्रम की उच्च आक्रामकता में तो कोई अन्तर नही था, परन्तु तीनों जन्म क्रम की निम्न आक्रामकता में 0.05 स्तर पर सार्थक अंतर पाया गया।

प्रसाद एस. के. (1987) ने "सामाजिक आर्थिक स्तर एवं समायोजन के तरीके" विषय पर अध्ययन किया। शोध हेतु स्कूल के 400 विद्यार्थियों जिनकी औसत आयु 16.53 थी का चयन किया गया। निष्कर्ष से प्राप्त हुआ कि उच्च सामाजिक-आर्थिक स्तर समूह में स्वास्थ्य, संवेगात्मक समायोजन एवं सम्पूर्ण समायोजन के क्षेत्र में निम्न सामाजिक-आर्थिक स्तर समूह की तुलना में सार्थक अन्तर होता है।

सिंह प्रभावती एवं सिन्हा ए.के. (1988) "जन्म क्रम और सामाजिक स्वीकृति" विषय पर शोध किया शोध हेतु 32 प्रथम जन्म क्रम वाले एवं 32 द्वितीय जन्म क्रम वाले बच्चों का चयन किया गया अध्ययन से ज्ञात हुआ कि प्रथम जन्म क्रम वाले बच्चों में द्वितीय जन्म क्रम वाले बच्चों कि तुलना में सार्थक रूप से अधिक औसत स्वीकृति प्राप्तांक पाया गया 0.05 स्तर पर सार्थक अन्तर आया।

Shukla, Akhilesh, "Juvenile Delinquency in Rewa (1990) Page 92 ने अपराधी बालकों का अध्ययन करते हुए एक समूह के 73 प्रतिशत बालकों में यह पाया कि उन बालकों का शारीरिक ढाँचा अनेक असामान्य घटनाओं और व्यवहार के लिए उत्तरदायी था। इस समूह के अपराधी

बालकों का लक्षण यह पाया गया कि उनमें भावनात्मक अस्थिरता, चिड़चिड़ापन, संयम और स्वयं के नियन्त्रण में कमी आदि थी।

Akhilesh Dr. S. "Juvenile Delinquency in Rewa"-(1990), p. 85. ने बाल अपराधियों की पारिवारिक स्थिति का अध्ययन कर निष्कर्ष निकाला कि बाल अपराधी 41 प्रतिशत संयुक्त परिवार तथा 59 प्रतिशत एकाकी परिवार के पाये गये हैं बाल अपराधियों के 39 प्रतिशत परिवारों की सदस्य संख्या 6 से कम, 45 प्रतिशत की सदस्य संख्या 6 से 10 के बीच व 16 प्रतिशत परिवारों में सदस्यों की संख्या 10 से अधिक पायी गई है। इस तरह परम्परागत शैली से यहाँ संयुक्त परिवारों से लगभग 16 प्रतिशत बाल अपराधी पाये गए हैं।

अखिलेश डा. एस. "बाल अपराध" क्लासिकल पब्लिशिंग कम्पनी नई दिल्ली-1990 पृष्ठ 84-85 में अध्ययन के उपरान्त जो निष्कर्ष निकले उसके अनुसार यह पाया गया कि सेंधमारी करने, चोरी करने, जेब काटने, और मानव शरीर को चोट पहुँचाने वाले अपराधों में अधिक संख्या वाले एकांकी परिवारों के बाल अपराधियों के प्रतिशत अधिक है। बाल अपराधियों में से 55 प्रतिशत मध्यक्रम, 22 प्रतिशत प्रथम क्रम, 19 प्रतिशत अंतिम क्रम और 4 प्रतिशत अपने माता-पिता के अकेली संतान पाये गये हैं। इस तरह मध्यम जन्म क्रम के बालक बाल अपराध में अधिक पाय गये है। सामान्यतया भारतीय परिवारों में प्रथम, अंतिम या एकमात्र संतान अथवा प्रथम सन्तान को अधिक दुलार प्राप्त होता है और उसके अपराध को छिपाने की कोशिश की जाती है।

अखिलेश डा. एस. "बाल अपराध" क्लासिकल पब्लिशिंग कम्पनी नई दिल्ली 1990-पृष्ठ 87 इस अध्ययन में पाया गया कि अशिक्षित और कम शिक्षित परिवारों के बाल अपराधियों का प्रतिशत लगभग 60 प्रतिशत पाया गया है। मध्यम शिक्षित परिवारों के बाल अपराधियों का प्रतिशत लगभग 25 प्रतिशत और उच्च शिक्षा प्राप्त परिवारों के 5 प्रतिशत अपराधी पाये गये हैं।

बीना शाह 1991 "परिवारिक वातावरण का किशोरों के विद्यालय-समायोजन में प्रभाव"-अध्ययन में पाया गया कि संतोषप्रद पारिवारिक वातावरण से आये बच्चों की तुलना में वे छात्र जो पारिवारिक असन्तोषप्रद एवं असामंजस्य की स्थिति से आते हैं शाला में अपेक्षाकृत अधिक सामान्य एवं परिस्थितियों को अनुकूल बना पाते हैं। शालाओं में अनुकूलता बना पाने में पारिवारिक वातावरण

के प्रभाव की अपेक्षा बुद्धि-चातुर्य, लिंग, सामाजिक, आर्थिक स्थिति आदि का समग्र प्रभाव ज्यादा असरकारक होता है।

किरण एवं रेनू 1994 के अध्ययन से पता चलता है कि 80% बाल-अपराधी तिरस्कृत एवं निष्कासित थे उनका उनके घर से भागने के मुख्य कारण माता-पिता द्वारा शारीरिक दोहन और 20% बालकों के अपराधी होने का कारण परिवारिक समस्या थी।

Crime in India (1995) सर्वेक्षण के अनुसार माता-पिता व संरक्षकों के साथ रहने वाले बालकों में से जो बाल अपराधी पाए गये उनमें 70.5% बालक अपने माता-पिता के साथ रहते पाए गये, 21.1% बालक अपने संरक्षकों के साथ और 1.4% बच्चे बेघर पाए गये इससे बाल अपराध में पारिवारिक वातावरण की भूमिका का पता चलता है।

Crime in India (1995) सर्वेक्षण के अनुसार 18,793 बाल-अपराधियों में से 34.9% बालक निरक्षर थे, 41.3% बालक प्राइमरी पास थे, 19.4% मिडिल या सेकण्डरी स्तर तक शिक्षित थे और सबसे कम संख्या में 4.4% हाई स्कूल या इससे ऊपर थे।

T.R.Rayalu, (2000) ने चंचलगुणा, निम्बोली अड्डा जिला हैदराबाद के 30 बाल अपराधियों पर अध्ययन किया गया। अधिकतर बाल अपराधियों के परिवारों के सदस्यों की संख्या 6 से 36 के लगभग थी और अधिकतर बाल अपराधी अपने परिवार में दूसरे या तीसरे बाल सदस्य थे।

Crime in India (2001) में दिये गए आँकडों से पता चलता है कि पकड़े गये बाल अपराधियों में से 80.4% बालक माता-पिता के साथ रहते थे। 12.5% बालक किसी अन्य रिश्तेदार या जान पहचान वाले किसी संरक्षक के साथ रहते थे। तथा 7.5% बाल अपराधी बेघर थे।

Fego Devid P. (2001) ने अपने अध्ययन में विकास से सम्बन्धित मनोवैज्ञानिक पैथोलॉजी में बालकों के चिकित्सीय प्रतिदर्श प्रस्तुत किये, मुख्यतः इनमें कुसमायोजित व्यवहार वाले, अवज्ञा करने वाले, तथा जल्दी उत्तेजित होने वाले किशोरों की समस्या पर अध्ययन किया जिनमें स्नायुविक विकार एकाग्रचित कि कमी और उद्दण्ड आदि समस्याओं से ग्रस्त थे।

Yoder, Kevin A White beck Le B & Hoyt, Dan R (2001) ने एक गैंग एवं उसमें शामिल 602 बेघर और भागे हुए बालक जो कि चार

मध्य पश्चिम राज्यों से थे इसमें गैंग का सदस्य होने के पीछे कई कारण थे जैसे पारिवारिक समस्या, शालेय अनुभव, आवारा, भावनात्मक समस्या, या मद्यपान का प्रयोग, या अन्य कारण पाये गये। यह भी पाया गया की गैंग के सदस्यों की वृद्धि के पीछे गैंग का ही हाथ है, इस गैंग के बालक सदस्य जो इसमें शामिल हैं उनके ज्यादातर कारण पारिवारिक समस्या है जिसके कारण बालक कम उम्र में पाठशाला से भाग जाते हैं जो ज्यादा मद्यपान का प्रयोग करते हैं इनमें कई बालकों ने बताया कि उन्हें माता-पिता कि तरफ से कोई नियंत्रण नहीं मिला जिसके कारण आवारा हो गये।

Crime in India (2002) सर्वेक्षण के अनुसार अधिकांश बालक 72.2% ऐसे परिवारों से थे जिनकी वार्षिक आय 25,000 रुपये तक थी। मध्यम आय 2,00,000 से 3,00,000 व उच्च आय वर्ग 3,00,000 से अधिक आय वाले परिवारों के बालकों का भाग क्रमशः 0.06% और 0.2% था।

Crime in India (2002) सर्वेक्षण के अनुसार भारत में किये जाने वाले अपराधों में से 319 हत्या के, 220 बलात्कार के, 2,906 चोरी के अपराध में बाल-अपराधी लिप्त पाए गये।

B. Sucheta And T.R. Rayalu (2002) के अध्ययन के अनुसार अपराधी बालकों के परिवारों में से 42 लोग अयोग्य अकुशल कार्यों जैसे कुली, सब्जी वाला, बेरे, मोटर मैकेनिक, मजदूर थे।

Dukes, Recheard L. and Stien Jidith A.(2002) ने अपने अध्ययन में ग्रामीण तथा शहर स्कूलों के गैंग के सदस्यों और लिंगों के सम्बन्धों से सम्बन्धित आँकड़े जो एकत्रित किये गये उनकी मनोवैज्ञानिक समस्याओं, नशीले पदार्थों, अवैध हथियारों का प्रयोग, और दंगे-फसाद से संबंधित आँकड़े एकत्रित किये उन्होंने गैंग सदस्यों की तुलना गैर सदस्यों से कि इसमें गैंग किसी मजबूत शक्ति से प्रेरित था जो कि छिप कर उन्हें प्रेरित कर रही थी इस अध्ययन में सबसे जयादा बाल अपराधी नगरीय क्षेत्र में पाया गया।

Moellor, A.A. and Hell D. (2003) ने पाया की खास तौर पर मानसिक या बलात्कार ऐसे बालकों द्वारा किये जाते हैं जो मानसिक रोग से पीड़ित हैं ये अपराध कम उम्र के बालकों द्वारा ही किये जाते हैं चूंकि मानसिक रोगों से पीड़ित इन बालकों की मानसिक रोग चिकित्सा की जिसमें 102 बालक एक ही घर में रहने वाले थे जिनकी उम्र 15-17 वर्ष थी इनमें 23% अपराधी बलात्कार करने वाले थे। 29% हत्या करने वाले थे।

Santtila, Pekka, Kakkanem, Alison, Lourence and Whyle Carrie (2003) ने अध्ययन में घर जलाने वाले अपराधियों को परखा और यह खोज की कि क्या आग लगाने वाले बालकों ने अपराध करने के लिए कोई गैंग बनाई है। अपराधियों की संख्या में 61 बालक एवं 5 बालिकाएँ पाई गई जिनकी उम्र 6-17 वर्ष थी। परिणामों में पाया गया कि आग लगाने के लिए उपकरणों का प्रयोग किया गया है। आग लगाने वाले अपराधी बालकों में विशेषः बालिकाएँ मानसिक रोग से पीड़ित थी।

Hide, Kanthleem, M. (2003) का अध्ययन बालकों के द्वारा कि गई नर हत्या से सम्बन्धित है। यह उनके अनुभव तथा चिकित्सीय दृष्टि से किया गया है, इस अध्ययन में रोग का कारण जानने तथा खतरे सम्बन्धि कारक शामिल किये गये और इसकी रिपोर्ट तैयार कि गई।

prinz, Ronald J. and Kerns Suzanne E. V. (2003) के अध्ययन से स्पष्ट होता है कि बाल अपराध और अमीरी का घनिष्ठ सम्बन्ध है इस अध्ययन के जो निष्कर्ष सामने आए हैं। उसके अनुसार धनी परिवार वाले बालक अपराध की ओर अग्रसर होते हैं। इस अध्ययन में 189 बालकों को लिया गया है। जिसमें 93 बालक 96 बालिकाएँ थी। 58% अफ्रीकन-अमेरिकन, 42% यूरोपियन-अमेरिकन थे। इस अध्ययन में बालकों के लिए प्रश्नावली का प्रयोग किया गया तथा बाद में उनका साक्षात्कार लिया गया। अपराधी बालकों की विशेषताओं में पाया गया कि 32% बाल अपराधी बालिकाएँ शराब की आदि थी।

Pulkonen, Hanna, Komulainene, Erkkij (2003) ने अपने अध्ययन में बालकों द्वारा कि जाने वाली हत्या व हिंसा करने वाली बालिकाओं से तुलना की इस अध्ययन में 32 बालिकाओं को लिया गया है जिसमें हिंसा करने वाली व हिंसा न करने वाली बालिकाओं को दो भागों में बाँटकर उनका विश्लेषण के दौरान पाया गया कि 23% बालिकाएँ ऐसी थी जो किसी समूह में शामिल थी आक्रामक थी उनमें से आधी दो साल तक हिंसात्मक व्यवहार करने वाली रही उनकी आक्रामकता में कोई परिवर्तन नहीं आया।

Scalra, Maria J. Baugarther Jesome v. and Plank, Gorg L. (2003) में अपने अध्ययन में 127 केसों की जाँच कि इनका परिक्षण राज्य स्तर पर किया। इन तथ्यों की जाँच में पाया गया कि कुछ बाल-अपराध मानसिक दोष के कारण किये गये व कुछ धार्मिक उन्माद में किसी ने बेरोजगारी

के कारण और कुछ ने उचित निर्देशन के अभाव में अपराध किये। अतः इस शोध में इस बात का अध्ययन किया गया कि जो भी अपराध हुए वह किसी न किसी मानसिक कमजोरियों के कारण किये गये और इन कमियों को दूर करने के लिए सक्रिय रूप से इलाज किया गया।

Chilton R.J. and Markle, G.E. 'Family Disruption, Delinquent Conduct and the effect of Sub. classification, American Sociological Review, Vol. 37. के अध्ययन में बाल अपराधियों में से अधिकांश यह बताने में असफल रहे हैं कि उनकी अपराधी प्रवृत्तियों या उनके द्वारा हुए अपराध में प्रभाव उनके परिवारजनों, पारिवारिक परिस्थितियों अथवा उनके साथियों या पास-पड़ोस का पड़ा है। इस संबंध में पूछे गये सीधे प्रश्नों (क्या आपकी निजी आदतें आपके साथियों की देन है? क्या आपसे हुआ बाल अपराध का कारण आपके साथी है। सही है?) के उत्तर में 20.5 प्रतिशत ने यह स्वीकार किया कि उनकी आदतों के निर्माण में साथियों का हाथ है। 23 प्रतिशत इसके लिए साथियों को दोष नहीं देते।

अग्रवाल जी. के., समाजशास्त्र, साहित्य भवन आगरा-2006 पृष्ठ 30-31 अध्ययनों से स्पष्ट हुआ कि वर्तमान में 60 प्रतिशत से अधिक बाल अपराध 12 से 16 वर्ष की आयु वाले बच्चों द्वारा किये जाते हैं। सन 1975 से 1985 के बीच के दशक में अधिकांश बाल अपराधी वे बच्चे थे जो 18 से 21 वर्ष की आयु के बीच के थे लेकिन 1985 के बाद होने वाले बाल अपराधों में सर्वाधिक संख्या 12 से 16 वर्ष की आयु के बच्चो की पायी गयी। इसका एक सम्भावित कारण यह भी हो सकता है कि सन 1987 से 16 वर्ष तक के बाल अपराधियों को दण्ड में विशेष छूट मिलने के कारण उनके माता-पिता अथवा अभिभावकों द्वारा अपराध करने वाले बच्चे की आयु कम लिखवायी जाती रही है।

अग्रवाल जी.के, समाजशास्त्र, साहित्य भवन, आगरा-2006, पृष्ठ 30-31 बाल अपराध की प्रमुख विशेषता यह है कि लगभग 90 प्रतिशत बाल अपराधी प्रथम अपराधी होते हैं अर्थात् उन्हें पहली बार किसी अपराधी व्यवहार के लिए पकड़ा जाता है। केवल 10 प्रतिशत बाल अपराधी ऐसे हैं, जिन्हें एक से अधिक बार पकड़ा गया हो। इसका तात्पर्य है कि अधिकांश बाल अपराधी किसी विशेष परिस्थिति अथवा आवेग में अपराध करते हैं।

Symond के 'आधार एवं शिक्षण' पृष्ठ संख्या-169 ने माता-पिता द्वारा अस्वीकृत बच्चों में आक्रामकता, चोरी करने की आदत, पलायन तथा अन्य

असामाजिक व्यवहारों को देखा। उसने अतिरक्षित बालकों में असहयोग, अधिक पराश्रयता पायी गयी। प्रभावी माता-पिता के बच्चे आज्ञाकारी, सुशील, विनम्र तथा सुअभियोजित पाए गए। विनीत माता-पिता के बच्चे आत्मकेन्द्रित, जिद्दी स्वतन्त्र तथा अवज्ञाकारी थे।

Springer ने बच्चों के संवेगों का उनकी सामाजिक-आर्थिक स्थिति के साथ सह-सम्बन्ध देखा। जो बच्चे निम्न सामाजिक आर्थिक परिवार के थे, उनमें मध्यम वर्ग के परिवार की अपेक्षा अधिक संवेगात्मक असन्तुलन पाया गया।

Refarmatory School Lucknow-2003 'भारतीय सामाजिक समस्याएँ'–डॉ. गणेश पाण्डेय-पृष्ठ 100 द्वारा अध्ययन कराया गया, जिसके निष्कर्ष से यह स्पष्ट हुआ कि 38 प्रतिशत बाल-अपराध नष्ट घर की उपज होते हैं। इनमें माता-पिता दोनों के मर जाने पर 17.7 प्रतिशत, माता-पिता में से एक के मर जाने पर 20 प्रतिशत, पिता के मर जाने पर 19.6 प्रतिशत तथा माता के मर जाने पर 20.5 प्रतिशत बाल-अपराधी पैदा होते हैं। नष्ट घर के बालक- बालिकाओं पर चूंकि माता-पिता का नियन्त्रण समाप्त हो जाता है इसलिए ये उद्दण्ड हो जाते हैं और बाल-अपराधी बन जाते हैं।

पाण्डेय डा. गणेश-भारतीय सामाजिक समस्याएँ-2003 राधा पब्लिकेशन पृष्ठ सं. -59-डा. सेथना ने अपने अध्ययन में पाया कि एक ही कमरे में 8-8, 10-10 व्यक्ति रहते हैं ऐसे परिवारों में बालक वह दृश्य देखते हैं तथा सुनते हैं जो उन्हें देखना व सुनना नहीं चाहिए अत्यधिक भीड़-भाड़ के कारण वे बालक गन्दी गलियों में पलते हैं, धूल से भरे होते हैं और वे तमाम कार्य करते हैं, जो उन्हें नहीं करने चाहिये। इस प्रकार अत्यधिक भीड़-भाड़ बाल-अपराधियों का उत्पादक घटक तत्व है।

Dr. Kishore, B.R."Incidence and Causes of Juvenile Delinquency" (A Survey of rural and Semi&Urben Area), 1966-Page-96- सर्वेक्षण से यह ज्ञात हुआ है कि शहरों में 17 प्रतिशत की तुलना में गाँवों में कुल बालकों की जनसंख्या के 11 प्रतिशत बालकों द्वारा अपराध कार्य किये गए।

Healy & Bronner-New light on Delinquency-Page No. 104. ने अध्ययन में बताया कि 91 प्रतिशत बाल अपराधियों में भावनात्मक अस्थिरता के कारण आपराधिक प्रवृत्ति के पाए गए।

Dodia-Indian Journal of Education Research 2001- के अनुसार आर्थिक स्थिति चिन्ता को बहुत अधिक प्रभावित करती है इस प्रकार सामाजिक-आर्थिक विकास पर अनेक अध्ययनों द्वारा इस तथ्य की पुष्टि होती है कि व्यक्तित्व विकास में यह एक महत्वपूर्ण चर है।

Laird Robert D., Pettit, Gregory S. Parents' monitoring relevant Knowledge and adolescents' delinquent behaviour: Evidence of Garrelated Developmental Changes and reiprocal influences. Child development, 2003 (May). Vol. 73 (3) Page No. 752-768 के अध्ययन के अनुसार बाल-अपराधियों के व्यवहार को संतृद्दित मूल्यों के आधार पर टेस्ट किया, परिणामस्वरूप 14 वर्ष की आयु के बाल अपराधी अपने माता-पिता के क्रिया कलापों से सीखते हैं एवं अन्य आपराधिक बर्ताव भी सीखते हैं। ऐसे बालकों में ज्ञान नकारात्मक विचारों के साथ जुड़ जाता है। तथा माता-पिता के ज्ञान को भी वे नकारात्मक दृष्टि से ही अर्जन करते हैं माता-पिता का कम शिक्षित होना या कम आपराधिक ज्ञान होना बालकों का अपराधी बनने में बढ़ावा देता है तथा ज्ञानी माता-पिता बाल अपराध पर रोक या कम कर सकते हैं।

Paschall, mallie J., Ringwall, Christopher L. & Flewelling, Robert L., Effect of parenting, father absence, and affiliation with delinquent peers on delinquent behaviour Vol. 38 (149), pp. 15-34 इस अध्ययन के अनुसार बालकों के आपराधिक व्यक्तित्व पर पारिवारिक माहौल का पूरा-पूरा असर पड़ता है, यदि पिता की अनुपस्थिति परिवार में रहती है तो बालक के व्यक्तित्व पर हानिकारक प्रभाव पड़ता है। जिन परिवारों में माताएँ अपने बच्चों पर नजर रखती हैं तथा उन्हें नियन्त्रण में रखती हैं तो ऐसे बालक अपराधी कम होते हैं या नहीं होते। इसके विपरीत जिन परिवारों में माताएँ बालकों पर ध्यान नहीं देती और बालक नियंत्रण से बाहर होते हैं तो वहाँ स्थिति बदल जाती है एवं मूलरूप से मुख्य बात यह भी है कि परिवार में पिता का न होना या ध्यान न रखने से सबसे ज्यादा आपराधिक बढ़ावा बालकों को मिलता है।

3

अध्ययन पद्धति
(Study of Methedology)

3.1 शोध विधि

शोध वह क्रमबद्ध तथा वैज्ञानिक विधि है जिसके आधार पर सामाजिक घटनाओं के सम्बन्ध में हम नवीन ज्ञान की प्राप्ति करते हैं या विद्यमान ज्ञान को प्रस्तुत करते हैं एवं विभिन्न घटनाओं के पारस्परिक सम्बन्धों व उपलब्ध सिद्धान्तों की पुनः परीक्षा करते हैं। संक्षेप में कहें तो सामाजिक घटनाओं या विद्यमान सिद्धान्तों के सम्बन्ध में नवीन ज्ञान की प्राप्ति के लिए प्रयोग में लायी गयी वैज्ञानिक विधि सामाजिक शोध है।

अतः स्पष्ट है कि समाजिक शोध वैज्ञानिक नियमानुसार उस मानवीय क्रियाकलाप की ओर संकेत करता है जिसके द्वारा सामाजिक नवीन जीवन के सम्बन्ध में हमारे ज्ञान की वृद्धि सम्पन्न होती है तथा अनेक घटनाओं व उनके कारणों के सम्बन्ध में हमें वैज्ञानिक बोध प्राप्त होता है और साथ ही उन घटनाओं व उनके कारणों में पाये जाने वाले पारस्परिक सम्बन्ध के विषय में जानकारी प्राप्त करते हैं। सामाजिक शोध के विषय में सबसे अधिक उल्लेखनीय बात यह है कि ज्ञान प्राप्ति की वह विधि है जो कि निरीक्षण, वर्गीकरण, प्रयोग तथा निष्कर्षीकरण की सामान्य वैज्ञानिक पद्धति पर आधारित होती है और उसी पद्धति के द्वारा न केवल अज्ञात सामाजिक घटनाओं को खोजा जाता है अपितु ज्ञात सामाजिक घटनाओं की भी विवेचना या विश्लेषण किया जाता है।

श्रीमती यंग (1966) के अनुसार : "सामाजिक अनुसन्धान एक वैज्ञानिक योजना है जिसका उद्देश्य तार्किक तथा क्रमबद्ध पद्धतियों के द्वारा नवीन तथ्यों

का अन्वेषण या पुराने तथ्यों की पुनः परीक्षा, उनमें पाए जाने वाले अनुक्रमों, अन्तः कारणात्मक व्याख्याओं तथा उनको संचालित करने वाले प्राकृतिक नियमों का विश्लेषण करना है।"[1]

3.2 सामाजिक शोध का महत्व

सामाजिक शोध का सम्बन्ध सामाजिक घटनाओं के अध्ययन से या और भी स्पष्ट रूप से अनुसन्धान से हैं। अनुसंधान से बोध पनपता है और वास्तविक शोध का द्योतक है सामाजिक शोध का यहाँ प्रथम महत्व है कि यह वह साधन है जिसके द्वारा हमारे ज्ञान की वृद्धि होती है। साथ ही शोध या अनुसन्धान नवीन वस्तुओं के सम्बन्ध में हमारे मन की जिज्ञासा को मिटाने का एक साधन माना जाता है। जिसके द्वारा सामाजिक घटनाओं के अनेक अस्पष्ट या अन्धकार पूर्ण पक्षों के संबंध में हमें जानकारी प्राप्त होती रहती है। इस जानकारी के दो स्पष्ट पक्ष है एक सैद्धान्तिक तौर पर सामाजिक शोध की उपयोगिता, ज्ञान के विकास तथा बोध के विस्तार में निहित है पर उस वास्तविक ज्ञान को व्यवहारिक रूप देना किसी भी क्षेत्र में संभव नहीं है एक विषय के संबंध में जो व्यक्ति कुछ जानता ही नहीं है वह उस विषय से संबद्ध किसी समस्या को सुलझाने का साहस कैसे कर सकता है? पर वास्तविक ज्ञान इस समस्या में अनेक सम्भावित समाधानों का सुझाव प्रस्तुत कर सकता है। यही ज्ञान की व्यावहारिक उपयोगिता है और सामाजिक शोध में यह उपयोगिता निहित है।

3.3 अध्ययन के उद्देश्य

उद्देश्य एक सुनियोजित लक्ष्य हैं, जिसको प्राप्त करने के लिए प्रत्येक मानव प्रयत्नशील रहता है। उद्देश्यहीन कार्य से व्यक्ति के समय, श्रम एवं धन की हानि होती है। साथ ही व्यक्ति में निराशा एवं उदासीनता के भाव उत्पन्न होते हैं जिससे वह कार्यों की उपेक्षा करने लगता है।

उद्देश्य का व्यावहारिक अर्थ उस लक्ष्य से है, जिसे व्यक्ति अपने मानस पटल पर रखकर क्रियाशील रहता है एवं उसे प्राप्त करने के लिए निरन्तर चिंतन कर प्रयासरत् रहता है।

इसी तरह किसी भी शोध अध्ययन का चयन किसी निश्चित उद्देश्य पर आधारित विषय वस्तु है, जब तक कोई विशिष्ट उद्देश्य निर्धारित न हो तब तक किसी लक्ष्य की प्राप्ति की कल्पना भी व्यर्थ है। अतः प्रस्तुत शोध के भी कुछ निश्चित उद्देश्य निम्नलिखित हैं:-

1. बालकों में सामाजिक, आर्थिक विकास का अध्ययन करना।
2. सामान्य एवं अपराधी बालकों के व्यक्तित्व एवं संवेगात्मक गुणों का अध्ययन करना।
3. सामान्य एवं अपराधी बालकों के व्यक्तित्व एवं संवेगात्मक परिपक्वता का अध्ययन करना।
4. सामान्य एवं अपराधी बालकों के बीच व्यक्तित्व एवं संवेगात्मक परिपक्वता का सहसम्बन्ध ज्ञात करना।

3.4 अध्ययन की उपकल्पना

उपकल्पना का शाब्दिक अर्थ पूर्व चिंतन है। उपकल्पना के बिना वैज्ञानिक अध्ययन सम्भव नहीं हैं उपकल्पना की अनुपस्थिति में वैज्ञानिक अध्ययन उद्देश्यहीन हो जाता है। उपकल्पना निर्माण को शोध विधि का एक आवश्यक पद माना है। अनुसन्धान में उपकल्पना का बहुत महत्व है क्योंकि अनुसन्धान में उपकल्पना की जाँच के लिए ही आँकड़ों का संग्रह किया जाता है, फिर आँकड़ों के आधार पर उपकल्पना की जाँच कर समस्या के सम्बन्ध मे निष्कर्ष या परिणाम ज्ञात किए जाते हैं। अतः प्रस्तुत शोध में भी कुछ उपकल्पनाओं का निर्माण किया गया है, जो निम्नलिखित हैः-

1. सामान्य एवं अपराधी बालकों के व्यक्तित्व एवं संवेगात्मक गुणों में सार्थक अंतर पाया जाएगा।
2. सामान्य एवं अपराधी बालकों के व्यक्तित्व एवं संवेगात्मक परिपक्वता में सार्थक अंतर होगा।
3. अपराधी बालकों की अपेक्षा सामान्य बालकों में व्यक्तित्व एवं संवेगात्मक परिपक्वता धनात्मक होगी।
4. अपराधी बालकों का सामाजिक, आर्थिक विकास सामान्य बालकों की अपेक्षा कम होगा।

3.5 निदर्शन पद्धति

सामाजिक अनुसन्धान का क्षेत्र प्रायः विस्तृत होता है एवं अनुसंधान क्षेत्र की सभी ईकाइगों का अध्ययन करने के लिए अत्यधिक समय, श्रम पूँजी की आवश्यकता होती है जो साधारणतः उपलब्ध नहीं हो पाते हैं। अतः उसी समस्या को दूर करने के लिए निदर्शन विधि का सहारा लिया जाता है।

सामाजिक अनुसन्धान में निदर्शन पद्धति का बहुत महत्व है, कुछ को देखकर या परीक्षण कर सबके बारे में अनुमान लगा लेने की विधि को निदर्शन विधि कहते हैं। इस विधि की आधारभूत मान्यता है कि निदर्शन किसी भी समूह का समस्त भाग या संपूर्ण इकाइयाँ नहीं होती हैं अपितु 'समग्र' का एक भाग या छोटी 'कुछ' इकाइयाँ ही होती है। परन्तु समग्र का कुछ भाग तब तक निदर्शन नहीं है जब तक कि ये 'कुछ' इकाइयाँ 'समग्र' की आधारभूत विशेषताओं का उचित प्रतिनिधित्व नहीं करती हों यदि 'कुछ' का चुनाव ठीक से किया जाये।

बोगार्डसन (1954) के अनुसारः "निदर्शन एक पूर्व निर्धारित योजना के अनुसार इकाइयों के एक समूह में से एक निश्चित प्रतिशत का चयन हैं।[2]

3.6 तथ्य संकलन विधि

किसी भी सामाजिक अनुसंधान का उद्‌देश्य एक घटना विशेष के संबंध में एक वैज्ञानिक निष्कर्ष निकालना होता है। वैज्ञानिक निष्कर्ष कोई भी फालतू निष्कर्ष नहीं होते, अपितु वास्तविक तथ्यों पर आधारित यथार्थ व निश्चित निष्कर्ष होता है। इस प्रकार स्पष्ट है, कि सामाजिक अनुसंधान की बुनियादी शर्त अध्ययन विषय से सम्बन्धित वास्तविक तथ्यों का संकलन है। वास्तविक तथ्यों को काल्पनिक रंग से एकत्रित नहीं किया जा सकता इसके लिए कुछ प्रमाण सिद्ध तरीकों का होना आवश्यक है। अनुसंधान के लिये कुछ आवश्यक वास्तविक तथ्यों को एकत्रित करने के लिए काम में लाए गये निश्चिय व प्रभाव सिद्ध तरीकों को ही तथ्य संकलन विधि कहते हैं।

अतः शोधकार्य के प्रभावी निष्कर्ष निकालने हेतु आँकड़ों का संकलन करना आवश्यक होता है। संकलन वास्तविक शोध से संबन्धित हो इसके लिए यह जरूरी है कि समंक संकलन के स्त्रोत भी उतने ही वास्तविक एवं व्यवहारिक हों समंक दो प्रकार के होते हैंः-

1. प्राथमिक समंक **2. द्वितीयक समंक**

1. प्राथमिक समंकः प्राथमिक तथ्य वे मौलिक सूचनाएँ या आँकड़े होते हैं जो कि शोधकर्ता वास्तविक अध्ययन स्थल पर जाकर समस्या से संबंधित व्यक्तियों से साक्षात्कार करके प्रश्नावाली या अनुसूची के माध्यम से एकत्रित करता है। प्राथमिक समंकों को प्राप्त करने के लिए निम्न स्त्रोत मुख्य हैंः-

(क) साक्षात्कार अनुसूची

(ख) अवलोकन

(ग) साक्षात्कार

2. द्वितीयक समंक : द्वितीयक समंक वे तथ्य हैं जो अनुसंधानकर्ता को प्रकाशित आलेखों, रिपोर्ट, पत्र-पत्रिकाओं से प्राप्त होते हैं। ये वे आँकड़े या तथ्य होते हैं जो अन्य व्यक्ति या संस्था द्वारा पहले से ही किसी उद्देश्य के लिए एकत्रित किये जाते हैं तथा शोधकर्ता केवल अपने उद्देश्य के लिए इनका उपयोग करता है, द्वितीयक समंक प्राप्त करने के निम्न स्त्रोत हैं:-

(क) समाचार-पत्र

(ख) सरकारी प्रकाशन

(ग) विभिन्न पत्र-पत्रिकाएँ आदि।

प्रस्तुत शोध कार्य में प्राथमिक समंकों को एकत्र करने के लिए प्रश्नावली पद्वति का प्रयोग किया गया है।

3.7 न्यादर्श एवं न्यादर्श चयन प्रविधि

व्यवहारिक तथा सामाजिक विषयों के शोध कार्यों में न्यादर्श का विशेष महत्व होता है। इसके बिना शोध कार्यों को पूरा नही किया जा सकता। समग्र का अध्ययन करना कभी-कभी कठिन तथा कभी-कभी असम्भव भी हो जाता है। न्यादर्श प्रविधि शोध कार्य को वैज्ञानिक, समय, ऊर्जा व धन की दृष्टि से मित्तव्ययी बनाती है। न्यादर्श प्रयोग से शोध परिणामों को अधिक शुद्ध बनाने में भी सहायता प्राप्त होती है। अतः सामाजिक अध्ययन के क्षेत्र में न्यादर्श का बड़ा महत्व है।

प्रस्तुत अध्ययन का विषय **'सामान्य तथा अपराधी बालकों के व्यक्तित्व एवं संवेगात्मक परिपक्वता का अध्ययन' है।** न्यादर्श के लिये दैव निदर्शन के उपयोग द्वारा OBSERVATION HOME FOR BOYS I, OBSERVATION HOME FOR BOYS II, और SEWA KUTTER OBSERVATION HOME FOR BOYS DELHI, और SENIOR SECONDARY BOYS SCHOOL, SEEMAPURI, DELHI, के 300 बालक लिये गये हैं इन बालकों की आयु 13 से 18 वर्ष के बीच है। इनमें 150 सामान्य बालक व 150 अपराधी बालक हैं। इन सभी बालकों का अध्यन हेतु चुनाव किया गया है।

3.8 न्यादर्श का आकार व क्षेत्र

प्रस्तुत अध्ययन 'सामान्य तथा अपराधी बालकों के व्यक्तित्व एवं संवेगात्मक परिपक्वता का अध्ययन' हेतु अपराधी बालकों को OBSERVATION HOME

FOR BOYS I, FEROZ SHAH KOTLA DELHI GATE, DELHI, OBSERVATION & SPECIAL HOME FOR BOYS-II MAJNU KA TILLA, DELHI,SEWA KUTTER, KINGSWAY CAMP, DELHI के 150 बालकों का अध्ययन हेतु चयन किया गया।

अध्ययन हेतु 150 सामान्य बालक जो कि SENIOR SECONDARY SCHOOL, SEEMAPURI, DELHI से लिये गये।

दिल्ली महानगर का परिचय

विश्व के सबसे बड़े गणतन्त्र भारत का दिल, दिल्ली विश्व के चन्द प्राचीन एवं श्रेष्ठ नगरों में से एक है। भारत के उत्तरी भाग में स्थित, दिल्ली तीन ओर से हरियाणा से घिरा हुआ है। इसकी पूर्वी सीमा को उत्तर प्रदेश स्पर्श करता है। राष्ट्रीय राजधानी राज्य क्षेत्र-दिल्ली तीन निकायों-दिल्ली नगर निगम, नई दिल्ली निगम परिषद एवं दिल्ली छावनी बोर्ड से प्रबन्धित है। दिल्ली नगर निगम का क्षेत्र ग्रामीण एवं शहरी दो भागों में बँटा हुआ है जबकि अन्य दो निकायों का क्षेत्र पूर्णतः शहरी है।

दिल्ली की उत्पत्ति एवं नामांकनः 12 दिसम्बर 1911 ई. में भारत की राजधानी कोलकता से स्थानान्तरित होकर दिल्ली में बनाने की घोषणा की गई इसके साथ ही दिल्ली तहसील और महरौली थाना को पंजाब से अलग करके 'दिल्ली प्रान्त' का निर्माण हुआ।

दिल्ली का आरम्भ में 'दाइदाला', ढिल्लिका' और अन्त में **'दिल्ली'** नाम पड़ा।

दिल्ली की ऐतिहासिक पृष्ठभूमि

दिल्ली की भी कहानी अजीब है। यह इतिहास के प्रत्येक काल खण्डों में अपनी उपयोगिता सिद्ध करती है। यहाँ की समृद्धि और प्रचुर धन भंडार ने बाह्य आक्रमणकारियों को सहज ही आकर्षित कर लिया। ऐतिहासिक परम्पराओं एवं प्रमाणों से ज्ञात होता है कि दिल्ली में सात शहरों का निर्माण हुआ।

दिल्ली के आरम्भिक निवास के बारे में प्रसिद्ध महाकाव्य महाभारत में उल्लेख मिलता है। उसमें 'इन्द्रप्रस्थ' नाम की चर्चा है, जो यमुना के तट पर है। भगवान श्रीकृष्ण के नेतृत्व में पांडवों के जंगल के मूल निवासी नागों और तक्षकों को निकालकर और जंगल साफ करके इन्द्रप्रस्थ का निर्माण किया। यहाँ की समृद्धि और भव्यता को देखकर ही महाकाव्य में इसे **"पृथ्वी का द्वितीय**

स्वर्ग" कहा गया है। इन्द्रप्रस्थ शहर के अस्तित्व का प्रत्यक्ष साक्ष्य नहीं है पर परिस्थितिजन्य साक्ष्यों से इसकी पुष्टि होती है। यह पाँच प्रस्थों में एक प्रस्थ था। अन्य चार प्रस्थ-पानीपत, सोनीपत, बागपत, और तिलपत थे। इन्ही जगहों पर प्रसिद्ध महाभारत का युद्ध सम्पन्न हुआ था।

इन्द्रप्रस्थ के गौतम वंशीय राजाओं के परवर्ती मयूर वंश में अन्तिम राजा दिलू हुआ वह कन्नौज का राजा था। उसने दिल्ली पर आक्रमण करके विजय पायी थी और यहाँ पर स्वरूपदत्त नामक राज्यपाल की नियुक्ति की थी। स्वरूपदत्त ने इन्द्रप्रस्थ के खंडहरों पर एक नया नगर बसाया और अपने राजा के नाम पर इसका नाम 'दिलू' रखा।

736 ई. में तोमर राजपूतों ने दिल्ली को विधिवत बसाया और इसका नाम 'दिल्ली' या 'ढिल्लिका' रखा। सन 1052 में अनंगपाल द्वितीय ने दिल्ली को फिर से बसाया। उन्होंने 'लाल कोट' किला बनाया। यह पहला किला था जिसे दिल्ली की सुरक्षा को ध्यान में रखकर बनाया गया था।

बारहवीं शताब्दी के शुरू में अनंगपाल तृतीय का शासन काल चल रहा था। ऐसे समय एक दूसरा राजपूत वंश, जिसे चौहान वंश कहते हैं दिल्ली के इतिहास में उभरा। चौहान राजा विग्रहराज ने सन् 1151 में दिल्ली पर कब्जा कर लिया। विग्रहराज के बेटे पृथ्वीराज चौहान ने 'लाल कोट' को बढ़ाकर एक बड़ा किला बनवाया। उसका नाम रखा गया 'किला राय पिथौरा'। यह दिल्ली का पहला ऐतिहासिक शहर हुआ।

सन 1992 में शहाबुद्दीन मोहम्मद गोरी ने पृथ्वीराज को हरा कर गुलाम कुतूबुद्दीन ऐबक को गवर्नर बनाकर दिल्ली भेजा। सन 1206 में मुहम्मद गोरी की मृत्यु के बाद कुतुबुद्दीन ऐबक ने अपने को दिल्ली का पहला सुल्तान घोषित किया। इसके बाद से ही भारत में इस्लाम का इतिहास शुरू होता है। कुतुबुद्दीन ऐबक के बाद सात मुस्लिम वंशों ने एक के बाद एक दिल्ली पर राज किया और अपनी-अपनी रुचि की छाप दिल्ली पर छोड़ी।

1290 में गुलाम वंश का अन्त होने के बाद खिलजी वंश के संस्थापक जलालुद्दीन खिलजी ने दिल्ली पर राज किया। जलालुद्दीन खिलजी को उसके भतीजे अलाउद्दीन खिलजी ने मार कर 1296 में स्वयं गद्दी पर बैठ गया। उसने दिल्ली का दूसरा शहर 'सीरी' बसाया।

खिलजी वंश के अन्त होने के साथ तुगलक वंश का आरम्भ हुआ। उनका शासन 1320 से लेकर 1414 तक चला। गियासुद्दीन तुगलक ने दिल्ली का तीसरा शहर 'तुगलकाबाद' बसाया। गियासुद्दीन तुगलक के बेटे मुहम्मद बिन तुगलक ने दिल्ली का चौथा शहर 'जहांपनाह' बसाया। यह शहर 'लाल कोट' और सीरी को मिलाकर बसाया गया। फिरोजशाह तुगलक इस वंश के तीसरे सुल्तान थे। उन्होंने दिल्ली का पाँचवा शहर 'फिरोजाबाद' बसाया। तुगलक वंश क़े बाद तैमूरलंग के आक्रमण के बाद दिल्ली में सैयद वंश का शासन आरम्भ हुआ। लेकिन उनका शासन काल बहुत छोटा रहा।

सैयद वंश के बाद दिल्ली के इतिहास में लोदी वंश का नाम आता है उनका शासन काल सन 1451 से 1526 तक रहा। लोदी वंश के सबसे महत्त्वपूर्ण सुल्तान थे सिकंदर लोदी। वह एक कुशल प्रशासक थे।

1526 में तैमूरलंग के वंशज बाबर ने लोदी वंश के कमजोर प्रशासक इब्राहिम लोदी को हराकर दिल्ली को अपने अधीन कर लिया। इस प्रकार मुगल शासन का प्रारम्भ हुआ। दिल्ली के इतिहास में मुगल शासन का बहुत ही महत्त्वपूर्ण स्थान है। उनके जमाने में दिल्ली का वैभव अपनी चरम सीमा पर था। बाबर के बाद हुमायूँ ने 1533 में यमुना के किनारे एक नये नगर दीन पनाह की नींव डाली। यह दिल्ली का छठा शहर था।

1540 में शेरशाह ने दिल्ली पर आक्रमण कर दिया हुमायूँ की हार हुई और वे फारस भाग गए और शेरशाह ने दिल्ली की गद्दी पर कब्जा कर लिया। उन्होंने अपने शासनकाल में कई सड़कों का निर्माण कराया। कलकत्ता से पेशावर तक जिसे जी.टी. रोड कहते हैं वह शेरशाह सूरी ने ही बनवायी।

सन् 1555 में सरहिन्द की लड़ाई में शेरशाह के भतीजे आदिलशाह को हराकर अपने सिंहासन पर पुनः कब्जा कर लिया। उसके कुछ महीने बाद 24 जनवरी 1556 में पुराने किले से गिरकर उनकी मृत्यु हो गयी। इस मौके का फायदा उठाकर आदिलशाह के एक प्रमुख दरबारी हेमू ने दिल्ली व आगरा पर कब्जा करके विक्रमादित्य की उपाधि धारण कर ली।

5 नवम्बर 1556 को पानीपत की दूसरी लड़ाई में हेमू को हराकर अकबर ने केवल 14 वर्ष की उम्र में दिल्ली की गद्दी सम्भाली। वे बहुत कम उम्र के थे, लेकिन बहुत बुद्धिमान थे उन्होंने पचास वर्षों तक राज किया। उनके शासन काल में मुगल साम्राज्य अपनी चरम सीमा पर था। उन्होंने अपार सम्पत्ति अर्जित

की। उनके उत्तराधिकारी जहाँगीर और शाहजहाँ ने उसका पूरा उपभोग किया। 1638 में अकबर के पुत्र शाहजहाँ गद्दी पर बैठे। उन्होंने 'शाहजहाँबाद' की नींव डाली। यह दिल्ली का सातवाँ शहर था।

शाहजहाँ के पुत्र औरंगजेब ने गद्दी के लिए अपने दोनों भाइयों को मार डाला और शाहजहाँ को कैद कर लिया। उनका एक भाई भाग गया। औरंगजेब के शासनकाल में मराठा के सरदार शिवाजी ने विद्रोह कर दिया। शिवाजी और दूसरे मराठा सरदारों ने दक्षिण में उनके शासन को तहस नहस कर दिया। औरंगजेब की मृत्यु 1707 में हुई। उनकी मृत्यु के साथ मुगल साम्राज्य टूटने लगा। औरंगजेब के बाद कई शासकों ने दिल्ली की गद्दी संभाली, लेकिन वह कमजोर और बूढ़े थे। वह अधिक दिनों तक शासन नहीं कर सके।

आखरी मुगलो में मुहम्मदशाह ने तीस वर्षों तक शासन किया। उनका अधिक समय भोग-विलास में गुजरता था। मुहम्मदशाह का शासनकाल एवं मुगलकाल के इतिहास की एक बड़ी दुःखद घटना हैं–**दिल्ली पर नादिरशाह का आक्रमण** उसने मुगल सेनाओं को पराजित करके दिल्ली पर कब्जा कर लिया और दिल्ली की जनता पर भयंकर तबाही मचाई हजारों लोगों का कत्लेआम कर दिया। दिल्ली से वापस जाते समय इसने मुगल खजाना खाली कर दिया। इसने सही मायने में दिल्ली का सुहाग उजाड़ दिया। नादिरशाह अमूल्य वस्तुओं को यहाँ से लूटकर ले गया उसने बादशाह का मयूर सिंहासन व कोहिनूर हीरा भी नहीं छोड़ा।

सन 1837 में बासठ वर्ष की उम्र में बहादुरशाह जफर बादशाह बनें वे आखरी मुगल बादशाह थे। उन्होंने हिन्दू-मुस्लिम दोनों ही धर्मों का आदर किया। उनके समय, में लालकिला के भीतर रक्षाबन्धन, दशहरा, होली, दीवाली, शिवरात्रि तथा बसंत पंचमी के त्योहार भी मनाए जाते थे।

सन 1857 में उन्हें अंग्रेजों के खिलाफ आवाज उठाने में अगुआई करनी पड़ी। हिन्दू-मुस्लिम दोनों ने मिलकर अंग्रेजों की खिलाफत की। बहादुरशाह जफर को अंग्रेजों ने कैद कर लिया। उन पर मुकदमा चलाकर सजा के लिए उन्हें रंगून भेज दिया। 7 नवम्बर 1862 में बहादुरशाह जफर ने अपने वतन से दूर रंगून में अन्तिम साँस ली।

दिल्ली कई बार बसी और कई बार उजड़ी। इसने राजसी ठाट-बाट से लेकर भयंकर खून-खराबा तक देखा। न जाने कितनी जातियों व धर्मों ने यहाँ राज किया। सबने अपने-अपने अनुसार दिल्ली को बसाया। **'राय पिथौरा'** किला

पहली दिल्ली थी। फिर क्रमशः **सीरी, तुगलकाबाद, जहांपनाह, फिरोजाबाद, दीनपनाह एवं शाहजहांबाद** दिल्ली के सात शहर बसे।

दिल्ली का भौगोलिक विस्तार एवं स्थिति

दिल्ली की वास्तविक भौगोलिक अवस्थिति उत्तर में 28°-24′-17″ से 28°-53′-00″ तक एवं पूरब में 76°-50′-24″ से 77°-20′-37″ तक है। दिल्ली की लम्बाई 51-90 किलोमीटर जबकी इसकी चौड़ाई 48-48 किलोमीटर है। दिल्ली का सम्पूर्ण क्षेत्रफल 1,483 वर्ग कि. मी. है, जिसमें शहरी क्षेत्रों का क्षेत्रफल 685-34 वर्ग किलोमीटर है तथा ग्रामीण क्षेत्रों का क्षेत्रफल 797-66 वर्ग किलोमीटर है। तीन नगर निकायों में विभाजित सम्पूर्ण दिल्ली के अन्तर्गत 209 गाँव 29 नगर एवं 2 तहसील आते हैं।

दिल्ली के उत्तर, पश्चिम एवं दक्षिण में हरियाणा और पूर्व में उत्तर प्रदेश। लेकिन राष्ट्रीय राजधानी क्षेत्र, दिल्ली में राजस्थान भी शामिल है। अतः पश्चिम में राजस्थान है।

मेघाच्छन्न

जुलाई और अगस्त महीने में आकाश बादलों से घिरा रहता है और अक्सर वर्षा होती है। वर्ष के शेष भाग में आकाश साफ रहता है या थोड़ा बहुत बादल रहता है। लेकिन जनवरी, फरवरी मार्च की शुरूआत में आकाश बादलों से घिर जाता है और कभी-कभी पश्चिमी विक्षोभ के कारण इस प्रदेश में इस समय वर्षा भी होती है।

मिट्टी

समुद्र तल से लगभग औसतन 700 फीट ऊँचे इस प्रदेश का उत्तरी मैदान चौड़ा अधिक उपजाऊ तथा घनी आबादी वाला है। दक्षिण में मैदानी भाग अधिक समतल और बहुत अधिक खुला हुआ है। इस मैदानी भाग की मिट्टी हल्की बलुई, दोमट है जो कि कृषि के लिए उपयुक्त है।

यमुना मैदान में काफी गहराई तक जलोढ़ मिट्टी पायी जाती है और यह मैदान गारनेट और अभ्रक की दृष्टि से धनी है। यमुना मैदान में हाल में निक्षेप की गई मिट्टी खादर के नाम से जानी जाती है। खादर एक हल्की बलुई मिट्टी है।

दिल्ली आँकड़ों में सन् 2001 की जनगणना के अनुसार

क्षेत्रफल : 1,483 वर्ग कि.मी. जनसंख्या : 13,782,976 पुरुष :– 7,570,890 महिला : 6,212,086

बाल जनसंख्या	कुल	लड़के	लड़कियाँ
0-4 वर्ष	1,128,201	586,553	541,648
5-9 वर्ष	1,136,883	597,558	539,325
10-14 वर्ष	1,008,398	541,226	467,172
15-19 वर्ष	914,871	518,268	396,603

जनसंख्या घनत्त्व	:	9,294 व्यक्ति प्रति वर्ग कि.मी.
जनसंख्या वृद्धि दर	:	46:31 प्रतिशत
लिंग अनुपात	:	821 महिलाएँ प्रति हजार पुरुष
साक्षरता	:	81.82 प्रतिशत पुरुष–87.37 प्रतिशत महिला–75 प्रतिशत

अध्ययन के लिए चुनी गयी संस्थाओं का परिचय

प्रस्तुत शोध 'सामान्य एवं अपराधी बालकों के व्यक्तित्व एवं संवेगात्मक परिपक्वता का अध्ययन' है। जिसके लिए अपराधी बालकों को दिल्ली के तीन बाल निरीक्षण गृहों से चुना गया है जिनका परिचय निम्नलिखित है :

1. Prayas Observation Home For Boys I, Feroz Shah Kotla Delhi Gate, Delhi दिल्ली के मध्य जिले में स्थित निरीक्षण गृह 'प्रयास' नामक स्वयं सेवी संस्था को जुलाई 1996 में सुपुर्द किया गया था। यहाँ अपराधी बालकों के रहने की व्यवस्था उनकी रुचि व आयु के आधार पर की जाती है। बालकों के रहने के लिए बाल निरीक्षण गृह के हॉलों को छः सदन में बाँटा गया है। जिसमें आयु, रुचि के अनुसार सभी सदनों को नाम दिया गया हैं जो इस प्रकार है :

1. गाँधी सदन : इस सदन में 7 से 13 वर्ष तक के आयु के बालकों को रखा जाता है और इन्हें औपचारिक शिक्षा दी जाती है।

2. भगत सदन : भगत सदन में 14 वर्ष की आयु के अपराधी बालकों को रखा जाता है और इन्हें औपचारिक शिक्षा दी जाती है।

3. मौलाना सदन : मौलाना सदन में 15 वर्ष की आयु के अपराधी बालकों को रखा जाता है। और इन्हें भी औपचारिक शिक्षा दी जाती है।

4. पटेल सदन : पटेल सदन में 15 से 18 वर्ष की आयु के अपराधी बालकों को रखा जाता है इन बालकों को कढ़ाई का प्रशिक्षण दिया जाता है।

5. सुभाष सदन : सुभाष सदन में 16 से 18 वर्ष की आयु के ऐसे अपराधी बालकों को रखा जाता है। जिनकी रुचि कढ़ाई-सिलाई में होती है और इनको वस्त्र कटाई-सिलाई का प्रशिक्षण दिया जाता है।

6. तिलक सदन : तिलक सदन में 6 से 12 वर्ष की आयु के ऐसे बालकों को रखा जाता है जो किसी न किसी कारण अपनी शिक्षा छोड़ चुके हैं। यहाँ पर उनकी शिक्षा को जारी रख कर उन्हें शिक्षा दी जाती है।

प्रयास निरीक्षण गृह में बालकों को औपचारिक और व्यावसायिक शिक्षा के साथ-साथ बालकों को अनुशासन में रहना भी सिखाया जाता है। इस संस्था में बालकों की शिक्षा, खाना-पीना व अन्य प्रत्येक गतिविधियों के लिए निर्धारित समय है जिसे बालक अनुशासन में रहकर सीखते हैं।

प्रयास निरीक्षण गृह में बालकों की देखभाल के लिए हाऊस फादर और हाऊस मदर रहते हैं जो रातभर जागकर उनके बीच अपनी ड्यूटी देते हैं।

यहाँ पर 200 अपराधी बालकों के रहने की व्यवस्था है। और दिनांक 15.9.06 को 194 बालक थे। जो विभिन्न अपराधों में लिप्त थे।

2. Observation Home for Boys II, Majnu Ka Tilla, Delhi: दिल्ली के उत्तर पूर्वी जिला में स्थित बाल निरीक्षण गृह II 1983 में स्थापित किया गया। इस बाल निरीक्षण गृह को दो भागों में विभाजित किया गया हैं जिसके एक भाग में ऐसे बाल अपराधियों को रखा जाता है। जो अधिक आक्रामक प्रवृत्ति के होते हैं अर्थात जिन बाल अपराधियों से दूसरे बाल-अपराधी प्रभावित होते हैं, दूसरे भाग में ऐसे बाल अपराधी रखे जाते हैं जिनका जुर्म साबित हो चुका होता है अर्थात जिन्हें Juvenile Justice Board द्वारा सजा निश्चित कर दी जाती है और सजा पूरी होने पर उन्हें छोड़ दिया जाता है।

इस बाल निरीक्षण गृह में 100 बाल-अपराधियों के रहने की व्यवस्था है। इनके रहने की व्यवस्था हॉलों में की गयी है जिनमें इन्हें आयु के अनुसार रखा

जाता है। अर्थात् 13 साल, 14 साल, 15 साल, 16 साल, 17 साल, 18 साल के बालकों को अलग-अलग रखा जाता है। अर्थात् एक समान आयु के बालकों को एक साथ रखा जाता है। वर्तमान समय में यहाँ 70 बाल-अपराधी हैं।

3. Sewa Kutter Observation Home for Boys Kingsway Camp. Delhi: दिल्ली के पूर्वी जिले में स्थित सेवा कुटीर बाल निरीक्षण गृह 8.12.2006 को स्थापित किया गया वर्तमान समय में यहाँ विभिन्न अपराधों में लिप्त 240 बाल अपराधी हैं।

इस बाल निरीक्षण गृह में बाल अपराधियों के रहने के लिए छः हालों की व्यवस्था है। एक हॉल में एक ही आयु वर्ग के बाल अपराधी रहते हैं। अर्थात् अलग-अलग हॉल में 13 वर्ष, 14 वर्ष, 15 वर्ष, 16 वर्ष, 17 वर्ष तथा 18 वर्ष की आयु के बालकों की अलग-अलग रहने की व्यवस्था है। प्रस्तुत अध्ययन के लिए सामान्य बालकों का चयन जिस स्कूल से किया गया है वह निम्नलिखित है :

राजकीय सीनियर सेकेण्ड्री स्कूल, सीमापुरी, दिल्ली

दिल्ली के पूर्व में स्थित यह स्कूल 1989 में स्थापित किया गया था। यहाँ कक्षा छः से कक्षा बारह तक की शिक्षा दी जाती हैं इस स्कूल में पढ़ने वाले बालकों की संख्या लगभग 2100 है। यहाँ पर विज्ञान, कला एवं वाणिज्य से सम्बन्धित विषयों की शिक्षा दी जाती है।

3.9 न्यादर्श आयु व लिंग

अध्ययन हेतु 13 से 18 वर्ष के लड़कों को चुना गया है। इनमें 150 सामान्य बालक व अपराधी बालकों का चयन किया गया है।

3.10 शोध अभिकल्प

'सामान्य एवं अपराधी बालकों के व्यक्तित्व एवं संवेगात्मक परिपक्वता का अध्ययन'

150 सामान्य बालक	150 अपराधी बालक
(स्कूल में पढ़ने वाले)	(जेल में रहने वाले)

इन सभी बालकों की आयु 13 से 18 वर्ष के बीच है इन सभी का व्यक्तित्व व संवेगात्मक परिपक्वता और सामाजिक आर्थिक विकास का अध्ययन किया गया है।

समग्रः प्रस्तुत अध्ययन के लिए सामान्य तथा अपराधी बालक जो मध्यम वर्गीय व निम्न वर्गीय परिवारों के हैं। ऐसे किशोरों को समग्र माना गया है।

3.11 शोध के उपकरण

प्रस्तुत अध्ययन **'सामान्य तथा अपराधी बालकों के व्यक्तित्व एवं संवेगात्मक परिपक्वता का अध्ययन'** के लिए बालकों के स्वभाव के गुणों व संवेगात्मक परिपक्वता का अध्ययन किया गया है। इसमें सामान्य एवं अपराधी बालकों के व्यवहार के आयामों को जानने के लिए Dr. N. K. Chadha & Miss Sunanda Chand द्वारा निर्मित dimensions of Temperament Scale (DTS) नामक Test का प्रयोग किया गया है।

इस manual के अनुसार व्यवहार व्यक्तित्व का एक महत्वपूर्ण भाग है। जिसमें व्यक्ति के व्यवहार सम्बन्धी कई गुणों का समावेश होता है।

इसमें **सामाजिकता** से संबंधित 12 प्रश्न, **प्रभुत्व** से संबंधित 9 प्रश्न, **परिलक्षित** से सम्बन्धित 10 प्रश्न, **आवेग** से सम्बन्धित 7 प्रश्न, **गम्भीरता** को प्रदर्शित करने वाले 11 प्रश्न, **स्वीकृति** से सम्बन्धित 6 प्रश्न, **उत्तरदायित्व** से संबन्धित 9 प्रश्न, **सहयोगी भावना** से संबन्धित 14 प्रश्न, **जिद्‌दी** से संबंन्धित 8 प्रश्न, **प्रबलता** से संबंधित 14 प्रश्न, **अक्रामकता** से संबंन्धित 10 प्रश्न, **उदारता** से संबंधित 11 प्रश्न, **कठोरता** से सम्बन्धित 7 प्रश्न, **उत्साह** से सम्बन्धित 14 प्रश्न और **गोपनियता** से संबन्धित 10 प्रश्नों को पूछा गया है। कुल 152 प्रश्नों को व्यक्तित्व व्यवहार प्रश्नावली में शामिल किया गया है। इन्हीं के द्वारा सामान्य एवं अपराधी बालकों के व्यक्तित्व के गुणों को जानने का प्रयास किया गया है।

सामान्य एवं अपराधी बालकों में संवेगात्मक परिपक्वता का अध्ययन करने के लिए Dr. Yashvir Singh or Dr. Mahesh Bhargava द्वारा निर्मित Emotional Maturity Scale (EMS) का उपयोग किया गया है। जिसमें संवेगात्मक परिपक्वता को पाँच रूपों में बाँटा गया है।

इसमें **संवेगात्मक अस्थिरता** से संबन्धित 10 प्रश्न, **संवेगिक दमन** से संबंधित 10 प्रश्न, **सामाजिक कुसमायोजन** से संबंधित 10 प्रश्न, **व्यक्तित्व विघटन** से सम्बन्धित 10 प्रश्न व **नेतृत्वहीनता** से संबन्धित 8 प्रश्न पूछे गये है। कुल 48 प्रश्न संवेगात्मक परिपक्वता जानने के लिए पूछे गये हैं।

3.12 सांख्यिकी विश्लेषण

प्रस्तुत अध्ययन **'सामान्य एवं अपराधी बालकों के व्यक्तित्व एवं संवेगात्मक परिपक्वता का अध्ययन'** में सांख्यिकी विश्लेषण हेतु सर्वप्रथम संकलित तथ्यों का प्रतिशत, संकलित तथ्यों का माध्य (mean) ज्ञात किया गया तथा वास्तविक माध्य (mean) से उसकी दूरी ज्ञात करने के लिए **प्रमाप विचलन** (S. D.) ज्ञात किया गया तत्पश्चात T परीक्षण के द्वारा सामान्य एवं अपराधी बालकों में अन्तर की सार्थकता ज्ञात करने हेतु T परीक्षण का उपयोग किया गया है। सामान्य एवं अपराधी बालकों में व्यक्तित्व एवं संवेगात्मक परिवक्ता के मध्य सम्बन्ध देखने के लिए **सहसम्बन्ध** (r) ज्ञात किया गया है।

3.13 अध्ययन की सीमाएँ

प्रस्तुत अध्ययन सामान्य एवं अपराधी बालकों के व्यक्तित्व एवं संवेगात्मक परिपक्वता का तुलनात्मक अध्ययन हेतु निम्नलिखित सीमाओं को ध्यान में रखकर अध्ययन किया गया हैः

क. अध्ययन हेतु 13 से 18 वर्ष के बालकों का चयन किया गया है।

ख. इस शोध अध्ययन के अन्तर्गत प्रतिदर्श के रूप में 150 सामान्य बालकों व 150 अपराधी बालकों को ही शामिल किया गया है।

ग. सामान्य बालकों को अध्ययन के लिए Senior Secondary School, Seemapuri, Delhi के 150 बालकों का ही चयन किया गया है।

घ. अध्ययन हेतु Observation home for Boys के 150 अपराधी बालकों का ही चयन किया गया है।

ड. सामान्य तथा अपराधी बालकों के व्यक्तित्व से संबंधित स्वभाव के गुणों व संवेगात्मक परिपक्वता व सामाजिक आर्थिक विकास का ही अध्ययन किया गया है।

3.14 अध्ययन में आयी कठिनाइयाँ एवं उनका निराकरण

कोई भी कार्य ऐसा नही हैं जो निर्विघ्न सम्पन्न होता है सफलता प्राप्त करने के लिए कुछ कठिनाइयों का सामना करना पड़ता है। कार्य-पथ में आने वाले अवरोधों के कारण ही हमारे प्रयास गतिशील होते हैं।

'अपराधी' एक ऐसा शब्द है जो यदि किसी के साथ लग जाये तो उसे समाज अपने साथ समन्वित नहीं कर पाता तथा वह तिरस्कृत रूप में अपनी बाकी जिन्दगी काटता है यदि यह शब्द किसी बालक के साथ जुड़ जाये तो वह अपनी जिन्दगी कैसे गुजारेगा यह वर्णन करने लायक नहीं है। समाज का हर व्यक्ति, हर सदस्य उनसे घृणा करता है तथा वह स्वयं समाज से अलग-थलग में पड़ जाता है वह समाज से अपने आपको उपेक्षित महसूस करने लगता है तथा उसके आचार-व्यवहार रहन-सहन तथा बातचीत का तरीका भी बदल जाता है।

बाल-अपराधियों का अध्ययन करना अपेक्षाकृत कठिन है क्योंकि उनसे कारागार या सुधार गृह में मिलकर स्वच्छंद वातावरण में बात नहीं की जा सकती। फिर भी प्रत्येक अनुसन्धानकर्ता यह चाहता है कि उसे इच्छित यथार्थ व वस्तुनिष्ठ प्रत्युत्तर मिले ऐसा असम्भव तो नहीं है परन्तु इसमें अनेक कठिनाइयों का सामना करना पड़ता है। स्वभावतः मुझे भी इस अध्ययन में अनेक कठिनाइयों का सामना करना पड़ा सबसे मुश्किल काम तो उनके साक्षात्कार एवं प्रश्नावली को भरना था। पहले तो बालक किसी भी तरह इसके लिए राजी नहीं होते या फिर सत्य जानकारी देने में हिचकिचाहट महसूस करते थे चूँकि उन्हें यह भ्रम था कि शायद कोर्ट से जाँच करने के लिए आए हैं। परन्तु कुछ बालक ऐसे भी थे जिन्होंने मुझे इस कार्य में भरपूर सहयोग दिया अध्ययन के दौरान जिन कठिनाइयों का सामना करना पड़ा वे इस प्रकार हैं:-

1. सबसे अधिक कठिनाई मुझे **समाज कल्याण विभाग** से **बाल निरीक्षण गृह** में काम करने के लिए अनुमति प्राप्त करने में हुई। लेकिन अथक प्रयास करने के बाद मुझे अनुमति मिल गई।
2. मुझे बाल अपराधियों से मिलने के लिए भी कठिनाइयों का सामना करना पड़ा चूंकि मैं एक लड़की थी इसलिए जेल के अधिकारी भी चिंतित थे कि यह लड़की कैसे काम कर पाएगी, लेकिन इस काम में भी मुझे बाल निरिक्षण गृह के अधिकारियों ने काफी सहयोग दिया। तभी मैं अपना कार्य पूर्ण कर पायी।
3. स्कूल में पढ़ने वाले सामान्य बालकों के साथ काम करने में ज्यादा कठिनाइयों का सामना नहीं करना पड़ा लेकिन ज्यादातर अपराधी बालक स्वयं के बारे में सही जानकारी नहीं देते। उचित सम्पर्क व परिचय तथा अपराधी बालकों के मन में उठने वाले सभी सन्देहों का निराकरण

इस प्रकार की जानकारी प्राप्त करने में अत्यन्त सहायक रहा है।

4. ज्यादातर अपराधी बालकों का कम शिक्षित होने के कारण वे अनुसूची के प्रश्नों के उत्तर ठीक से नहीं दे पा रहे थे अनुसूची की भाषा से हटकर उन्हें प्रश्न समझाने पड़े।
5. कुछ बाल अपराधी अपनी पूरी कहानी सुनाने लग जाते थे जिसे सुनने में काफी समय लग जाता था। परन्तु उनके द्वारा दी गई कुछ जानकारी अत्यन्त उपयोगी सिद्ध हुई और साथ ही मेरी जिज्ञासा उनके बारे में जानने की होती थी वह भी पूरी हुई।
6. कुछ बाल-अपराधी प्रश्न के उत्तर बहुत ही विस्तृत देते थे जिसके कारण कई बार मूल प्रश्न और उसका उत्तर अलग छूट जाता था। उनकी ऐसी बातें धैर्यपूर्वक सुननी पड़ती थी तथा उन्हें मूल प्रश्न पर वापस लाना पड़ता था।
7. कुछ बालक उत्तर देने के बजाय उलटा ही मुझसे प्रश्न करने लगते थे। उनकी जिज्ञासा को सन्तुष्ट करने का यथासम्भव प्रयास किया गया।
8. कई बालकों ने अपने आपको निर्दोष बताने का प्रयास किया। वास्तव में कुछ बालक ऐसे थे जो कि निर्दोष थे, किन्तु अशिक्षा व गरीबी के कारण वे यहाँ फँस गए थे या अन्य द्वारा फँसा दिए गए थे।

उपरोक्त कठिनाइयों के समाधान हेतु पूर्ण प्रयास किया गया तथा कई-कई बार एक ही सूचना पूछ कर सूचनाओं की प्रमाणिकता की जाँच भी की गई। मैंने यह पूर्ण प्रयास किया है कि समस्या से संबंधित अधिकतम जानकारी बाल-अपराधियों से प्राप्त कर सकूँ, एक लडकी होने के नाते मैं अपराधी बालकों से काफी सहयोग प्राप्त करने में सफल रही हूँ। कारागार व अन्य सभी संबंधित अधिकारियों व कर्मचारियों का भी मुझे इसमें पूर्ण सहयोग प्राप्त हुआ है।

4

तथ्यों का वर्गीकरण, प्रस्तुतिकरण एवं विश्लेषण
(Classification, Presentation and Analysis of Data)

सारणीयन, परिणाम एवं विश्लेषण

प्रस्तुत अध्ययन *'सामान्य एवं अपराधी बालकों का व्यक्तित्व एवं संवेगात्मक परिपक्वता का अध्ययन'* है। इस अध्ययन के लिए 13 से 18 वर्ष के बालकों का चयन किया गया है ये सभी बालक अति गरीब से लेकर उच्च आय वर्ग से सम्बन्धित परिवारों के हैं। इस अध्ययन के लिये 150 सामान्य बालक व 150 अपराधी बालकों का चुनाव किया गया है। प्रस्तुत अध्ययन का उद्‌देश्य सामान्य एवं अपराधी बालकों के व्यक्तित्व व संवेगात्मक परिपक्वता के गुणों के आधार पर अध्ययन व सामाजिक-आर्थिक विकास का अध्ययन करना है। इस अध्याय में संकलित प्रदत्त का सांख्यिकीय विश्लेषण एवं इससे प्राप्त परिणाम निम्नलिखित है:

तालिका क्रमांकः 1
अपराध का वर्गीकरण

क्रमांक	अपराध	बच्चों की संख्या	प्रतिशत
1.	हत्या	38	25.33%
2.	बलात्कार	32	21.33%
3.	हत्या का प्रयास	10	6.68%
4.	अपहरण	8	5.33%
5.	चोरी	62	41.33%
	योग	150	100%

तालिका क्रमांक 2

सामान्य एवं अपराधी बालकों के परिवारिक स्वरूप को दर्शाने वाली तालिका

परिवार का स्वरूप	सामान्य बालक		अपराधी बालक	
	संख्या	प्रतिशत	संख्या	प्रतिशत
एकांकी परिवार	45	30%	135	90%
संयुक्त परिवार	105	70%	15	10%
योग	150	100%	150	100%

तालिका क्रमांक-2 से यह तथ्य प्रकट होता है कि सामान्य बालकों में से 30% बालक एकांकी परिवार व 70% बालक संयुक्त परिवार के पाये गये हैं। अपराधी बालकों में से 90% बालक एकांकी परिवार व 10% बालक संयुक्त परिवार के पाये गये।

डा. अखिलेश–"बाल अपराध"–1990 ने अपने अध्ययन में पाया कि बाल अपराधियों में से 41% बाल अपराधी संयुक्त परिवार के तथा 59% एकांकी परिवार के पाये गये हैं।

तालिका क्रमांक 3

सामान्य एवं बाल अपराधियों का शैक्षिक स्तर के आधार पर वर्गीकरण

क्रम संख्या	शिक्षा का स्तर	सामान्य बालक		अपराधी बालक	
		संख्या	प्रतिशत	संख्या	प्रतिशत
1.	अशिक्षित	0	0%	69	46%
2.	प्राइमरी	0	0%	42	28%
3.	मिडिल	0	0%	28	18.66%
4.	हाई स्कूल	80	53.34%	8	5.34%
5.	इण्टरमीडिएट	70	46.66%	3	2%
	योग	150	100%	150	100%

तालिका क्रमांक-3 से हमें पता चलता है कि सामान्य बालकों में से **(80) 53.34%** का शैक्षिक स्तर हाई स्कूल तथा इण्टरमीडियट **(70) 46.66%** है।

जबकि अधिकांश बाल अपराधी **(69) 46%** है, **(42) 28%** बाल अपराधियों का शैक्षिक स्तर प्राइमरी, **(28) 18.66%** बाल अपराधियों का शैक्षिक स्तर मिडिल, **(8) 5.34%** बाल अपराधियों का शैक्षिक स्तर हाई स्कूल, **(3) 2%** बाल अपराधी इण्टरमीडिएट हैं।

भारत में पकड़े गए बाल अपराधियों में से **(7,898) 23.5%** अशिक्षित **(15,943) 47.4%** बाल अपराधी प्राइमरी, **(7,37) 23.6%** मिडिल व **(1,850) 5.5%** हाईस्कूल व इण्टरमीडिएट तक शिक्षित थे। **CRIME IN INDIA 2001**

तालिका क्रमांक :–4

सामान्य एवं बाल अपराधी बालकों के सामाजिक गुणों को दर्शाने वाली तालिका

समूह	पदों की संख्या	माध्य (mean)	प्रमाप विचलन (S.D.)	SE. DIFF.	परिणाम 'T' मूल्य गणनांक
सामान्य बालक	150	8	1.88		
अपराधी बालक	150	6	2.52	.26	7.69** 0.01 पर सार्थक है

**0.01 पर सार्थक

तालिका क्रमांक–4 का विश्लेषण करने पर पाया गया है कि सामान्य एवं अपराधी बालकों के गुणों के सन्दर्भ में सामान्य बालकों का माध्य (mean) 8 तथा प्रमाप विचलन (S.D.) 1.88 है। अपराधी बालकों का माध्य (mean) 6 तथा प्रमाप विचलन (S. D.) 2.52 है। दोनों न्यादर्शों के मध्य 'T' का परीक्षण करने पर "T" का गणनांक मूल्य **7.69** प्राप्त हुआ। जिससे यह ज्ञात होता है कि यह 0.01 पर सार्थक है।

सिंग प्रभावती एवं सिन्हा ए. के. (1988) ने **"सामाजिक स्वीकृति और जन्म क्रम"** विषय पर शोध किया। शोध हेतु **32** प्रथम जन्म क्रम वाले एवं **32** द्वितीय जन्म क्रम वाले बालकों को लिया गया। अध्ययन से ज्ञात हुआ कि प्रथम जन्म क्रम वाले बालकों में द्वितीय जन्म क्रम वाले बालकों की तुलना में सार्थक रूप से अधिक औसत सामाजिकता पायी गयी।

तालिका क्रमांक–5

सामान्य एवं बाल अपराधी बालकों के प्रभुत्व गुणों को दर्शाने वाली तालिका

समूह	पदों की संख्या	माध्य (mean)	प्रमाप विचलन (S.D.)	SE. DIFF.	परिणाम 'T' मूल्य गणनांक
सामान्य बालक	150	6	1.64		
				.29	3.44**
अपराधी बालक	150	5	1.59		0.01 पर सार्थक है

**0.01 पर सार्थक

तालिका क्रमांक–5 से स्पष्ट होता है कि प्रभुत्व से सम्बन्धित गुणों के सन्दर्भ में सामान्य तथा अपराधी बालकों में सामान्य बालकों का माध्य **(mean)** 6 तथा प्रमाप विचलन **(S.D.) 1.64** है। अपराधी बालकों का माध्य **(mean)** **5** तथा प्रमाप विचलन **(S.D.) 1.59** हैं। दोनों न्यादर्शों के मध्य 'T' का परीक्षण करने पर 'T' का गणनांक मूल्य 3.44 प्राप्त हुआ जिससे यह ज्ञात होता है कि यह **0.01** पर सार्थक है।

तालिका क्रमांक–6

सामान्य एवं बाल अपराधी बालकों के गोपनियता के गुणों को दर्शाने वाली तालिका

समूह	पदों की संख्या	माध्य (mean)	प्रमाप विचलन (S.D.)	SE. DIFF.	परिणाम 'T' मूल्य गणनांक
सामान्य बालक	150	6	1.89		
				.28	0
अपराधी बालक	150	6	1.26		

गोपनीयता के गुणों के सन्दर्भ में सामान्य तथा अपराधी बालकों के गुणों का विश्लेषण करने पर सामान्य बालकों का माध्य **(mean) 6** तथा प्रमाप विचलन **(S.D.) 1.89** है। अपराधी बालकों का माध्य **(mean) 6** तथा प्रमाप विचलन **(S.D.) 1.26** है। दोनों न्यादर्शों के मध्य 'T' का परीक्षण करने पर 'T' का मान '0' आया है।

उपरोक्त तालिका में सामान्य एवं अपराधी बालकों का माध्य **(mean) 6** सामान्तर है। परन्तु सामान्य बालकों का प्रमाप विचलन **(S.D.) 1.26** है। अतः समान्य एवं अपराधी बालकों में गोपनियता से सम्बन्धित गुणों में अंतर तो है। लेकिन निम्न श्रेणी का अंतर है। **तालिका क्रमांक–6।**

तालिका क्रमांक–7

सामान्य एवं बाल अपराधी बालकों के परिलक्षित से सम्बन्धित गुणों को दर्शाने वाली तालिका

समूह	पदों की संख्या	माध्य (mean)	प्रमाप विचलन (S.D.)	SE. DIFF.	परिणाम 'T' मूल्य गणनांक
सामान्य बालक	150	6	1.81		
				.33	3.03**
अपराधी बालक	150	5	2.01		0.01 पर सार्थक है

**0.01 पर सार्थक

तालिका क्रमांक–7 से स्पष्ट होता है कि सामान्य एवं अपराधी बालकों के परिलक्षित गुणों के सन्दर्भ में सामान्य बालकों का माध्य **(mean) 6** तथा प्रमाप विचलन **(S.D.) 1.81** है। अपराधी बालकों का माध्य **(mean)5** तथा प्रमाप विचलन **(S.D.) 2.01** है। दोनों न्यादर्शों के मध्य **'T'** का परीक्षण करने पर **'T'** का मान **3.03** प्राप्त हुआ जिससे यह ज्ञात होता है कि यह **0.01** पर सार्थक है।

तालिका क्रमांक–8

सामान्य एवं बाल अपराधी बालकों के आवेगी गुणों को दर्शाने वाली तालिका

समूह	पदों की संख्या	माध्य (mean)	प्रमाप विचलन (S.D.)	SE. DIFF.	परिणाम 'T' मूल्य गणनांक
सामान्य बालक	150	6	1.42		
				.23	4.34**
अपराधी बालक	150	4	1.10		0.01 पर सार्थक है

**0.01 पर सार्थक

तालिका क्रमांक–8 का विश्लेषण करने पर ज्ञात होता है कि सामान्य एवं अपराधी बालकों में आवेगी गुणों के सन्दर्भ में सामान्य बालकों का माध्य **(mean) 5** तथा प्रमाप विचलन **(S.D.) 1.42** है। अपराधी बालकों का मध्य **(mean)4** तथा प्रमाप विचलन **(S.D.) 1.10** है। सामान्य एवं अपराधी बालकों के मध्य **'T'** की गणना करने के उपरान्त **'T'** का मान **4.34** आया जो 0.01 पर सार्थक है।

तालिका क्रमांक–9

सामान्य एवं बाल अपराधी बालकों के गम्भीरता के गुणों को दर्शाने वाली तालिका

समूह	पदों की संख्या	माध्य (mean)	प्रमाप विचलन (S.D.)	SE. DIFF.	परिणाम 'T' मूल्य गणनांक
सामान्य बालक	150	7	2.25	.13	7.69**
अपराधी बालक	150	8	1.72		0.01 पर सार्थक है

**0.01 पर सार्थक

तालिका क्रमांक–9 से स्पष्ट होता है कि गम्भीरता से सम्बन्धित गुणों में सामान्य बालकों का माध्य **(mean) 7** तथा प्रमाप विचलन **(S.D.) 2.25** है। अपराधी बालकों का माध्य **(mean)8** तथा प्रमाप विचलन **(S.D.) 1.72** है। दोनों न्यादर्शों के मध्य 'T' का परीक्षण करने पर 'T' का गणनांक मूल्य **7. 69** प्राप्त हुआ जिससे यह ज्ञात होता है कि यह **0.01** पर सार्थक है।

तालिका क्रमांक :–10

सामान्य एवं बाल अपराधी बालकों के स्वीकृति से सम्बन्धित गुणों को दर्शाने वाली तालिका

समूह	पदों की संख्या	माध्य (mean)	प्रमाप विचलन (S.D.)	SE. DIFF.	परिणाम 'T' मूल्य गणनांक
सामान्य बालक	150	4	1.39	.25	3.24**
अपराधी बालक	150	3	1.53		0.01 पर सार्थक है

**0.01 पर सार्थक

तालिका क्रमांक–**10** का विश्लेषण करने पर स्पष्ट होता है कि सामान्य एवं अपराधी बालकों में स्वीकृति से सम्बन्धित गुणों में सामान्य बालकों का माध्य **(mean) 4** तथा प्रमाप विचलन **(S.D.) 1.39** आया है। अपराधी

बालकों का माध्य **(mean) 3** तथा प्रमाप विचलन **(S.D.) 1.53** है। दोनों न्यादर्शों के मध्य **'T'** का परीक्षण करने पर **'T'** का गणनांक मूल्य **3.24** प्राप्त हुआ जिससे यह ज्ञात होता है कि यह **0.01** पर सार्थक है।

तालिका क्रमांक--11

सामान्य एवं बाल अपराधी बालकों में उत्तरदायित्व से सम्बन्धित गुणों को दर्शाने वाली तालिका

समूह	पदों की संख्या	माध्य (mean)	प्रमाप विचलन (S.D.)	SE. DIFF.	परिणाम 'T' मूल्य गणनांक
सामान्य बालक	150	7	1.67	.29	0
अपराधी बालक	150	7	1.59		

तालिका क्रमांक—11 से ज्ञात होता है कि सामान्य एवं अपराधी बालकों में उत्तरदायित्व से सम्बन्धित गुणों के सन्दर्भ में सामान्य बालकों का माध्य **(mean) 7** तथा प्रमाप विचलन **(S.D.) 1.67** है। अपराधी बालकों का माध्य **(mean)7** तथा प्रमाप विचलन **(S.D.) 1.59** है। दोनों प्रतिदर्शों के मध्य 'T' का परीक्षण करने पर **'T'** का मान **0** प्राप्त हुआ है।

उपरोक्त तालिका में सामान्य एवं अपराधी बालकों का माध्य **(mean)7** एक समान है। परन्तु सामान्य बालकों का प्रमाप विचलन **(S.D.) 1.67** व अपराधी बालकों का प्रमाप विचलन **(S.D.) 1.59** है। अतः सामान्य एवं अपराधी बालकों में उत्तरदायित्व से सम्बन्धित गुणों में अन्तर तो है लेकिन निम्न श्रेणी का अन्तर है।

तालिका क्रमांक—12

सामान्य एवं अपराधी बालकों में उत्साह से सम्बन्धित गुणों को दर्शाने वाली तालिका

समूह	पदों की संख्या	माध्य (mean)	प्रमाप विचलन (S.D.)	SE. DIFF.	परिणाम 'T' मूल्य गणनांक
सामान्य बालक	150	9	2.46	.4	0
अपराधी बालक	150	10	2		2.5* 0.05 पर सार्थक है।

*0.05 पर सार्थकता

सामान्य एवं अपराधी बालकों में उत्साह से सम्बन्धित गुणों का विश्लेषण करने पर सामान्य बालकों का माध्य तथा (mean)9 तथा प्रमाप विचलन (S.D) 2.46 है। अपराधी बालकों का माध्य (mean)10 तथा प्रमाप विचलन (S.D.) 2 है।

दोनों प्रतिदर्शों के मध्य 'T' का परीक्षण करने पर 'T' का गणनांक मूल्य 2.5 प्राप्त हुआ जिससे यह ज्ञात होता है कि यह 0.05 पर सार्थक है तालिका क्रमांक-12।

तालिका क्रमांक–13

सामान्य एवं अपराधी बालकों में सहकारिता से सम्बन्धित गुणों को दर्शाने वाली तालिका

समूह	पदों की संख्या	माध्य (mean)	प्रमाप विचलन (S.D.)	SE. DIFF.	परिणाम 'T' मूल्य गणनांक
सामान्य बालक	150	8	2.42	.33	3** 0.01 पर सार्थक है
अपराधी बालक	150	9	2.48		

*0.01 पर सार्थक है।

तालिका क्रमांक-13 से स्पष्ट होता है कि सहकारिता से सम्बन्धि गुणों के सन्दर्भ में सामान्य एवं अपराधी बालकों में सामान्य बालकों का माध्य (mean)8 है तथा प्रमाप विचलन (S.D) 2.42 है। अपराधी बालकों का माध्य (mean)9 तथा प्रामाप विचलन (S.D.)2.48 है।

दोनों न्यादर्शों के मध्य 'T' का गणनांक मूल्य 3 प्राप्त हुआ। अतः यह ज्ञात होता है कि यह 0.01 पर सार्थक है।

तालिका क्रमांक–14

सामान्य एवं अपराधी बालकों में प्रबलता से सम्बन्धित गुणों को दर्शाने वाली तालिका

समूह	पदों की संख्या	माध्य (mean)	प्रमाप विचलन (S.D.)	SE. DIFF.	परिणाम 'T' मूल्य गणनांक
सामान्य बालक	150	10	2.43	.4	5** 0.01 पर सार्थक है
अपराधी बालक	150	12	1.92		

*0.01 पर सार्थक है।

तालिका क्रमांक-14 से ज्ञात होता है कि प्रबलता से संबंधित गुणों के सन्दर्भ में सामान्य एवं अपराधी बालकों में से सामान्य बालकों का माध्य (mean)10 व प्रमाप विचलन (S.D) 2.43 है। अपराधी बालकों का माध्य (mean)12 तथा प्रमाप विचलन (S.D.)1.92 आया है।

दोनों प्रतिदर्शों के मध्य 'T' का परिक्षण करने पर 'T' का गणनांक मूल्य 5 प्राप्त हुआ है। अतः यह ज्ञात होता है कि यह 0.01 पर सार्थक है।

तालिका क्रमांक—15

सामान्य एवं अपराधी बालकों में आक्रामकता से सम्बन्धित गुणों को दर्शाने वाली तालिका

समूह	पदों की संख्या	माध्य (mean)	प्रमाप विचलन (S.D.)	SE. DIFF.	परिणाम 'T' मूल्य गणनांक
सामान्य बालक	150	5	2.31		
अपराधी बालक	150	6	2.16	.4	2.5** 0.01 पर सार्थक है

*0.05 पर सार्थक है।

आक्रामकता के गुणों के सन्दर्भ में सामान्य तथा अपराधी बालकों के गुणों का विश्लेषण करने पर सामान्य बालकों का माध्य (mean)5 तथा प्रमाप विचलन (S.D) 2.31 है। अपराधी बालकों का माध्य (mean)6 तथा प्रमाप विचलन (S.D.) 2.16 प्राप्त हुआ है।

सामान्य तथा अपराधी बालकों के मध्य 'T' का परीक्षण करने पर 'T' का गणनांक मूल्य 2.5 प्राप्त हुआ है। अतः यह ज्ञात होता है की यह 0.05 पर सार्थक है तालिका क्रमांक-15।

ए. कुरैशी एवं ए. हुसैन-(1982) ने बालकों में आक्रामकता का अध्ययन किया शोध कार्य हेतु 13 से 17 वर्ष के 80 बालकों का चयन किया गया। ज्ञात हुआ कि सामाजिक आर्थिक समूह आक्रामकता की दिशा में सार्थक रूप से भिन्नता पाई गई, ये भिन्नताएँ दोनों समूहों में सहसम्बन्ध के द्वारा समझाई गई हैं। दोनों समूहों में अन्तर पाया गया।

तालिका क्रमांक–16

सामान्य एवं अपराधी बालकों में उदारता से सम्बन्धित गुणों को दर्शाने वाली तालिका

समूह	पदों की संख्या	माध्य (mean)	प्रमाप विचलन (S.D.)	SE. DIFF.	परिणाम 'T' मूल्य गणनांक
सामान्य बालक	150	8	1.58	.34	2.70** 0.01 पर सार्थक है
अपराधी बालक	150	7	2.12		

*0.01 पर सार्थक है।

तालिका क्रमांक-16 से ज्ञात होता है कि सामान्य एवं अपराधी बालकों में उदारता से सम्बन्धित गुणों के सन्दर्भ में सामान्य बालकों का माध्य (mean)8 तथा प्रमाप विचलन (S.D) 1.58 है। अपराधी बालकों का माध्य (mean)7 तथा प्रमाप विचलन (S.D.)2.12 है।

दोनों प्रतिदर्शों के मध्य 'T' का परीक्षण करने पर 'T' का मान 2.70 प्राप्त हुआ है। अतः यह ज्ञात होता है कि यह 0.01 पर सार्थक है।

तालिका क्रमांक–17

सामान्य एवं अपराधी बालकों में जिद्दीपन से सम्बन्धित गुणों को दर्शाने वाली तालिका

समूह	पदों की संख्या	माध्य (mean)	प्रमाप विचलन (S.D.)	SE. DIFF.	परिणाम 'T' मूल्य गणनांक
सामान्य बालक	150	5	1.44	.27	
अपराधी बालक	150	5	1.65		0

तालिका क्रमांक-17 से स्पष्ट होता है कि सामान्य एवं अपराधी बालकों में जिद्दीपन से सम्बन्धित गुणों के संदर्भ में सामान्य बालकों का माध्य (mean)5 तथा प्रमाप विचलन (S.D) 1.44 है। अपराधी बालकों का माध्य (mean)5 तथा प्रमाप विचलन (S.D.)1.65 है। दोनों न्यादर्शों के मध्य 'T' का परीक्षण करने पर 'T' का मान 0 आया है।

उपरोक्त तालिका से ज्ञात होता है कि सामान्य एवं अपराधी बालकों का माध्य (mean) 5 सामान्तर है। परन्तु सामान्य बालकों का प्रमाप विचलन (S.D.)1.44 है तथा अपराधी बालकों का प्रमाप विचलन (S.D.)1.65 प्राप्त हुआ है। अतः सामान्य एवं अपराधी बालकों में जिद्दीपन से संबंधित गुणों में अन्तर तो है। जो मध्यम श्रेणी का अन्तर है।

तालिका क्रमांक–18

सामान्य एवं अपराधी बालकों में कठोरता से सम्बन्धित गुणों को दर्शाने वाली तालिका

समूह	पदों की संख्या	माध्य (mean)	प्रमाप विचलन (S.D.)	SE. DIFF.	परिणाम 'T' मूल्य गणनांक
सामान्य बालक	150	4	1.51	.28	0
अपराधी बालक	150	4	1.73		

तालिका क्रमांक-18 से स्पष्ट होता है कि सामान्य एवं अपराधी बालकों में कठोरता से सम्बन्धित गुणों के संदर्भ में सामान्य बालकों का माध्य (mean)4 तथा प्रमाप विचलन (S.D) 1.51 है। तथा अपराधी बालकों का माध्य (mean)4 तथा प्रमाप विचलन (S.D.)1.73 है। दोनों प्रतिदर्शों के मध्य 'T' का मान 0 आया है।

उपरोक्त तालिका से ज्ञात होता है कि सामान्य एवं अपराधी बालकों का माध्य (mean) 4 समान है। परन्तु सामान्य बालकों का प्रमाप विचलन (S.D.)1. 51 है तथा अपराधी बालकों का प्रमाप विचलन (S.D.)1.73 प्राप्त हुआ है। अतः सामान्य एवं अपराधी बालकों में कठोरता से सम्बन्धित गुणों में अन्तर तो है। जो मध्यम श्रेणी का अन्तर है।

तालिका क्रमांक–19

सामान्य एवं अपराधी बालकों में संवेगिक अस्थिरता को दर्शाने वाली तालिका

समूह	पदों की संख्या	माध्य (mean)	प्रमाप विचलन (S.D.)	SE. DIFF.	परिणाम 'T' मूल्य गणनांक
सामान्य बालक	150	22	5.73	1.18	.84
अपराधी बालक	150	21	7.12		सार्थक नहीं है।

तालिका क्रमांक-19 से स्पष्ट होता है कि सामान्य एवं अपराधी बालकों में अस्थिरता के सम्बन्ध में सामान्य बालकों का माध्य (mean)22 तथा प्रमाप विचलन (S.D) 5.73 है। अपराधी बालकों का माध्य (mean)21 तथा प्रमाप विचलन (S.D.)7.12 है। दोनों न्यादर्शों के मध्य 'T' मूल्य का परीक्षण ज्ञात किया गया तो 'T' का मान .84 प्राप्त हुआ जो 0.05 सार्थकता के स्तर पर सांख्यिकीय रूप में सार्थक अन्तर को नहीं दर्शाता है। जिससे प्रतीत होता है कि सामान्य एवं अपराधी बालकों में संवेगिक अस्थिरता की भावना में अन्तर नहीं है। परन्तु तालिका के माध्यों (mean) तथा प्रमाप विचलन (S.D.) को देखा जाए तो स्पष्ट रूप से अन्तर प्रतीत होता है। इनके मानों के आधार पर कहा जा सकता है कि सामान्य एवं अपराधी बालकों में संवेगिक अस्थिरता में अन्तर है जो सार्थकता के अन्तर को प्रदर्शित नहीं करता है।

बिल (1971) व हस्टन (1983) ने अध्ययन के बाद पाया कि जिन परिवारों में पिता अनुपस्थित होते हैं। ऐसे बालकों में आक्रामकता, व्याकुलता, चिंतित, संवेगात्मक अस्थिरता पाई गई है।

तालिका क्रमांक–20

सामान्य एवं अपराधी बालकों में संवेगिक दमन को दर्शाने वाली तालिका

समूह	पदों की संख्या	माध्य (mean)	प्रमाप विचलन (S.D.)	SE. DIFF.	परिणाम 'T' मूल्य गणनांक
सामान्य बालक	150	23	5.62	1.12	.89 सार्थक नहीं है।
अपराधी बालक	150	22	6.61		

तालिका क्रमांक-**20** से स्पष्ट होता है कि सामान्य एवं अपराधी बालकों में संवेगिक दमन के संदर्भ में सामान्य बालकों का माध्य (mean)23 तथा प्रमाप विचलन **(S.D) 5.62** है। अपराधी बालकों का माध्य **(mean)22** तथा प्रमाप विचलन **(S.D.) 6.61** है। दोनों प्रतिदर्शों के मध्य 'T' के परीक्षण द्वारा ज्ञात किया गया तो 'T' का मान **.89** प्राप्त हुआ जो सार्थक नहीं हैं।

परन्तु तालिका क्रमांक-20 के माध्यों और प्रमाप विचलन को देखा जाए तो स्पष्ट रूप से अन्तर प्रतीत होता है। इन माध्यों के मानों के आधार पर कहा जा

सकता है कि सामान्य तथा अपराधी बालकों के संवेगिक दमन में अन्तर है जो सार्थक के अन्तर को प्रदर्शित नहीं कर रहा है।

तालिका क्रमांक–21

सामान्य एवं अपराधी बालकों में सामाजिक कुसमायोजन को दर्शाने वाली तालिका

समूह	पदों की संख्या	माध्य (mean)	प्रमाप विचलन (S.D.)	SE. DIFF.	परिणाम 'T' मूल्य गणनांक
सामान्य बालक	150	18	5.95		
				1.08	1.85*
अपराधी बालक	150	20	5.83		0.05 पर सार्थक है।

*0.05 पर सार्थकता

तालिका क्रमांक-21 से स्पष्ट होता है कि सामान्य बालकों के माध्य **(mean)18** है तथा प्रमाप विचलन **(S.D) 5.95** है। अपराधी बालकों का माध्य **(mean)20** तथा प्रमाप विचलन **(S.D.)5.83** है।

सामान्य एवं अपराधी बालकों के मध्य 'T' मूल्य का परीक्षण करने पर 'T' का मान **1.85** प्राप्त हुआ। अतः यह **0.05** पर सार्थक है।

साहनी (1984) ने व्यक्तित्व विशेषताओं के आधार पर अपराधी व गैर अपराधी बालकों के अध्ययन के लिए **(बेल)** समायोजन मापनी का प्रयोग किया निष्कर्षो से ज्ञात हुआ कि सामान्य बालकों का घर, समाज, स्वास्थ एवं भावनात्मक समायोजन पाया गया व सामाजिक कुसमायोजन के आधार पर अपराधी व गैर-अपराधी बालकों में सार्थक अन्तर पाया गया।

तालिका क्रमांक–22

सामान्य एवं अपराधी बालकों के व्यक्तित्व विघटन को दर्शाने वाली तालिका

समूह	पदों की संख्या	माध्य (mean)	प्रमाप विचलन (S.D.)	SE. DIFF.	परिणाम 'T' मूल्य गणनांक
सामान्य बालक	150	20	6.61		
				1.48	.67
अपराधी बालक	150	19	9.29		सार्थक नहीं है।

तालिका क्रमांक-22 से ज्ञात होता है कि सामान्य एवं अपराधी बालकों में व्यक्तित्व विघटन के सन्दर्भ में सामान्य बालकों का माध्य (**mean)20** तथा प्रमाप विचलन **(S.D)6.61** है। अपराधी बालकों का माध्य (mean)19 तथा प्रमाप विचलन **(S.D.)9.29** है। सामान्य एवं अपराधी बालकों 'T' मूल्य का परीक्षण किय गया तो 'T' का मान .67 प्राप्त हुआ जो सार्थक नहीं है।

तालिका क्रमांक-22 के माध्यों को देखा जाए तो स्पष्ट होता है कि सामान्य एवं अपराधी बालकों के माध्य में अंतर प्रतीत होता है लेकिन सार्थकता के अन्तर को प्रदर्शित नहीं करता है।

रोहनर तथा **नीलसन (1978)** शोध के उपरान्त जो निष्कर्ष निकले उसके अनुसार तिरस्कृत बालकों का व्यक्तित्व विघटित होता है। ऐसे बालकों में निम्न स्तरीय प्रत्यय, निर्माण शैक्षिक समस्या, असुरक्षा की भावना, आत्मविश्वास की कमी, सामाजिक कुसमायोजन की समस्या पाई गयी।

तालिका क्रमांक–23

सामान्य एवं अपराधी बालकों में नेतृत्वहीनता को दर्शाने वाली तालिका

समूह	पदों की संख्या	माध्य (mean)	प्रमाप विचलन (S.D.)	SE. DIFF.	परिणाम 'T' मूल्य गणनांक
सामान्य बालक	150	18	6.65	1.11	0
अपराधी बालक	150	18	6.5		

तालिका क्रमांक-23 से ज्ञात होता है कि सामान्य एवं अपराधी बालकों में नेतृत्वहीनता के सन्दर्भ में सामान्य बालकों का माध्य (**mean)18** तथा प्रमाप विचलन **(S.D)6.65** है। अपराधी बालकों का माध्य (**mean)18** तथा प्रमाप विचलन **(S.D.)6.5** है। दोनों न्यादर्शों के बीच 'T' का परीक्षण करने पर 'T' का मान 0 प्राप्त हुआ।

उपरोक्त तालिका से ज्ञात होता है कि सामान्य एवं अपराधी बालकों का माध्य (**mean)18** समान्तर है। परन्तु सामान्य व अपराधी बालकों के प्रमाप विचलन में अन्तर है। अतः दोनों के मध्य प्रमाप विचलन के अन्तर से प्रतीत होता है कि दोनों में अन्तर है।

तालिका क्रमांक–24

सामान्य एवं अपराधी बालकों में व्यक्तित्व को दर्शाने वाली तालिका

समूह	पदों की संख्या	माध्य (mean)	प्रमाप विचलन (S.D.)	SE. DIFF.	परिणाम 'T' मूल्य गणनांक
सामान्य बालक	150	97	28.86	5.11	.19
अपराधी बालक	150	98	26.67		

तालिका क्रमांक-24 से ज्ञात होता है कि सामान्य एंव अपराधी बालकों में व्यक्तित्व के सन्दर्भ में सामान्य बालकों का माध्य **(mean)97** तथा प्रमाप विचलन **(S.D)28.86** प्राप्त हुआ है। अपराधी बालकों का माध्य **(mean)98** तथा प्रमाप विचलन **(S.D.)29.67** प्राप्त हुआ है। दोनों न्यादर्शों के बीच 'T' का परीक्षण करने पर 'T' का गणनांक मूल्य .19 प्राप्त हुआ। जिससे यह ज्ञात होता है कि यह सार्थक नहीं है।

तालिका क्रमांक–25

सामान्य एवं अपराधी बालकों में संवेगात्मक परिपक्वता को दर्शाने वाली तालिका

समूह	पदों की संख्या	माध्य (mean)	प्रमाप विचलन (S.D.)	SE. DIFF.	परिणाम 'T' मूल्य गणनांक
सामान्य बालक	150	100	21.49	4.38	.68
अपराधी बालक	150	97	25.97		

तालिका क्रमांक-25 से ज्ञात होता है कि सामान्य एवं अपराधी बालकों में संवेगात्मक परिपक्वता के सन्दर्भ में सामान्य बालकों का माध्य **(mean)100** तथा प्रमाप विचलन **(S.D)21.49** है। अपराधी बालकों का माध्य **(mean)97** तथा प्रमाप विचलन **(S.D.)25.97** आया है। दोनों न्यादर्शों के बीच 'T' का परीक्षण करने पर 'T' का गणनांक मूल्य .68 प्राप्त हुआ जिससे यह ज्ञात होता है कि यह सार्थक नहीं है।

तालिका क्रमांक-24 व 25 के विश्लेषण के आधार पर हमारी द्वितीय परिकल्पना **'सामान्य एवं अपराधी बालकों के व्यक्तित्व एवं संवेगात्मक परिपक्वता में सार्थक अन्तर होगा सिद्ध नही होती है।'** अर्थात कहा जा सकता है कि सामान्य एवं अपराधी बालकों के व्यक्तित्व एवं संवेगात्मक परिपक्वता में अन्तर नहीं होता है।

परन्तु दोनों तालिकाओं से ज्ञात होता है कि सामान्य एवं अपराधी बालकों के व्यक्तित्व एवं संवेगात्मक परिपक्वता में सामान्य एवं अपराधी बालकों के माध्य **(mean)** एवं प्रमाप विचलन **(S.D.)** में अन्तर है जो दोनों न्यादर्शों के मध्य अन्तर को स्पष्ट करता है।

तालिका क्रमांक–26

सामान्य बालकों में व्यक्तित्व व संवेगात्मक परिपक्वता में सहसम्बन्ध को दर्शाने वाली तालिका

क्रमांक संख्या	गुण	माध्य (mean)	प्रमाप विचलन (S.D.)	सहसम्बन्ध (r)
1.	व्यक्तित्व	97	28.86	.63
2.	संवेगात्मक परिपक्वता	100	21.49	

तालिका क्रमांक-26 से ज्ञात होता है कि सामान्य बालकों में व्यक्तित्व व संवेगात्मक परिपक्वता के सहसम्बन्ध **(r)** के संदर्भ में सामान्य बालकों के व्यक्तित्व का माध्य **(mean) 97** तथा प्रमाप विचलन **(S. D.)28.86** प्राप्त हुआ है। सामान्य बालकों में संवेगात्मक परिपक्वता का माध्य **(mean) 100** तथा प्रमाप विचलन **(S. D.) 21.49** प्राप्त हुआ है। सामान्य बालकों में व्यक्तित्व व संवेगात्मक परिपक्वता के मध्य सहसम्बन्ध का परीक्षण करने पर सहसम्बन्ध **(r). 63** आया है। अतः सामान्य बालकों में व्यक्तित्व व संवेगात्मक परिपक्वता में औसत से उच्च श्रेणी के सह सम्बन्धों को दर्शाता है।

तालिका क्रमांक–27

अपराधी बालकों में व्यक्तित्व व संवेगात्मक परिपक्वता में सहसम्बन्ध को दर्शाने वाली तालिका

क्रमांक संख्या	गुण	माध्य (mean)	प्रमाप विचलन (S.D.)	सहसम्बन्ध (r)
1.	व्यक्तित्व	98	26.67	.47
2.	संवेगात्मक परिपक्वता	97	25.49	

तालिका क्रमांक-27 से ज्ञात होता है कि अपराधी बालकों में व्यक्तित्व व संवेगात्मक परिपक्वता के सहसम्बन्ध **(r)** के संदर्भ में अपराधी बालकों के व्यक्तित्व का माध्य **(mean) 98** तथा प्रमाप विचलन **(S.D.)26.67** प्राप्त हुआ है। अपराधी बालकों में संवेगात्मक परिपक्वता का माध्य **(mean) 97** तथा प्रमाप विचलन **(S.D)25.49** प्राप्त हुआ है। अपराधी बालकों में व्यक्तित्व व संवेगात्मक परिपक्वता के मध्य सहसम्बन्ध का परीक्षण करने पर सहसम्बन्ध **(r).47** आया है। अतः अपराधी बालकों में व्यक्तित्व व संवेगात्मक परिपक्वता में औसत श्रेणी के सहसम्बन्धों को दर्शाता है।

उपरोक्त दोनों तालिकाओं क्रमांक -26 एवं 27 का विश्लेषण करने के आधार पर हमारी तृतीय परिकल्पना **अपराधी बालकों की अपेक्षा सामान्य बालकों में व्यक्तित्व एवं संवेगात्मक परिपक्वता धनात्मक होगी सिद्ध होती है।**

तालिका क्रमांक–28

सामान्य एवं अपराधी बालकों के भाई-बहनों की संख्या के आधार पर वर्गीकरण

क्रम संख्या	भाई-बहनों की संख्या	सामान्य बालक संख्या	सामान्य बालक प्रतिशत	अपराधी बालक संख्या	अपराधी बालक प्रतिशत
1.	1-2	59	39.34%	8	5.34%
2.	3-6	63	42%	42	28%
3.	7-10	18	12%	73	48.66%
4.	11-13	10	6.66%	27	18%
	योग	150	100%	150	100%

तालिका क्रमांक-28 से हमें पता चलता है कि सामान्य बालकों के भाई बहनों की संख्या में **1-2 39.34% (59), 42%(63)** बालकों के **3-6** भाई बहनों के बीच, **7-10** संख्या वाले भाई-बहनों की संख्या **12% (18)** तथा सबसे कम **6.66%(10) 11** से **13** संख्या वाले भाई-बहन थे। अपराधी बालकों के भाई-बहनों की संख्या में सबसे कम **1-2 (8) 5.34%, 3-6 (42) 28%, 7-10** संख्या वाले भाई-बहन **48.66 (73)** तथा **11-13** संख्या वाले भाई-बहन **18% (27)** हैं।अतः ज्ञात होता है कि सामान्य बालकों में भाई-बहनों की **3-6** की बीच की संख्या **(63) 42%** है जबकि अपराधी बालकों के भाई-बहनों की संख्या सर्वाधिक **7-10** संख्या वाले **48.66% (73)** है। वास्तव में यह पाया गया है कि बाल अपराधियों का सर्वाधिक भाग उन परिवारों से सम्बन्धित है। जहाँ सदस्य संख्या अधिक है।

तालिका क्रमांक–29

सामान्य एवं अपराधी बालकों की पारिवारिक पृष्ठभूमि को दर्शाने वाली तालिका

क्रम संख्या	पारिवारिक पृष्ठभूमि	सामान्य बालक		अपराधी बालक	
		संख्या	प्रतिशत	संख्या	प्रतिशत
1.	माता-पिता के साथ रहने वाले बालक	142	94.66%	104	69.33%
2.	संरक्षक के साथ रहने वाले बालक	8	5.34%	17	11.33%
3.	बिना घर परिवार के (अनाश्रित) बालक	0	0%	29	19.34%
	योग	150	100%	150	100%

सामान्य एवं अपराधी बालकों की पारिवारिक पृष्ठभूमि के संदर्भ में तालिका क्रमांक-29 से ज्ञात होता है कि सामान्य बालकों में से **94.66%** बालक माता-पिता के साथ रहते हैं, **5.34%** बालक संरक्षकों के साथ रहते हैं, अपराधी बालकों में **69.33%** बालक माता-पिता के साथ रहने वाले **11.33%** बालक संरक्षकों के साथ रहने वाले, **19.34%** बालक बिना घर-परिवार के पाए गये। अर्थात् ऐसे बाल अपराधी जो अकेले रहते हैं। जिनका कोई सगा-सम्बन्धी नहीं होता है। उपरोक्त तालिका से बाल अपराधी पर परिवार के प्रभाव का पता चलता है।

तालिका क्रमांक–30

सामान्य एवं अपराधी बालकों के पिता की शैक्षणिक स्थिति के आधार पर वर्गीकरण

क्रम संख्या	शैक्षणिक स्थिति	सामान्य बालक		अपराधी बालक	
		संख्या	प्रतिशत	संख्या	प्रतिशत
1.	अशिक्षित	0	0%	98	65.34%
2.	प्राईमरी	5	3.34%	23	15.33%
3.	मिडिल	25	16.66%	14	9.33%
4.	हाई स्कूल	29	19.34%	6	4%
5.	इण्टरमीडिएट	39	20.66%	7	4.66%
6.	बी.ए. एवं एम.ए.	60	40%	2	1.34%
	योग	150	100%	150	100%

तालिका क्रमांक-30 से हमें पता चलता है कि सर्वाधिक अपराधी बालकों के पिता अशिक्षित हैं जबकि सामान्य बालकों में से किसी भी बालक के पिता अशिक्षित नहीं हैं। सामान्य बालकों के पिता की शैक्षणिक स्थिति को देखा जाय तो सर्वाधिक संख्या **(60) 40%** बी. ए. व एम. ए. तक शिक्षित हैं।

तालिका क्रमांक–31

सामान्य एवं अपराधी बालकों की माता की शैक्षणिक स्थिति के आधार पर वर्गीकरण

क्रम संख्या	शैक्षणिक स्थिति	सामान्य बालक संख्या	सामान्य बालक प्रतिशत	अपराधी बालक संख्या	अपराधी बालक प्रतिशत
1.	अशिक्षित	0	0%	108	72%
2.	प्राईमरी	3	2%	21	14.%
3.	मिडिल	13	8.66%	9	6%
4.	हाई स्कूल	37	24.66%	7	4.66%
5.	इण्टरमीडिएट	62	41.34%	5	3.34%
6.	बी.ए. एवं एम. ए.	35	23.34%	0	0%
	योग	150	100%	150	100%

सामान्य एवं अपराधी बालकों की माता कि शैक्षणिक स्थिति को प्रदर्शित करती तालिका क्रमांक-**31** से स्पष्ट होता है कि अधिकांश बालक ऐसे हैं जिनकी माताओं कि शैक्षणिक स्थिति इन्टरमीडिएट **(62) 41.34%** है। जबकि अपराधी बालकों की अधिकांश माताएँ निरक्षर **(108) 72%** है।

तालिका क्रमांक–32

सामान्य एवं अपराधी बालकों के पिता के व्यवसाय के अनुसार वर्गीकरण

क्रम संख्या	व्यवसाय स्थिति	सामान्य बालक संख्या	सामान्य बालक प्रतिशत	अपराधी बालक संख्या	अपराधी बालक प्रतिशत
1.	सरकारी नौकरी	66	44%	4	2.66%
2.	गैर-सरकारी नौकरी	42	28%	19	12.66%
3.	व्यापार	23	15.34%	18	12%
4.	किसान	12	8%	27	18%
5.	मज़दूर	7	4.66%	82	54.68%
	योग	150	100%	150	100%

तालिका क्रमांक-**32** सामान्य एवं अपराधी बालकों के पिता के व्यवसाय को दर्शाती है। व्यवसाय को प्रदर्शित करती तालिका से स्पष्ट होता है कि सामान्य बालकों के पिता का व्यवसाय **44%** सरकारी नौकरी, 28% गैर-सरकारी नौकरी, **15.34%** व्यापारी, **8%** किसान व **4.66%** मज़दूरी करते हैं। जबकि अपराधी बालकों के पिता **54.68%** मज़दूरी करते हैं। सरकारी नौकरी केवल **2.66,** गैर-सरकारी नौकरी **12.66%,** व्यापारी **12%** और किसान **18%** हैं।

तालिका क्रमांक—33

सामान्य एवं अपराधी बालकों की माता के व्यवसाय के अनुसार वर्गीकरण

क्रम संख्या	व्यवसाय स्थिति	सामान्य बालक संख्या	सामान्य बालक प्रतिशत	अपराधी बालक संख्या	अपराधी बालक प्रतिशत
1.	नौकरी	13	8.66%	2	1.33%
2.	व्यापार	7	4.66%	17	11.33.%
3.	कृषि कार्य	12	8%	42	28%
4.	मज़दूर	9	6%	83	55.34%
5.	गृहणी	109	72.68%	6	4%
	योग	150	100%	150	100%

तालिका क्रमांक-**33** सामान्य एवं अपराधी बालकों की माता के व्यवसाय को दर्शाती है। व्यवसाय को प्रदर्शित करती तालिका से स्पष्ट होता है कि सामान्य बालकों की सर्वाधिक माताएँ **72.8%** गृहणी हैं जो घरेलू कामकाज व बच्चों की देखभाल में ही अपना समय व्यतीत करती हैं शेष सामान्य बालकों की माताएँ नौकरी या कोई छोटा-मोटा कार्य करती हैं। अपराधी बालकों की **55.34%** माताएँ मज़दूरी, **28%** माताएँ खेती-बाड़ी का कार्य करती हैं **4%** माताएँ गृहणी व अन्य माताएँ कोई न कोई कार्य अवश्य करती हैं जिससे वह बालकों की देखभाल नहीं कर पाती और बालक माता की अनुपस्थिति में स्वतन्त्र होकर इधर-उधर गलत संगति में घूमते हैं।

तालिका क्रमांक—34

सामान्य एवं अपराधी बालकों के परिवार के मासिक आय के अनुसार विवरण

क्र.सं.	आर्थिक स्थिति	मासिक आय
1.	गरीबी रेखा के नीचे	3000 से कम
2.	गरीबी रेखा के पास	3000 से 4000 रुपये
3.	सामान्य आय वर्ग	4000 से 5500 रुपये
4.	मध्यम आय वर्ग	5500 से 7000 रुपये
5.	उच्च आय वर्ग	7000 से अधिक

तालिका क्रमांक–35

सामान्य एवं अपराधी बालकों के पारिवारिक आर्थिक स्थिति को दर्शाने वाली तालिका

क्रम संख्या	आर्थिक स्थिति	सामान्य बालक संख्या	सामान्य बालक प्रतिशत	अपराधी बालक संख्या	अपराधी बालक प्रतिशत
1.	गरीबी रेखा के नीचे	15	10%	97	64.66%
2.	गरीबी रेखा के पास	21	14%	28	18.66%
3.	सामान्य आय वर्ग	93	62%	14	9.34%
4.	मध्यम आय वर्ग	17	11.34%	9	6%
5.	उच्च आय वर्ग	4	2.66%	2	1.34%
	योग	150	100%	150	100%

तालिका क्रमांक-**35** से सामान्य एवं अपराधी बालकों के परिवार की आर्थिक स्थिति का विवेचन करने पर पाया गया कि सामान्य बालकों में **10%** बालक गरीबी रेखा के नीचे, **14%** बालक गरीबी रेखा के पास, **62%** सामान्य आय वर्ग, **11.34%** बालक मध्यम आय वर्ग व **2.66%** बालक उच्च आय वर्ग के पाए गये। अपराधी बालकों में से **64.66%** बालक गरीबी रेखा के नीचे, **18.66%** बालक गरीबी रेखा के पास **9.34%** बालक सामान्य आय वर्ग, **6%** बालक मध्यम आय वर्ग व **1.34%** बालक उच्च आय वर्ग के पाए गए है।

ऑल्सन (1959), बेरल (1955), गिब्स तथा क्रोन (1986) आदि ने भी आर्थिक स्थिति और बाल अपराध का घनिष्ठ सम्बन्ध अपने अध्ययनों में पाया है।

तालिका क्रमांक–36

सामान्य एवं अपराधी बालकों का उनके आवास के स्वरूप के आधार पर विवरण

क्रम संख्या	आवास का स्वरूप	सामान्य बालक संख्या	सामान्य बालक प्रतिशत	अपराधी बालक संख्या	अपराधी बालक प्रतिशत
1.	पक्के मकान	113	75.34%	37	24.66%
2.	अर्द्ध कच्चे मकान	19	12.66%	14	9.34%
3.	कच्चे मकान	17	11.34%	23	15.34%
4.	झोपड़ पट्‌टी	1	.66%	76	50.66%
	योग	150	100%	150	100%

उपरोक्त तालिका से स्पष्ट होता है कि **75.34%** सामान्य बालक पक्के मकान में रहने वाले, **12.66%,** अर्द्ध-कच्चे मकान, **11.34%** बालक कच्चे मकान व **.66%** बालक झोपड़ पट्टी में रहने वाले पाए गए। जबकि अपराधी बालकों में से **24.66%** बालक पक्के मकान, **9.34%** बालक अर्द्ध-कच्चे मकान, **15.34%** बालक कच्चे मकान व सबसे अधिक **50.66%** बाल अपराधी झोपड़ पट्टी में रहते पाए गये।

तालिका क्रमांक–37

सामान्य एवं अपराधी बालकों के आवास के आस-पास रहने वाले परिवारों का विवरण

क्रम संख्या	परिवारों का विवरण	सामान्य बालक		अपराधी बालक	
		संख्या	प्रतिशत	संख्या	प्रतिशत
1.	सभ्य और पढ़े-लिखे परिवार	146	97.34%	17	11.33%
2.	आपराधिक प्रवृत्ति	4	2.66%	133	88.66%
	योग	150	100%	150	100%

तालिका क्रमांक-**37** से सामान्य एवं अपराधी बालकों के आसपास में किस तरह के परिवार रहते हैं यह ज्ञात होता है। **97.34%** सामान्य बालक ऐसे माहौल मे रहते पाये गये जहाँ सभ्य और पढ़े-लिखे परिवार रहते हैं। जबकि **2.66%** सामान्य बालक ऐसे माहौल में रहते पाये गए जहाँ अपराधिक प्रवृत्ति के परिवार रहते हैं। किन्तु इन बालकों पर ऐसे माहौल का कोई प्रभाव नहीं पड़ा क्योंकि इन बालकों के परिवारजनों का नैतिक स्तर ऊँचा है और उनमें स्वयं कोई आचरण दोष या दुर्गुण नहीं हैं ऐसे परिवारों के बालक भीषण गरीबी और अभावों का जीवन जीते हुए भी सन्मार्ग पर चलते हैं।

11.33% अपराधी बालक ऐसे माहौल में रहते पाये गये जहाँ सभ्य और पढ़े-लिखे परिवार रहते हैं। जबकि **88.66%** बालकों का निवास ऐसे माहौल में पाया गया जहाँ आपराधिक प्रवृत्ति के लोग रहते हैं और जहाँ भीड़-भाड़ अधिक रहती है।

तालिका क्रमांक—38

सामान्य एवं अपराधी बालकों का धर्म के अनुसार वर्गीकरण

क्रम संख्या	धर्म	सामान्य बालक संख्या	सामान्य बालक प्रतिशत	अपराधी बालक संख्या	अपराधी बालक प्रतिशत
1.	हिन्दू	98	65.34%	77	51.34%
2.	मुस्लिम	26	17.34%	52	34.66%
3.	सिक्ख	19	12.66%	9	6%
4.	ईसाई	7	4.66%	5	3.34%
5.	नेपाली हिन्दू	-	-	7	4.66%
	योग	150	100%	150	100%

तालिका क्रमांक-**38** यह दर्शाती है कि सामान्य बालक जो स्कूल में पढ़ते हैं उनमें हिन्दू **65.34%**, मुस्लिम **17.34%**, सिक्ख **12.66**, ईसाई **4.66%**, है। अपराधी बालकों में से सबसे अधिक हिन्दू धर्म को मानने वाले जिनकी संख्या **51.34%**, मुस्लिम **34.66%**, सिक्ख **6%**, ईसाई **3.34%** नेपाली हिन्दू **4.66%** हैं।

तालिका क्रमांक—39

सामान्य एवं अपराधी बालकों का जाति-श्रेणी के अनुसार वर्गीकरण

क्रम संख्या	जाति-श्रेणी	सामान्य बालक संख्या	सामान्य बालक प्रतिशत	अपराधी बालक संख्या	अपराधी बालक प्रतिशत
1.	निम्न श्रेणी	48	32%	117	78%
2.	मध्यम श्रेणी	53	35.34%	23	15.34%
3.	उच्च श्रेणी	49	32.66%	10	6.66%
	योग	150	100%	150	100%

तालिका क्रमांक-**39** में सामान्य एवं अपराधी बालकों का जातीय आधार पर विवरण प्रस्तुत किया गया है। जातियों को तीन प्रमुख श्रेणियो में विभाजित किया गया है। निम्न, मध्यम तथा उच्च।

उपरोक्त तालिका से स्पष्ट होता है कि सामान्य बालकों में से **32%** निम्न जाति श्रेणी बालक, **35.34%** मध्यम जाति श्रेणी बालक एवं **32.66%** उच्च ज़ाति श्रेणी के बालक हैं। उपरोक्त तालिका से स्पष्ट होता है कि कुल अपराधी बालकों में से आधे से भी अधिक **78%** निम्न जाति, **15.34%** बालक मध्यम जाति व **6.66%** बालक उच्च जाति के हैं। इससे स्पष्ट होता है कि उच्च जाति के बालक अपेक्षाकृत बहुत कम अपराध करते हैं।

उपरोक्त तालिका से सामान्य एवं अपराधी बालकों का उनकी जाति के आधार पर उनके सामाजिक-आर्थिक जीवन का पता लगता है।

तालिका क्रमांक–40

अपराधी बालकों का स्वयं व संगठित रूप से किये गये अपराध का विवरण

क्रम संख्या	अपराध की प्रकृति	अपराधी बालक संख्या	प्रतिशत
1.	व्यक्तिगत	52	34.66%
2.	संगठित	98	65.34%
	योग	150	100%

तालिका क्रमांक-**40** से स्पष्ट होता है कि **34.66%** बालकों ने अपराध को अकेले ही अन्जाम दिया है। **65.34%** बालकों ने अन्य बालकों, पड़ोसियों, भाई के साथ मिलकर संगठित व सुनियोजित ढंग से अपराध को अन्जाम दिया।

तालिका क्रमांक–41

अपराधी बालकों में अपराध-व्यसन की प्रवृत्ति को दर्शाने वाली तालिका

क्रम संख्या	अपराध व्यसन	अपराधी बालक संख्या	प्रतिशत
1.	नए अपराधी	103	68.66%
2.	पुराने अपराधी	47	31.34%
	योग	150	100%

तालिका क्रमांक-**41** से स्पष्ट होता है कि **68.66%** बालकों ने प्रथम बार अपराध किया जबकि **31.34%** बाल अपराधी बाहर आने पर पुनः सामंजस्य स्थापित नहीं कर पाते हैं, और पहले की तरह अपराध कार्यों में लिप्त हो जाते हैं।

तालिका क्रमांक–42

बालकों द्वारा किये गये अपराध के कारणों को दर्शाने वाली तालिका

क्रम संख्या	अपराध व्यसन	अपराधी बालक संख्या	अपराधी बालक प्रतिशत
1.	मज़बूरी	75	50%
2.	परिस्थितिवश	53	35.34%
3.	शौकिया	22	14.66%
	योग	150	100%

तालिका क्रमांक-**42** के आँकड़ों से ज्ञात होता है कि **50%** बालकों ने मज़बूरी वश अर्थात पारिवारिक कारणों, आर्थिक तंगी के कारण अपराध को अन्जाम दिया। **35.34%** बालकों ने परिस्थितियों के चलते जैसे स्वयं को बचाने के लिए हत्या, बहन से गलत काम करने पर हत्या जैसा अपराध करना परिस्थितियों की ही देन है। **14.66%** बालकों ने अपराध आदतन या शौकिया किया है। ऐसे बालक अपराध छोड़ने को तैयार नहीं होते हैं बाहर निकलकर फिर से अपराध करने के लिए तत्पर होते हैं।

तालिका क्रमांक–43

बाल अपराध : प्रेरणा देने वाले स्त्रोत

क्रम संख्या	स्त्रोत	अपराधी बालक संख्या	अपराधी बालक प्रतिशत
1.	संगी-साथियों का प्रभाव	83	55.34%
2.	चलचित्रों एवं पत्रिकाओं का प्रभाव	27	18%
3.	परिस्थितिवश	21	14%
4.	परिवार के सदस्यों का प्रभाव	19	12.66%
	योग	150	100%

तालिका क्रमांक-**43** से यह पता चलता है कि बाल-अपराधियों का **55.34%** भाग यह स्वीकार करता है कि उनके द्वारा किये गए अपराध का कारण साथियों को मानते हैं, **18%** बाल-अपराधियों पर सिनेमा टी. वी. आदि का प्रभाव पड़ा है, **14%** बालकों ने परिस्थितिवश अपराध को अन्जाम दिया अर्थात अपराध करने से पहले सोचा समझा नहीं कोई योजना नहीं बनाई, **12.66%** बालकों ने यह स्वीकार किया कि उनके परिवार के सदस्यों में से कोई न कोई अपराध में लिप्त था इसलिए उन्होंने उनसे प्रेरणा लेकर अपराध को अन्जाम दिया।

5

निष्कर्ष एवं सुझाव
(Conclusion, Suggestion)

प्राप्त परिणामों की विवेचनाः प्रस्तुत शोध का युक्तिसंगत आधार पर इसके उद्देश्य एवं परिकल्पनाएँ, प्रथम, द्वितीय, तृतीय अध्याय में प्रस्तुत की गई है शोध के चतुर्थ अध्याय में शोध अभिकल्प रूप में विश्लेषण एवं गणना के आधार पर प्राप्त निष्कर्ष पंचम अध्याय में प्रस्तुत किये गये हैं। इसके आधार पर प्रस्तुत अध्याय में शोध का परिणाम व उसका शैक्षिक उपयोग किया गया है इन परिणामों पर निम्नलिखित बिन्दुओं के आधार पर चर्चा की गयी है।

5.1 बालकों द्वारा किये गये अपराध का वर्गीकरण

निष्कर्ष से प्राप्त हुआ कि अपराध करने वाले बालकों में से (25.33

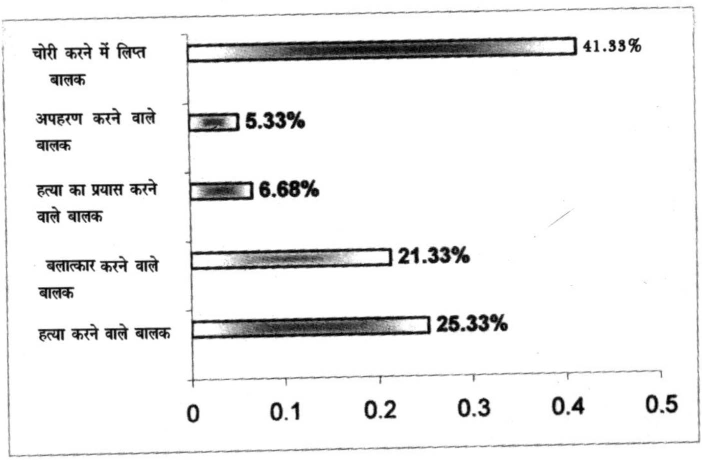

प्रतिशत) बच्चे हत्या करने वाले, **(21.33 प्रतिशत)** बालक बलात्कार करने वाले, **(6.68 प्रतिशत)** बालक हत्या का प्रयास करने वाले, **(5.33 प्रतिशत)** अपहरण करने वाले व **(41.33 प्रतिशत)** बालक चोरी करने में लिप्त पाये गये।

इसी प्रकार **क्राइम इन इंण्डिया 2002** की रिपोर्ट के अनुसार भारत में किये जाने वाले अपराधों में से **319** हत्या के, **220** बलात्कार, **2,906** बालक चोरी के अपराध में लिप्त पाये गये।

5.2 सामान्य एवं अपराधी बालकों के पारिवारिक स्वरूप से संबंधित

तालिका से स्पष्ट होता है कि सामान्य बालकों में से **30** प्रतिशत बालक एकांकी परिवार व **70** प्रतिशत बालक संयुक्त परिवार के थे। अपराधी बालकों में से 90% बालक एकांकी परिवार व 10% बालक संयुक्त परिवार के पाये गये।

डा. अखिलेश ने अपने शोधप्रबन्ध 'बाल अपराध' में पाया कि बाल अपराधियों में **41** प्रतिशत संयुक्त परिवार तथा **59** प्रतिशत एकांकी परिवार के थे।

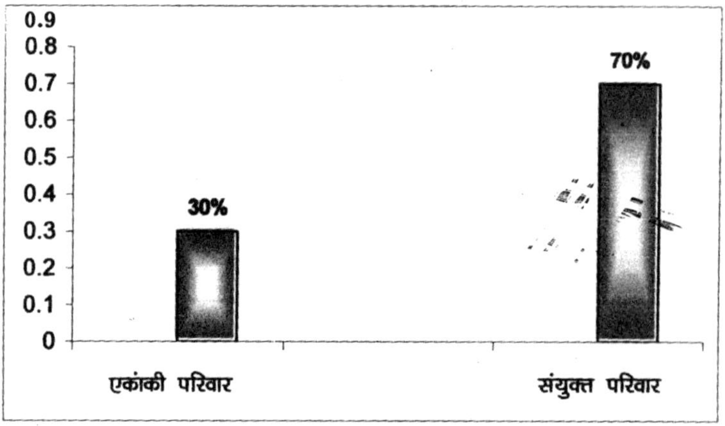

5.3 सामान्य एवं बाल अपराधियों का शैक्षणिक स्तर के आधार पर वर्गीकरण

प्राप्त निष्कर्ष से ज्ञात होता है कि सामान्य बालकों में **53.34** प्रतिशत बालक हाई स्कूल तथा **46.66** प्रतिशत इंटरमीडिऐट पाये गये। जबकि अधिकांश बाल अपराधी **46** प्रतिशत अशिक्षित हैं **28** प्रतिशत बाल अपराधियों का शैक्षणिक स्तर प्राइमरी, **18.66** बाल अपराधियों का शैक्षणिक स्तर मिडिल, **5,34** बाल अपराधियों का शैक्षणिक स्तर हाई स्कूल तथा **2** प्रतिशत बाल अपराधी इण्टरमीडियेट तक शिक्षित थे।

क्राइम इन इण्डिया 2001 में दिये गये आँकड़ों से पता चलता है कि भारत में पकड़े गये बाल अपराधियों में से **23.5** प्रतिशत अशिक्षित, **47.4** बाल अपराधी प्राइमरी, **23.6** बाल अपराधी मिडिल व **5.5** बाल अपराधी हाई स्कूल व इण्टरमिडियेट तक शिक्षित थे।

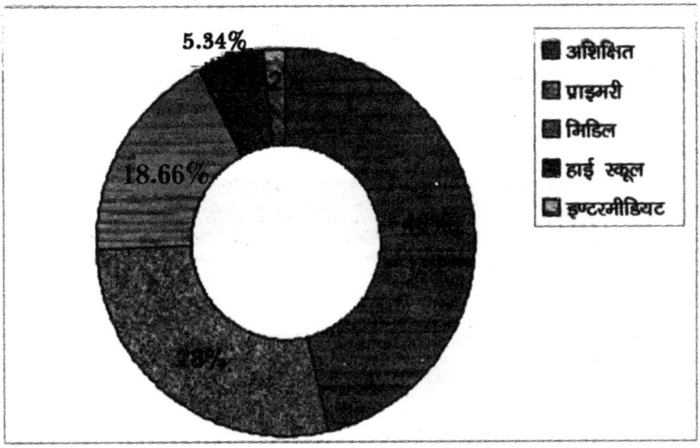

5.4 सामान्य एवं अपराधी बालकों के गुणों से संबंधित

प्रस्तुत निष्कर्ष से स्पष्ट होता है कि सामान्य एवं अपराधी बालकों के गुणों के संदर्भ में सामान्य बालकों का माध्य **(8)** तथा प्रमाप विचलन **(1.88)** है तथा अपराधी बालकों का माध्य **(6)** व प्रमाप विचलन **(2.52)** है दोनों न्यादर्शों के माध्य का परीक्षण करने पर गणनांक मूल्य **(7.69)** प्राप्त हुआ जो कि **0.01** पर सार्थकता दर्शाता है।

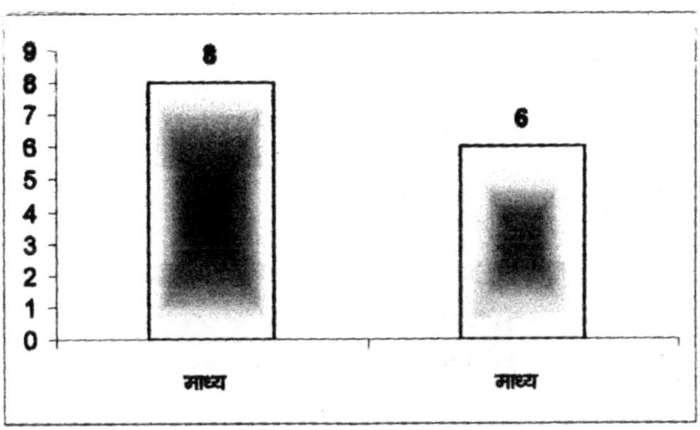

5.5 सामान्य एवं अपराधी बालकों के प्रमुख गुणों से सम्बन्धित

प्राप्त निष्कर्ष से ज्ञात हुआ कि प्रमुख गुणों से संबंधित गुणों के संदर्भ में सामान्य तथा अपराधी बालकों में सामान्य बालकों का माध्य **(6)** तथा प्रमाप विचलन **(1.64)** है तथा अपराधी प्रकार के बालकों का माध्य **(5)** व प्रमाप विचलन **(1. 59)** है दोनों प्रकार के बालकों के मध्य **t** परीक्षण करने पर **t** का गणनांक मूल्य (3.44) प्राप्त हुआ जो कि **0.01** के सार्थकता स्तर को दर्शाता है।

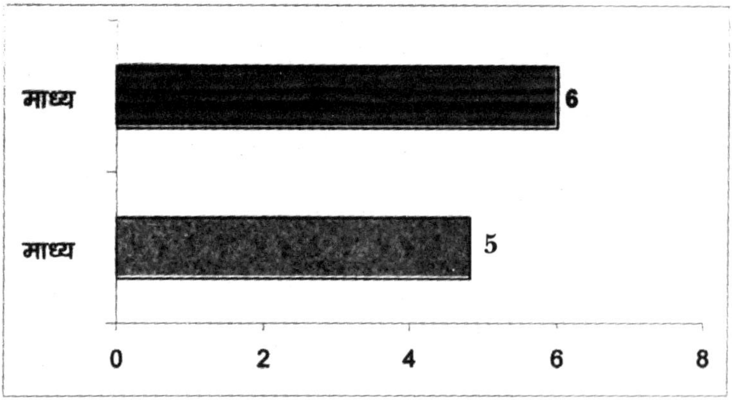

5.6 सामान्य एवं अपराधी बालकों के गोपनीयता के गुणों से संबंधित

सामान्य एवं अपराधी बालकों के गोपनीयता के गुणों का अध्ययन करने पर यह स्पष्ट होता है कि गोपनीयता के गुण का दोनों प्रकार के बालकों में कोई अन्तर नहीं है दोनों प्रकार के बालकों का माध्य **(6)** है तथा प्राप्त गणनांक मूल्य **(0)** है जो कि सार्थकता के किसी भी स्तर पर सार्थकता को नहीं दर्शाता।

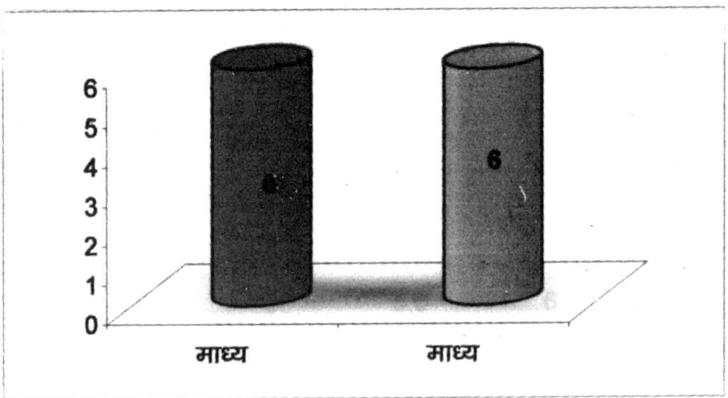

5.7 सामान्य एवं अपराधी बालकों में परिलक्षित से सम्बन्धित गुण

प्रस्तुत ग्राफ से स्पष्ट होता है कि सामान्य एवं अपराधी बालकों के परिलक्षित से संबधित गुणों के सन्दर्भ में सामान्य बालकों का माध्य **(6)** एवं अपराधी बालकों का माध्य **(5)** प्राप्त हुआ है दोनों प्रतिदर्शों के मध्य **t** का परीक्षण करने पर t का प्राप्त मान **(3.03)** है जो कि **(0.01)** पर सार्थकता को दर्शाता है।

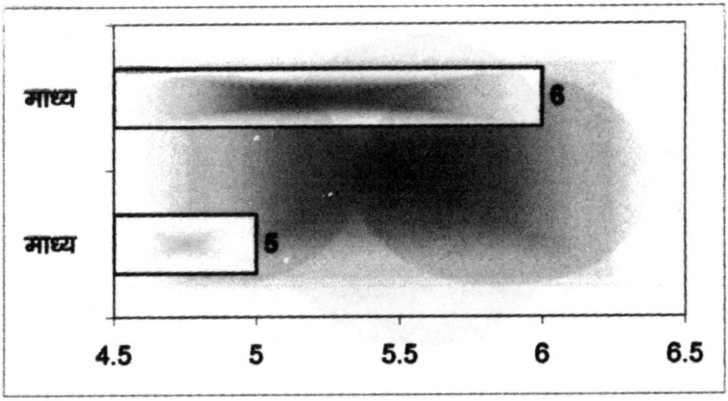

5.8 सामान्य एवं अपराधी बालकों में आवेगी गुणों से सम्बन्धित

प्राप्त निष्कर्ष से ज्ञात होता है कि सामान्य बालकों का माध्य **(5)** तथा अपराधी बालकों का माध्य **(4)** प्राप्त हुआ है तथा प्राप्त **t** का मूल्य **(4.34)** है जो कि **0.01** के सार्थक स्तर **(2.68)** से अधिक है अतः **(0.01)** पर सार्थकता को दर्शाता है।

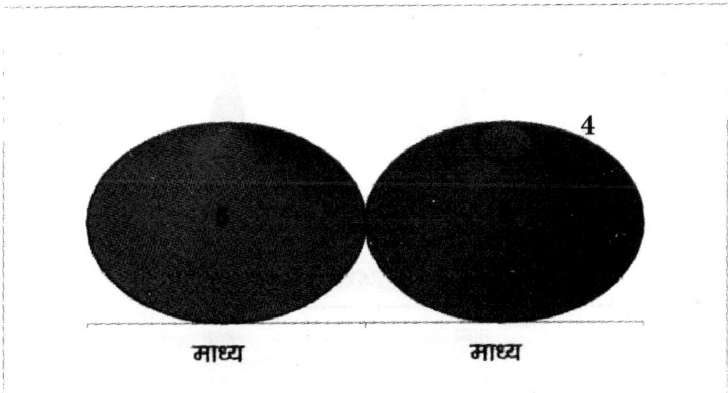

5.9 सामान्य एवं अपराधी बालकों में गंभीरता के गुण से सम्बन्धित

प्राप्त निष्कर्ष से स्पष्ट होता है कि गंभीरता से संबंधित गुणों के सामान्य बालकों का माध्य **(7)** तथा अपराधी बालकों का माध्य **(8)** है दोनों के मध्य t का गणनांक मूल्य **(7.69)** है जो कि **(0.01)** पर सार्थकता को दर्शाता है।

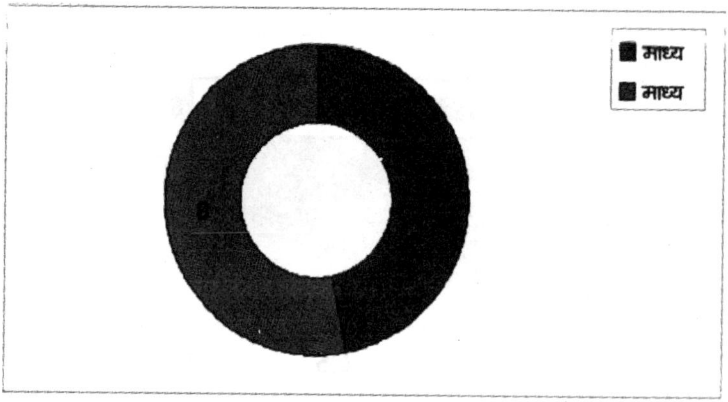

5.10 सामान्य एवं अपराधी बालकों में स्वीकृति से सम्बन्धित गुण

स्वीकृति से सम्बन्धित गुणों में सामान्य बालकों का माध्य **(4)** तथा अपराधी बालकों का माध्य **(3)** प्राप्त हुआ दोनों न्यादर्शों के मध्य t का गणनांक मूल्य **(3.24)** प्राप्त हुआ जो कि **0.01** पर सार्थकता स्तर पर सार्थक है।

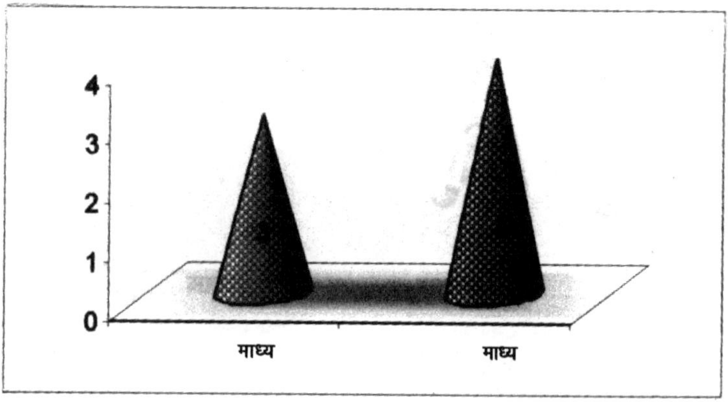

5.11 सामान्य एवं अपराधी बालकों में उत्तरदायित्व के गुणों से सम्बन्धित

प्राप्त निष्कर्ष से ज्ञात हुआ कि सामान्य एवं अपराधी बालकों में उत्तरदायित्व से सम्बन्धित गुणों में कोई अन्तर नहीं पाया गया। दोनों ही प्रकार के बालकों का माध्य **(7)** है तथा t का प्राप्त मूल्य **(0)** है जो कि सार्थकता को नहीं दर्शाता।

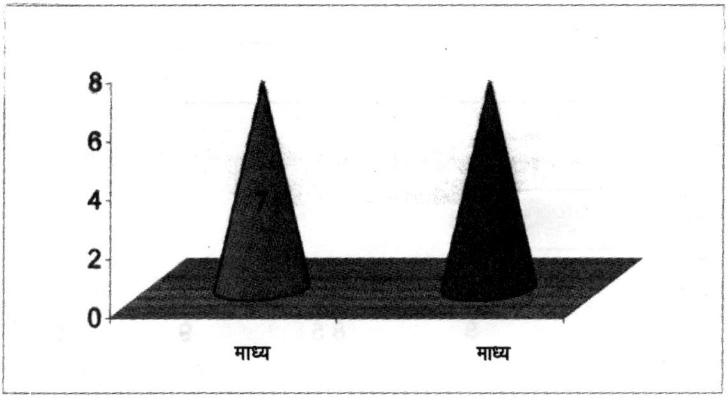

5.12 सामान्य एवं अपराधी बालकों में उत्साह से सम्बन्धित

प्राप्त निष्कर्ष से ज्ञात होता है कि सामान्य बालकों का माध्य **(9)** तथा अपराधी बालकों का माध्य **(10)** है। दोनों न्यादर्शों का गणनांक मूल्य **(2.5)** प्राप्त हुआ जो कि **0.05** पर सार्थकता को दर्शाता है।

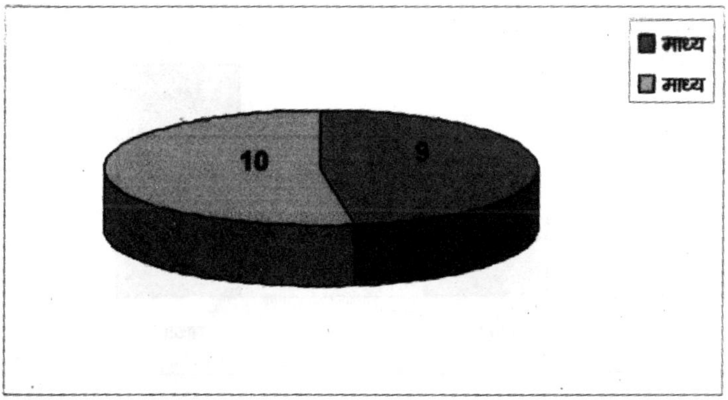

5.13 सामान्य एवं अपराधी बालकों में सहकारिता के गुणों से सम्बन्धित

प्राप्त निष्कर्ष से ज्ञात होता है कि सामान्य बालकों का माध्य **(8)** व अपराधी बालकों का माध्य **(9)** है तथा प्राप्त t का गणनांक मूल्य **(3)** है जो कि **0.01** के सार्थकता स्तर पर सार्थकता दर्शाता है।

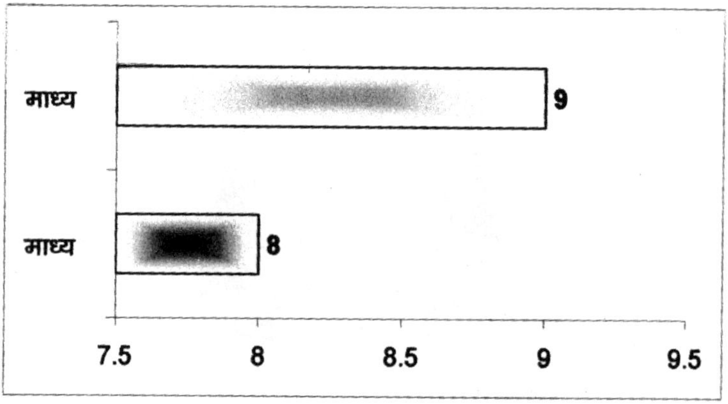

5.14 सामान्य एवं अपराधी बालकों में प्रबलता के गुणों से सम्बन्धित

प्रबलता के गुणों से सम्बन्धित निष्कर्षों से ज्ञात होता है कि सामान्य बालकों का माध्य **(10)** व अपराधी बालकों का माध्य **12** है तथा दो न्यादर्शों के मध्य t का गणनांक मूल्य **(5)** है जो कि **(0.01)** पर सार्थकता को दर्शाता है।

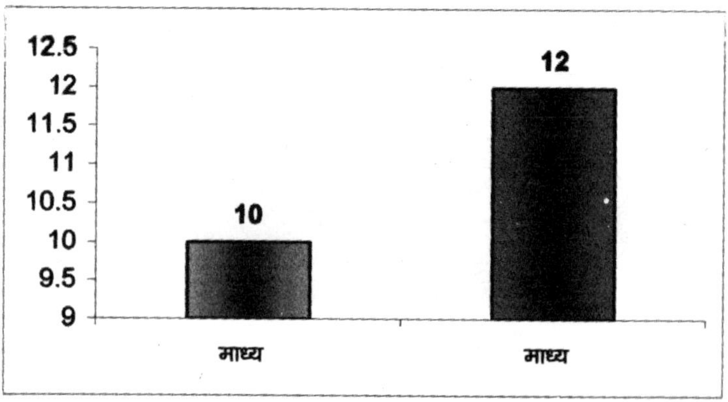

5.15 सामान्य एवं अपराधी बालकों में आक्रामकता के गुणों से सम्बन्धित

प्राप्त निष्कर्षों के आधार पर ज्ञात होता है कि सामान्य बालकों का माध्य **(5)** तथा अपराधी बालकों का माध्य **(6)** है दोनों न्यादर्शों के मध्य t का गणनांक मूल्य **(2.5)** प्राप्त हुआ है जो कि **(0.05)** पर सार्थकता को दर्शाता है।

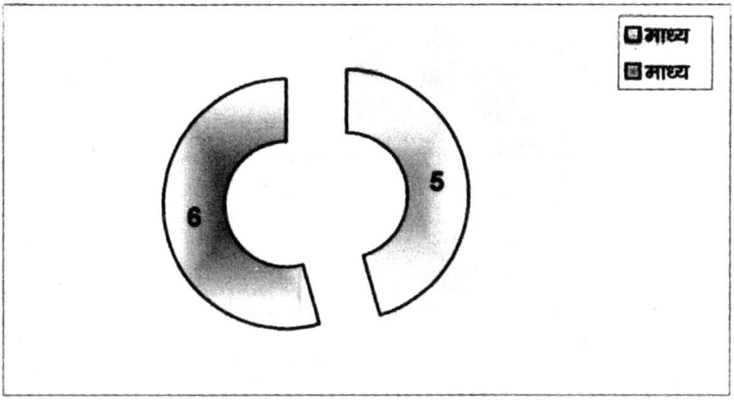

5.16 सामान्य एवं अपराधी बालकों में उदारता के गुण से सम्बन्धित

निष्कर्ष से ज्ञात होता है कि उदारता से सम्बन्धित गुणों में सामान्य बालकों का माध्य **(8)** तथा अपराधी बालकों का माध्य **(7)** प्राप्त हुआ है जो **(0.01)** के सार्थकता स्तर को बताता है।

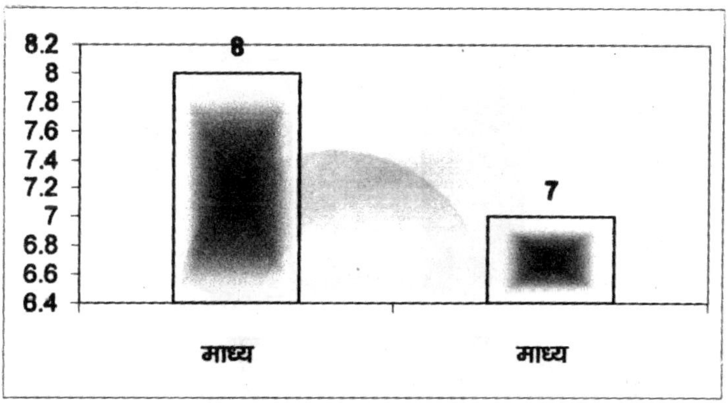

5.17 सामान्य एवं अपराधी बालकों में जिद से सम्बन्धित गुण

जिद से सम्बन्धित गुणों का अध्ययन करने पर ज्ञात होता है कि अपराधी तथा सामान्य बालकों में जिद को लेकर कोई अंतर नहीं पाया गया। दोनों ही प्रकार के बालकों का माध्य **(5)** है तथा t का गणनांक **(0)** है जो सार्थकता के किसी भी स्तर को नहीं दर्शाता।

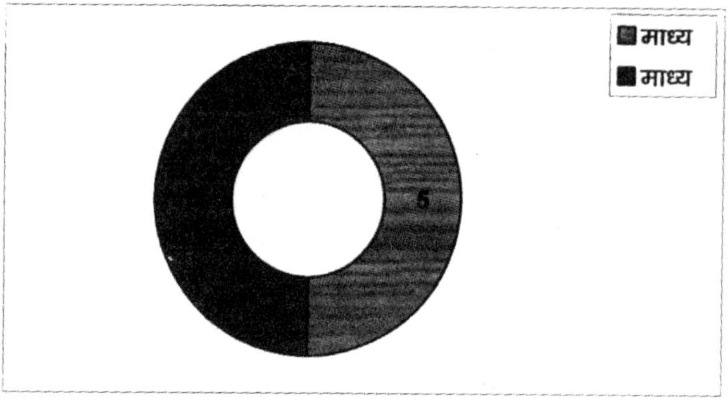

5.18 सामान्य एवं अपराधी बालकों में कठोरता से सम्बन्धित

सामान्य तथा अपराधी बालकों में कठोरता से सम्बन्धित गुण का अध्ययन करने पर ज्ञात हुआ कि दोनों प्रकार के बालकों के सामान्तर माध्य में कोई अंतर नहीं है दोनों प्रकार के बालकों का माध्य **(4)** है तथा प्राप्त t का मूल्य **(0)** है जो कि सार्थकता को नहीं दर्शाता।

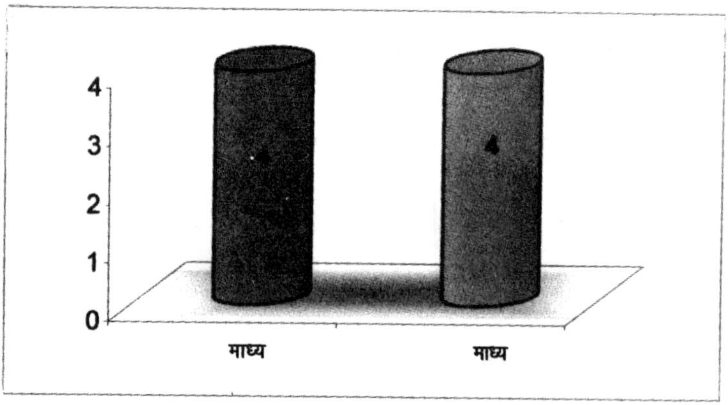

5.19 सामान्य एवं अपराधी बालकों के व्यक्तित्व से सम्बन्धित

प्राप्त निष्कर्षों से ज्ञात होता है कि व्यक्तित्व के संबंध में सामान्य बालकों का माध्य **(97)** व अपराधी बालकों का माध्य **(98)** है तथा प्राप्त **(t)** का गणनांक मूल्य **(.19)** है जो कि किसी भी सार्थकता स्तर पर सार्थक नहीं है।

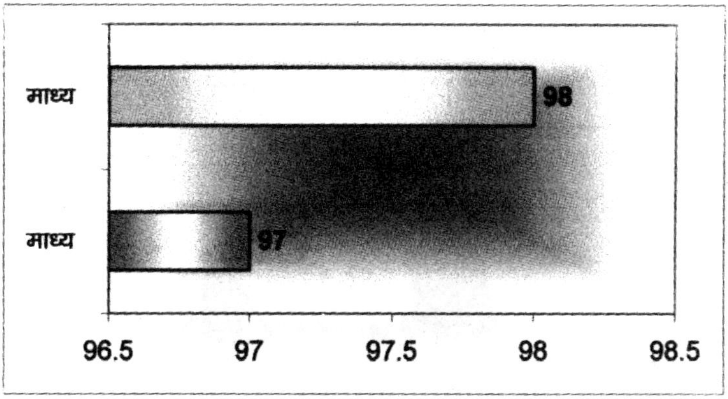

5.20 सामान्य एवं अपराधी बालकों में संवेगात्मक अस्थिरता से सम्बन्धित

प्राप्त निष्कर्ष से ज्ञात होता है कि संवेगात्मक अस्थिरता के सम्बन्ध में सामान्य बालकों का माध्य **(22)** व अपराधी बालकों का माध्य **(21)** हैं, दोनों न्यादर्शों के मध्य **t** का गुणनांक मूल्य **(.84)** है जो कि सार्थकता को नहीं दर्शाता।

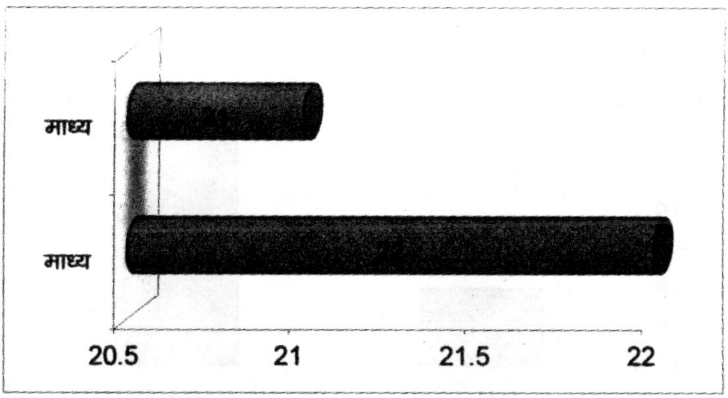

5.21 सामान्य एवं अपराधी बालकों में सांवेगिक दमन से सम्बन्धित

सांवेगिक दमन से संबंधित अध्ययन करने पर स्पष्ट होता है कि इस सम्बन्ध में सामान्य बालकों का माध्य **(23)** व अपराधी बालकों का माध्य **(22)** है तथा प्राप्त **(t)** का गणनांक मूल्य **(.89)** है जो कि सार्थकता स्तर से कम है अतः यह सार्थकता को नहीं दर्शाता।

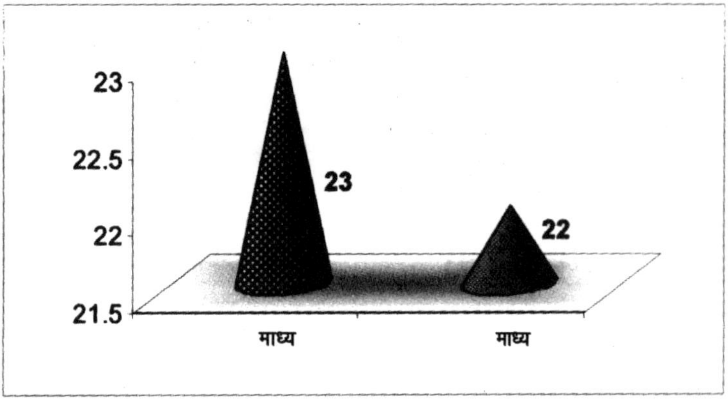

5.22 सामान्य एवं अपराधी बालकों में सामाजिक कुसमायोजन से सम्बन्धित

प्राप्त निष्कर्षों से ज्ञात होता है कि सामाजिक कुसमायोजन के संबंध में सामान्य बालकों का माध्य **(18)** व अपराधी बालकों का माध्य **(20)** है तथा t का प्राप्त मूल्य **(1.85)** है जो कि **(0.05)** सार्थकता स्तर पर सार्थकता को दर्शाता है।

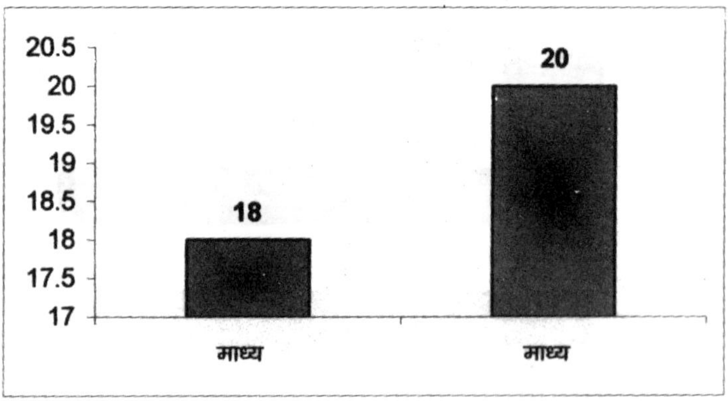

5.23 सामान्य एवं अपराधी बालकों में व्यक्तित्व विघटन से सम्बन्धित

व्यक्तित्व विघटन से सम्बन्धित अध्ययन करने पर ज्ञात होता है कि सामान्य बालकों व अपराधी बालकों में व्यक्तित्व विघटन में कोई ज्यादा अंतर नहीं है। सामान्य बालकों का माध्य **(20)** तथा अपराधी बालकों का माध्य **(19)** है व **t** का माध्य **(20)** तथा अपराधी बालकों का माध्य **(19)** है व **t** का प्राप्त मूल्य **(.67)** है जो कि सार्थकता के स्तर से कम है अतः ये सार्थकता को नहीं दर्शाता।

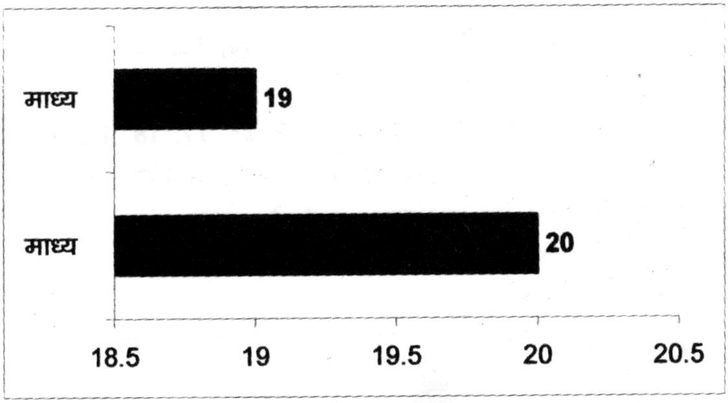

5.24 सामान्य एवं अपराधी बालकों में नेतृत्वहीनता से सम्बन्धित

प्राप्त निष्कर्षों से ज्ञात होता है कि नेतृत्वहीनता से सम्बन्धित गुणों को लेकर सामान्य और अपराधी बालकों में कोई भी अंतर नहीं पाया गया दोनों प्रकार के बालकों का सामान्तर माध्य **(18)** है तथा प्राप्त **(t)** का मूल्य **(0)** है अतः यह सार्थकता स्तर पर सार्थक नहीं है।

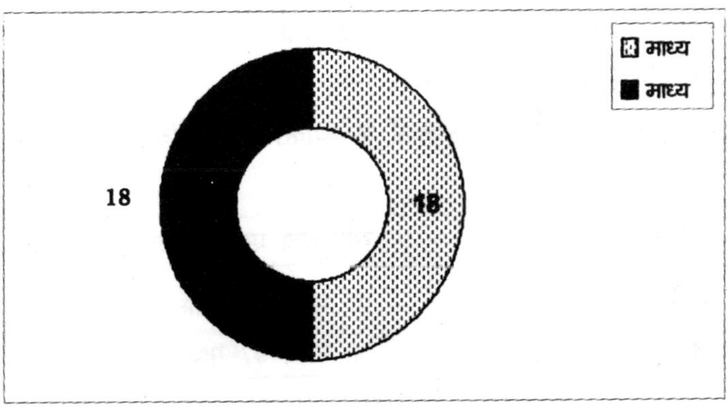

5.25 सामान्य एवं अपराधी बालकों में संवेगात्मक परिपक्वता से सम्बन्धित

संवेगात्मक परिपक्वता से संबंधित गुणों का अध्ययन करने पर ज्ञात होता है कि सामान्य बालकों का माध्य **(100)** व अपराधी बालकों का माध्य **(97)** है तथा प्राप्त **(t)** का मूल्य **(.68)** है जो कि सार्थकता के स्तर को नहीं दर्शाता।

उपरोक्त विवेचन से स्पष्ट होता है कि हमारी प्रथम परिकल्पना **सामान्य एवं अपराधी बालकों के व्यक्तित्व एवं संवेगात्मक गुणों में सार्थक अंतर पाया जायेगा।** तालिका क्रमांक **4, 5, 7, 8, 9, 10, 12, 13, 14, 15, 16, 21,** का विश्लेषण करने पर हमारी प्रथम उपकल्पना सार्थक सिद्ध होती है। परन्तु हमारी प्रथम उपकल्पना तालिका क्रमांक **6, 11, 17, 18, 19, 20, 22, 23** का विश्लेषण करने पर हमारी प्रथम उपकल्पना **सामान्य एवं अपराधी बालकों के व्यक्तित्व एवं संवेगात्मक गुणों में सार्थक अंतर पाया जायेगा** सार्थक सिद्ध नहीं होती है।

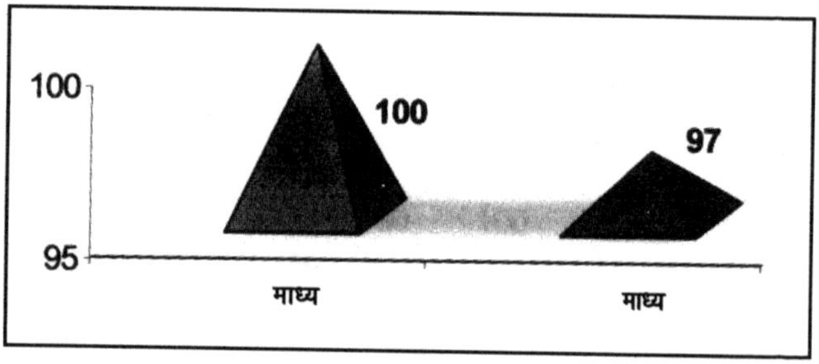

अतः सामान्य एवं अपराधी बालकों के गुणों का विश्लेषण करने पर प्राप्त निष्कर्ष के आधार पर कुल संख्या में **12** गुणों में देखने पर अंतर पाया गया और कुल **8** गुणों में अंतर नहीं पाया गया।

5.26 सामान्य एवं अपराधी बालकों के व्यक्तित्व एवं संवेगात्मक परिपक्वता में अन्तर सम्बन्धित

पद	व्यक्तित्व एवं संवेगात्मक परिपक्वता
सामान्य बालक	97 माध्य 100 माध्य
अपराधी बालक	98 माध्य 97 माध्य

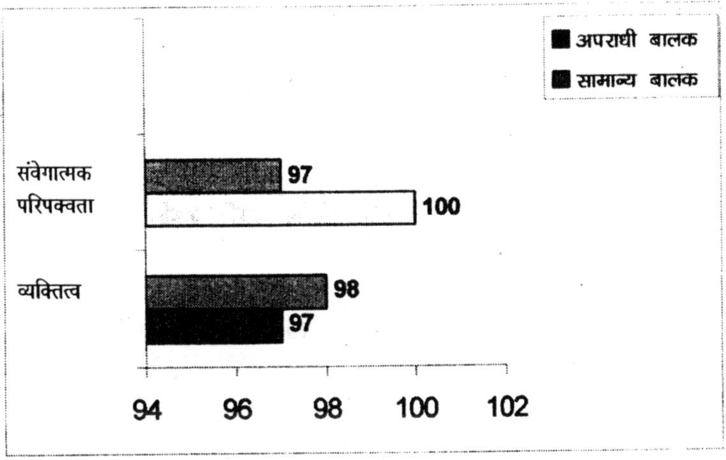

प्राप्त निष्कर्षों से स्पष्ट होता है कि सामान्य एवं अपराधी बालकों के व्यक्तित्व एवं संवेगात्मक परिपक्वता में कोई खास अंतर नहीं है दोनों प्रकार के बालकों में व्यक्तित्व से सम्बन्धित माध्यों को देखने पर ज्ञात होता है कि सामान्य बालकों का माध्य **97** तथा अपराधी बालकों का माध्य **98** है तथा संवेगात्मक परिपक्वता से सम्बन्धित माध्यों में सामान्य बालकों का माध्य **100** तथा अपराधी बालकों का माध्य **(97)** है दोनों प्रकार के बालकों के माध्यों को देखने पर तो अंतर स्पष्ट दिखाई देता है परन्तु यह सार्थकता के स्तर पर सार्थकता को नहीं दर्शाता अतः हमारी परिकल्पना दो **सामान्य एवं अपराधी बालकों में व्यक्तित्व एवं संवेगात्मक परिपक्वता में सार्थक अंतर होगा,** सार्थक सिद्ध नहीं होती।

5.27 सामान्य एवं अपराधी बालकों में संवेगात्मक परिपक्वता में सहसंबंध

प्राप्त निष्कर्ष से ज्ञात होता है कि सामान्य बालकों का सहसंबंध **(r)** **(.63)** तथा अपराधी बालकों का सह-संबंध **(r)** **(.47)** है अतः सामान्य एवं अपराधी बालकों के व्यक्तित्व एवं संवेगात्मक परिपक्वता में सहसंबंध है तथा परिकल्पना (3) **अपराधी बालकों की अपेक्षा सामान्य बालकों में व्यक्तित्व एवं संवेगात्मक परिपक्वता धनात्मक होगी,** सार्थक सिद्ध होती है।

प्राप्त निष्कर्षों से स्पष्ट होता है कि भाई-बहनों की संख्या के आधार पर सामान्य बालकों में **3-6** के बीच भाई-बहनों का प्रतिशत **(42)** है तथा

अपराधी बालकों के भाई-बहनों की संख्या **(7-10)** है जिनका प्रतिशत **(48.66)** है अतः यह स्पष्ट होता है कि अपराधी बालकों के परिवार एकांकी होते हुए भी इनमें सदस्यों की संख्या अधिक होती है।

निष्कर्षों से ज्ञात होता है कि सामान्य बालक में से **(94.66%)** बालक माता-पिता के साथ रहते पाये गये तथा **(5.34%)** बालक संरक्षक के साथ रहते थे जबकि अपराधी बालकों में से **(69.33%)** बालक माता-पिता के साथ रहने वाले, **(11.33%)** अपराधी बालक संरक्षक के साथ रहने वाले व **(19.34%)** बालक ऐसे थे जो बेघर थे।

प्राप्त निष्कर्षों से ज्ञात होता है कि **(40 प्रतिशत)** सामान्य बालकों के पिता का शैक्षणिक स्तर स्नातक है तथा **(65.34%)** अपराधी बालकों के पिता अशिक्षित पाये गये।

प्राप्त निष्कर्षों से ज्ञात होता है कि **(41.34%)** सामान्य बालकों की माताएँ इण्टरमीडियेट तक शिक्षित थी तथा **(72 प्रतिशत)** अपराधी बालकों की माताएँ अशिक्षित थी।

व्यवसाय के संबंध में **44 प्रतिशत** सामान्य बालकों के पिता सरकारी नौकरी में थे तथा **54.68 प्रतिशत** अपराधी बालकों के पिता का व्यवसाय मज़दूरी था।

माताओं के व्यवसाय के संबंध में **(72.68%)** सामान्य बालकों की माताएँ घर में रहकर ही घर का कामकाज व बच्चों की देखभाल में ही अपना समय व्यतीत करती है जबकि **(55.34%)** अपराधी बच्चो की माताएँ मज़दूरी करती हैं अतः उनका ज्यादातर समय घर के बाहर व्यतीत होता है जिस कारण बच्चों पर अंकुश नहीं रहता और बच्चे अपराधी गतिविधियों में लिप्त हो जाते हैं।

आर्थिक स्थिति के आधार पर **62 प्रतिशत** सामान्य बालकों के परिवार की आय **3500** से **4500** के बीच है जो कि सामान्य आय वर्ग में आते हैं जबकि **(64.66%)** अपराधी बालकों के परिवार की आय **2500 रु.** तक है जो कि गरीबी रेखा से निम्न है **आलसन (1959) बेरल (1955) गिब्स तथा क्रोन (1986)** आदि ने भी आर्थिक स्थिति और बाल अपराध का घनिष्ठ संबंध अपने अध्ययनों में पाया है।

आवास के स्वरूप के आधार पर **(75.34%)** सामान्य बालक के परिवार पक्के मकानों में रहते हैं तथा **(50.66%)** अपराधी बालकों के परिवार झोपड़ पट्‌टी में रहने वाले हैं।

प्राप्त निष्कर्षों के आधार पर ज्ञात होता है कि **(97.34%)** सामान्य बालकों के परिवार के आस-पास पढ़े लिखे परिवार रहते हैं जबकि **(88.66%)** अपराधी बालकों के आस-पास रहने वाले परिवार अपराधिक प्रवृत्ति के थे। अतः स्पष्ट होता है कि बालकों के चरित्र पर उनके आस पास के माहौल का प्रभाव पड़ता है।

प्राप्त निष्कर्षों को देखने पर ज्ञात होता है कि **(65.34%)** सामान्य बालक हिन्दू, **(17.34%)** मुस्लिम बालक थे जबकि अपराधी बालकों में **(31.34%)** ही हिन्दू थे तथा **(34.66%)** बालक मुस्लिम थे व **(6 प्रतिशत)** सिक्ख, **(3.34 प्रतिशत)** ईसाई तथा 4.66 प्रतिशत नेपाली हिन्दू थे यह नेपाली हिन्दू बालक रोजगार की तलाश मे दिल्ली आये तथा इनका कोई संरक्षक न होने के कारण अकेले रहते थे जिससे बालकों की संगति अपराधिक प्रवृत्ति की हो गई।

निष्कर्षों के आधार पर ज्ञात होता है कि **78 प्रतिशत** अपराधी बालक निम्न जाति से संबंधित थे तथा 15.34 प्रतिशत मध्यम जाति से और **6.66 प्रतिशत** बालक उच्च जाति से सम्बन्धित पाये गए। निम्न जाति के बालकों का अपराधिक प्रवृत्ति का होने का मुख्य कारण उच्च जाति के लोगों द्वारा तिरस्कार, हीन भावना से देखना, जाति से सम्बन्धित संबोधन करना, अंकुश लगाना आदि पाये गये।

निष्कर्षों द्वारा प्राप्त होता है की **65.34 प्रतिशत** बालकों ने संगठित होकर अपराध को अंजाम दिया और **34.66 प्रतिशत** बालकों ने अपराध अकेले ही किया।

निष्कर्षों से स्पष्ट होता है कि **68.66 प्रतिशत** बालकों ने अपराध एक ही बार किया जबकि **31.34%** बालकों ने कारागार मुक्त होने के उपरान्त भी समाज से सामन्जस्य न स्थापित होने पर अपराध की पुनर्वृत्ति की।

प्राप्त निष्कर्षों से ज्ञात हुआ कि **50 प्रतिशत** बालकों के अपराधी होने का कारण मजबूरी, 35.34 प्रतिशत बालकों के अपराध का कारण उनकी परिस्थितियाँ तथा **14.66 प्रतिशत** बालकों के अपराधी होने का कारण शौक व उनकी आदत पायी गयी। जिससे वह अपनी अपराधी प्रवृत्ति को छोड़ना ही नहीं चाहते।

प्राप्त निष्कर्षों से ज्ञात होता है कि **55.34 प्रतिशत** बालकों में अपराध की प्रवृत्ति उसके संगी साथियों के द्वारा, **18 प्रतिशत** बालकों में चलचित्रों के द्वारा,

14 प्रतिशत बालकों में परिस्थितिवश **12.66 प्रतिशत** बालकों में उन्हीं के किसी पारिवारिक सदस्य का लिप्त होना था।

उपरोक्त निष्कर्षों के आधार पर कहा जा सकता है कि **सामान्य बालकों की अपेक्षा अपराधी बालकों का सामाजिक-आर्थिक विकास निम्न स्तर का होगा,** अतः परिकल्पना चार सार्थक सिद्ध होती है।

6

सारांशिका
(Summary)

अध्ययन की पृष्ठभूमि

बच्चे किसी भी राष्ट्र के भविष्य के निर्माता और आधार स्तम्भ होते हैं। किसी भी राष्ट्र का भविष्य बच्चों की शिक्षा-दीक्षा एवं उनके व्यक्तित्व विकास पर निर्भर करता है। क्योंकि बालक भावी राष्ट्र के निर्माता होते हैं। बालक ही किसी देश के विकास बिन्दु होते हैं। इसीलिए यदि बालकों के व्यक्तित्व विकास पर ध्यान केन्द्रित नहीं किया गया तो इसका परिणाम बड़ा ही भयंकर और दुःखद सिद्ध होगा।

बालक के जीवन में **13** से **18** वर्ष तक की आयु संक्रमण की अवस्था होती है इस अवस्था में बालकों का स्वभाव जिज्ञासु और कौतूहल को पसन्द करने वाला होता है इसीलिए वे जिज्ञासा का समाधान करने के लिए ऐसे विचार और कार्य करने लगते हैं जो उन्हें नहीं करना चाहिए इसके समाधान की समझ उन्हें या तो माता-पिता और अन्य सदस्यों से मिल सकती है या शिक्षकों से।

मनुष्य एक सामाजिक प्राणी है वह अपने चारों ओर के वातावरण को स्वयं सुव्यवस्थित करता है इस सुव्यवस्थापन कार्य में उनके व्यवहारों का अध्ययन कर व्यक्तित्व को समझा जा सकता है। व्यक्तित्व कोई विशिष्ट गुण या लक्षण नहीं है जो किसी एक या कुछ ही मनुष्यों में पाया जाता है यह मनुष्य के व्यवहार का दर्पण होता है। यह उसके गुण, अवगुण, अनुभव, चिंतन, प्रक्रिया आदि का संगठित रूप है। प्रत्येक मनुष्य का अपना एक विशिष्ट व्यक्तित्व होता है व्यक्ति का व्यक्तित्व व्यवहारों के वैभिन्य के अनुसार एक दूसरे से भिन्न समझा

जाता है। जन्मतः प्रत्येक शिशु अपने साथ कुछ जन्मजात प्रवृत्तियाँ लेकर आता है संसार के वातावरण और परिस्थितियों में पलता हुआ वह अपने व्यक्तित्व का समायोजन करता है, जो उसके सुन्दर गुणों व अवगुणों का ऐसा समन्वय होता है कि उसका वैसा समन्वय अन्यत्र नहीं होता है बालक में व्यक्तित्व का निर्माण वातावरण एवं परिस्थितियों के अनुरूप होता है।

बाल्यावस्था वह अवस्था होती है जब वह स्वयं के प्रति सजग हो जाता है वह अपने कार्य, व्यवहार, विचारों के माध्यम से अपनी शक्ति, जोश, सह-अस्तित्व एवं लगन तथा साहस का परिचय देता है। वह नई चुनौतियों, समस्याओं एवं उत्तरदायित्व का सामना करता है और उनके अनुरूप स्वयं की क्षमता का विकास करता है निरंतर होने वाले शारीरिक, मानसिक एवं सामाजिक परिवर्तनों के साथ समायोजन करते-करते बालकों के लिए यह अवस्था बहुत कठिन बन जाती है इसीलिए इसे तूफान की अवस्था भी कहा जाता है। एक आदर्श नागरिक बनने का उत्तरदायित्व इस अवस्था पर निर्भर करता है।

मनुष्य जीवन में संवेगों और भावनाओं की बहुत महत्वपूर्ण भूमिका होती है तथा किसी व्यक्ति के सुख और प्रभाव पूर्ण व्यक्तित्व पर उसकी संवेगात्मक परिपक्वता का गहरा प्रभाव पड़ता है। संवेग रचनात्मक भी होते हैं और विनाशक भी। कुछ संवेग क्रिया में बाधक होते हैं यह विध्वंसात्मक कार्यों का कारण भी बन सकते हैं यह किसी व्यक्ति को अशांत अत्यधिक दुःखी बना सकते हैं। परन्तु संवेगों से जीवन में आनन्द भी प्राप्त होता है संवेग जैसे-स्नेह, प्यार, प्रसन्नता आदि। अपने वृहत परिवेश में बालक-बालिकाओं के अपने कई अनुभव होते हैं, अपने मौलिक दृष्टिकोण होते हैं और अपनी कुछ सीमाएँ होती हैं ये सभी मिलकर बालकों की विचारधारा को बनाती है और इसी विचारधारा के फलस्वरूप बालकों का व्यवहार प्रभावित होता है।

आज के समाज में अनवरत् हो रही आवांछित गतिविधियों ने परिवार एवं समाज के सदस्यों का ध्यान अपनी ओर आकर्षित किया है। उसी पहलू से जुड़ा एक प्रश्न यह है कि आज जो देश के कर्णधार हैं वे कल विद्यार्थी थे, बालक थे, क्या हमने उनके विद्यार्थी जीवन में व्यक्तित्व का सही रूप से विकास किया या नहीं? यह सवाल मात्र विद्यालय की चार दीवारी से ही नहीं जुड़ा हुआ है बल्कि इसका सम्बन्ध परिवार एवं समाज से भी है। अतः बालक के व्यक्तित्व विकास के लिए परिवार, स्कूल के शिक्षक, वहाँ का वातावरण, पड़ोस, संगी-साथी आदि सभी का उत्तरदायित्व है।

बालकों की कुछ जैविकीय समस्याएँ एवं मनोवैज्ञानिक अपेक्षाएँ होती हैं यदि इनकी पूर्ति हो जाती है तो वह सुखी एवं समायोजित कहलाता है। समायोजन न केवल बालक की निजी समस्या है यह उन सबकी समस्या है जो बालकों से सम्बन्धित है क्योंकि असमायोजित बालक परिवार, समाज व राष्ट्र के लिए समस्याएँ उत्पन्न करता है बालक की उचित देखरेख एवं सुरक्षा की जानी चाहिए चूँकि बालक जन्मतः अबोध और निर्विकार होते हैं, अतः यदि उनका पालन पोषण सावधानीपूर्वक किया जाय तो उनकी शारीरिक, मानसिक, नैतिक तथा आध्यात्मिक शक्तियों का सर्वांगीण विकास होगा और वे उत्तम नागरिक बनेंगे, परन्तु यदि उनकी उपेक्षा की गई और उन्हें दूषित वातावरण में रखा गया तो वे कुसंगति में पड़कर अपराधिता की ओर प्रेरित होंगे।

बालक स्वभावतः चंचल और दुःसाहसी होते हैं। अतः वे जीवन के विभिन्न प्रलोभनों की ओर शीघ्रता से आकर्षित होते हैं। इसी कारण बालक अपराधिता के शिकर आसानी से हो जाते हैं। आज का बालक कल के बाल-वृक्ष है जिन्हें भविष्य में मधुर फल देने थे स्वयं मुर्झा रहे हैं, विनाश की ओर बढ़ रहे हैं यथा समय नियन्त्रण नहीं रखा गया तो अपराधी बन जाने की सम्भावना को नकारा नहीं जा सकता जो किसी भी देश के विकास का शुभ लक्षण नहीं हैं।

राष्ट्रीय राजधानी दिल्ली क्षेत्र में विभिन्न अपराधों में पकड़े गये बाल अपराधियों के आँकड़े निम्नलिखित हैं :–

क्र.सं.	अपराध का प्रकार	
1.	हत्या	35
2.	हत्या का प्रयास	16
3.	बलात्कार	30
4.	अपहरण	9
5.	डकैती	41
6.	चोरी	532
7.	लूटमार	123
8.	दंगा	31
9.	धोखाधड़ी	64
10.	अन्य आई पी. सी. अपराध	311
	योग	1,192

उपरोक्त बाल अपराध के आँकड़ों को हम पूर्ण नहीं कह सकते क्योंकि इनमें वे सभी प्रकरण शामिल नहीं हैं जो बाल न्यायालय तक पहुँच ही नहीं पाये। यह एक विडम्बना है कि समाज में एक तरफ तो अनेक बार बाल अपराधियों के अपराध पुलिस में दर्ज नहीं कराये जाते तो दूसरी तरफ समाज के समृद्ध और सम्पन्न लोगों के बच्चों द्वारा किये गये अपराधों का उल्लेख नहीं किया जाता, क्योंकि इन्हें कई प्रकार के संरक्षण प्राप्त हो जाते हैं। बाल अपराध के अपर्याप्त आँकड़ों के लिए अनेक कारणों में से पुलिस की अपराधियों को पकड़ने में अरुचि, उनका अपर्याप्त प्रशिक्षण एवं जनता द्वारा सहयोग का अभाव आदि कारण भी उत्तरदायी है। भारत एक विशाल देश है, जनसंख्या के विस्तार के साथ ही भारत में भी औद्योगीकरण और शहरीकरण का विकास हुआ है। औद्योगीकरण और शहरीकरण के साथ-साथ बाल-अपराधों की संख्या में उत्तरोत्तर वृद्धि हुई जिसके फलस्वरूप बाल-अपराध एक समस्या का रूप धारण करता जा रहा है।

दिल्ली महानगर होने के साथ-साथ एक औद्योगिक नगर है और यहाँ भी बाल-अपराध की समस्या में दिन-प्रतिदिन वृद्धि होती जा रही है आये दिन बाल-अपराध की कोई-न-कोई घटना सुनने में आ जाती है। इसलिए मेरा ध्यान बाल-अपराध पर आकृष्ट हुआ कि आखिर बालकों के अपराधी बनने में व्यक्तित्व और संवेगात्मक परिपक्वता की भूमिका का कितना स्थान है आखिर वे कौन-से कारण हैं जिससे मासूम बालक रास्ता भटक कर अपराध की दुनिया में कदम रख देतें हैं और इनके व्यक्तित्व व संवेगात्मक परिपक्वता में सामान्य बालकों से कितनी भिन्नता है। यही जानने के लिए प्रस्तुत अध्ययन की आवश्यकता महसूस हुई।

समस्या की प्रस्तुति और उद्देश्य

समस्या की प्रस्तुतिः "सामान्य एवं अपराधी बालकों के व्यक्तित्व एवं संवेगात्मक परिपक्वता का अध्ययन"

समस्या का उद्देश्यः प्रस्तुत शोध **'सामान्य एवं अपराधी बालकों के व्यक्तित्व एवं संवेगात्मक परिपक्वता का अध्ययन'** हेतु राष्ट्रीय राजधानी क्षेत्र दिल्ली के सीनियर सेकेण्ड्री स्कूल व बाल निरीक्षण गृह के बालकों पर किया गया है।

इस शोध अध्ययन का उद्देश्य यह ज्ञात करना है कि ऐसे कौन-से कारण हैं जो अपराधी बालकों को सामान्य बालकों से अलग करते हैं और उनके व्यक्तित्व के ऐसे कौन-से गुण व संवेगात्मक परिवक्वता किस हद तक बाल अपराध की समस्या में वृद्धि करते जा रहे हैं। इस अध्ययन में उन व्यक्तिगत कारकों, संवेगात्मक परिपक्वता व सामाजिक-आर्थिक विकास के बुनियादी कारकों एवं दशाओं को खोजने का प्रयास किया गया है जो इस सामाजिक समस्या को जन्म देते हैं।

भारत एक विशाल देश है, जनसंख्या के विस्तार के साथ ही भारत में भी औद्योगीकरण और शहरीकरण का विकास हुआ है। औद्योगीकरण और शहरीकरण के साथ-साथ बाल-अपराधों की संख्या में उत्तरोत्तर वृद्धि हुई जिसके फलस्वरूप बाल-अपराध एक समस्या का रूप धारण करता जा रहा है।

दिल्ली एक महानगर होने के साथ-साथ एक औद्योगिक नगर है और यहाँ भी बाल-अपराध की समस्या में दिन-प्रतिदिन वृद्धि होती जा रही है आये दिन बाल-अपराध की कोई-न-कोई घटना सुनने में आ जाती है। इसीलिए मेरा ध्यान बाल-अपराध पर आकृष्ट हुआ कि आखिर बालकों के अपराधी बनने में व्यक्तित्व और संवेगात्मक परिपक्वता की भूमिका का कितना स्थान है आखिर वे कौन-से कारण हैं जिससे मासूम रास्ता भटक कर अपराध की दुनिया में कदम रख देते हैं और इनके व्यक्तित्व व संवेगात्मक परिपक्वता में सामान्य बालकों से कितनी भिन्नता है। यही जानने के लिए प्रस्तुत अध्ययन की आवश्यकता महसूस हुई।

सामान्य एवं अपराधी बालकों में अन्तरः

प्रस्तुत शोध का विषय **"सामान्य एवं अपराधी बालकों के व्यक्तित्व एवं संवेगात्मक परिपक्वता का अध्ययन"** है। अध्ययन में सामान्य और अपराधी बालकों के अन्तर को समझने से पूर्व यह जानना आवश्यक होगा कि सामान्य बालक किसे कहते हैं तथा ऐसे कौन-से कारक हैं जो किसी बालक को सामान्य बालक की श्रेणी में लातें हैं, और जिनसे विचलित होने पर बालक को अपराधी बालक की श्रेणी में सम्मिलित किया जाता है।

यह एक सर्वमान्य तथ्य है, कि व्यक्तित्व भिन्नताओं के साथ ही बालक शारीरिक, मानसिक, भौतिक एवं सामाजिक रूप में किसी-न-किसी सीमा तक एक दूसरे से भिन्न होते हैं, किन्तु कभी-कभी यह भिन्नताएँ इस सीमा तक पाई

जाती है कि बालकों को भिन्न वर्गों में रखना आवश्यक हो जाता है। जो निम्नलिखित हैं:

सामान्य बालक का अर्थ

सामान्य बालक औसत शारीरिकी वाले एवं स्वस्थ होते हैं तथा सामान्य शारीरिक श्रम वाले कार्यों को करने में किसी प्रकार की बाधा का अनुभव नहीं करते हैं। कक्षा में अधिकांश बालकों की भाँति वे भौतिक उपलब्धि में भी औसत होते हैं तथा सभी विषयों को समान रूप से महत्व देते हुये शिक्षक द्वारा दिये गए कक्षा कार्य को लगन के साथ पूरा करते हैं। इनके सीखने की गति प्रायः औसत ही होती है। समाज में ये अपेक्षित व्यवहार करते हैं, सामाजिक कार्यों में रचनात्मक सहयोग देते हैं तथा उपलब्ध साधनों से अधिक लाभ उठाने की क्षमता रखते हैं। इन्हीं कारणों से इनका समाज एवं विद्यालय में समायोजन उत्तम रहता है तथा ये संवेगात्मक रूप से संतुलित होते हैं।

बाल–अपराध का अर्थः बालकों के द्वारा सामाजिक मूल्यों के विपरीत किया गया प्रत्येक कार्य 'बाल अपराध' कहलाता है तथा इन्हें करने वाले बालक 'बाल-अपराधी' कहलाते हैं। इस प्रकार के कृत्यों का विस्तार बहुत अधिक है। इसमें साधारण उद्दण्डता से लेकर हत्या तथा बलात्कार जैसे गम्भीर अपराध सम्मिलित हैं। क्योंकि प्रत्येक राष्ट्र तथा समाज के अपने पृथक सामाजिक मूल्य तथा नैतिक मापदण्ड होते हैं अतः जो बालक निर्धारित मूल्यों और मान्यताओं के विरुद्ध कार्य अथवा समाज विरोधी कार्य करता है तो उसको अपराधी माना जाता है।

बाल अपराध को विस्तार से समझने के लिए हमें मनोविज्ञान कानूनविदों, अपराधशास्त्रियों, तथा समाजशास्त्रियों के द्वारा दी गयी परिभाषाओं के सन्दर्भ में समझाना, आवश्यक है।

डा. एम. जे. सेथनाः "बाल-अपराध के अन्तर्गत किसी स्थान-विशेष के कानून के अनुसार एक निश्चित आयु से कम के बच्चे द्वारा किये जाने वाले समाज-विरोधी कार्यों को सम्मिलित किया जाता है।"

व्यक्तित्व का अर्थ

व्यक्तित्व व्यक्ति के विकास का एक जटिल पहलू है। प्रत्येक व्यक्ति का समायोजन उसके व्यक्तित्व से निर्धारित होता है। कोई भी व्यक्ति विभिन्न

परिस्थितियों में अपना समायोजन कैसे करेगा यह उसके व्यक्तित्व से प्रभावित होता है।

व्यक्ति के व्यक्तित्व की मौलिक विशेषताएँ उसके बचपन से ही झलकने लगती हैं। बचपन का प्रतिबिम्ब ही उसकी युवावस्था व वृद्धावस्था में सतूतरूप से चलता रहता है।

मनुष्य एक सामाजिक प्राणी है, वह अपने चारों ओर के वातावरण को स्वयं व्यवस्थित करता है। इस सुव्यवस्थापन कार्य में उनके व्यवहारों का अध्ययन कर व्यक्तित्व को समझा जा सकता है। व्यक्तित्व कोई विशिष्ट गुण या लक्षण नहीं है जो किसी एक या कुछ ही मनुष्यों में पाया जाता हो यह मनुष्य के व्यवहारों का दर्पण है। व्यक्तित्व मनुष्य के गुण, अवगुण, चिंतन, प्रक्रिया आदि का संगठित रूप है। व्यक्तित्व शब्द बहुत अधिक व्यापक होता है।

प्राचीनकाल में व्यक्तित्व को ईश्वर की देन समझा जाता था। यदि कोई व्यक्ति प्रतिभाशाली और बुद्धिमान है तो वह ईश्वर की इच्छा समझी जाती थी और व्यक्ति यदि कम बुद्धि का और मुर्ख है, तो वह भी ईश्वर की इच्छा ही समझी जाती थी। परन्तु आधुनिक युग में व्यक्ति अपनी इच्छा के आधार पर अपने व्यक्तित्व का विकास करता है।

प्रत्येक मनुष्य का अपना विशिष्ट व्यक्तित्व होता है। व्यक्ति का व्यक्तित्व व्यवहारों की विभिन्नता के अनुसार एक दूसरे से भिन्न समझा जाता है। प्रत्येक शिशु अपने साथ कुछ जन्मजात् प्रवृत्तियाँ लेकर आता है संसार के वातावरण और परिस्थितियों में पलता हुआ वह अपने व्यक्तित्व का समायोजन करता है। उसके गुणों व अवगुणों का ऐसा समन्वय होता है कि उसका वैसा समन्वय अन्यत्र नहीं हो पाता है। व्यक्तित्व का निर्माण वातावरण एवं परिस्थितियों के अनुरूप होता है, इस सम्बन्ध में हम कह सकते हैं कि व्यक्तित्व के गुणों का संगठन सभी व्यक्तियों में समान रूप से नहीं हो पाता। अर्थात् व्यक्तित्व के गुणों की मात्रा प्रत्येक व्यक्ति में अलग-अलग हो सकती है।

व्यक्तित्व मानवीय व्यवहार के प्रतिमान है, जो किसी परिस्थिति-विशेष के प्रत्युत्तर में किये जाते हैं और इनका उस परिस्थिति-विशेष से अलग कोई अस्तित्व नहीं होता है।

वे परिभाषाएँ जो व्यक्तित्व की स्पष्ट और सही रूप में व्याख्या करती है, व्यक्तित्व को क्रियाशील बनाती हैं, व्यवस्थित व्यवहार की ओर इंगित करती हैं

तथा व्यक्ति के वंशानुक्रमित और वातावरण के महत्व की ओर हमारा ध्यान आकृष्ट करती है। उन परिभाषाओं का वर्णन करना भी अनिवार्य हैं जिससे कि व्यक्तित्व को और स्पष्ट किया जा सके।

गार्डन आलपोर्ट 1961: "व्यक्तित्व व्यक्ति के भीतर मनोदैहिक गुणों का वह गत्यात्मक संगठन है जो पर्यावरण के प्रति उसके अनूठे समायोजन का निर्धारण करता है।"[1]

संवेगात्मक परिपक्वता का अर्थ

'संवेगात्मक परिपक्वता शब्द की व्याख्या करना बहुत कठिन है फिर भी' संवेगात्मक परिपक्वता का अर्थ स्पष्ट करते हुए यह कहा जा सकता है कि जो व्यक्ति अवनति, संघर्ष आदि परिस्थितियों से उभर कर खुद को निर्भर व उन्नति करने के लिए स्वयं को उसी ढाँचे में ढाल ले अर्थात उसे देखने मात्र से ही ऐसा प्रतीत हो कि वह व्यक्ति अपनी उम्र के हिसाब से स्वभाविक रूप से संवेगात्मक परिपक्व है। आज की वर्तमान परिस्थितियों में बालक जीवन की विभिन्न समस्याओं का सामना करते हैं; जैसे—चिंता, कुंठा, तनाव, भावनात्मक रूप से उदास रहना आदि।

प्रत्येक व्यक्ति के जीवन में संवेगात्मक अनुभव का महत्वपूर्ण स्थान है। यदि व्यक्ति के संवेगात्मक अनुभव कटु होते हैं तो उसके सामाजिक सामन्जस्य में कठिनाई आती है और उसका व्यवहार परिस्थितियों के प्रतिकूल होता है एक अपरिपक्व व्यक्ति का परिपक्व व्यक्ति के व्यवहार के साथ अंतर देख कर हम संवेगात्मक परिपक्वता का अंतर जान सकते हैं।

बालकों का सामाजिक—आर्थिक विकास

मानव को अपनी एक अपूर्व विशेषता के कारण अन्य वर्ग से भिन्न माना जाता है। वह विशेषता यह है कि वह एक सामाजिक प्राणी है। समाज उसके लिए जल, वायु तथा भोजन की तरह ही एक आवश्यक वस्तु है। वह समाज में रह कर जीना चाहता है और सामाजिक सम्बन्धों को बनाने तथा दूसरों के साथ समायोजन करने की चेष्टा करता है।

लेकिन इसका यह अर्थ नहीं है कि मानव में इस प्रकार के सामाजिक गुण और व्यवहारिक विशेषताएँ जन्मजात होती हैं बल्कि सामाजिक विकास का अर्थ उन योग्यताओं को अर्जित करना है जिसके द्वारा सामाजिक प्रत्याशों के अनुसार

व्यवहार किया जा सके। सामाजिक विकास का लक्ष्य बालक को अपने परिवार पड़ोस तथा देश के अनुकूल बनाना तथा समाज व समुदाय की रितियों, रिवाजों, नियमों तथा मान्यताओं आदि को सिखा कर समाज का क्रियाशील तथा उत्तरदायी सदस्य बनाना है।

बालक के सम्पूर्ण विकास के लिए सामाजिक विकास के साथ-साथ आर्थिक विकास भी प्रभावशाली भूमिका का निर्वाह करता है निम्न सामाजिक आर्थिक स्तर के बालकों का शारीरिक और मानसिक विकास, उच्च आर्थिक स्तर के परिवारों के बालकों की अपेक्षा हीन होता है। परिवार की आर्थिक स्थिति का सीधा सम्बन्ध खाने-पीने, रहने आदि की सुविधाओं से है। सामान्य रूप से जब कोई व्यक्ति और उसका परिवार जीवन-यापन के न्यूनतम साधनों को जुटाने में असफल रहता है तब उसे और उसके परिवार को गरीबी की स्थिति में माना जाता है। इस तरह गरीबी व्यक्ति के आर्थिक विकास को प्रभावित करती है! ऐसी स्थिति में न्यूनतम आवश्यकताओं की पूर्ति भी नहीं हो पाती।

शोध विधि : शोध वह क्रमबद्ध तथा वैज्ञानिक विधि है जिसके आधार पर सामाजिक घटनाओं के सम्बन्ध में हम नवीन ज्ञान की प्राप्ति करते हैं या विद्यमान ज्ञान को प्रस्तुत करते हैं एवं विभिन्न घटनाओं के पारस्परिक सम्बन्धों व उपलब्ध सिद्धान्तों की पुनः परीक्षा करते हैं। संक्षेप में कहें तो सामाजिक घटनाओं या विद्यमान सिद्धान्तों के सम्बन्ध में नवीन ज्ञान की प्राप्ति के लिए प्रयोग में लाई गयी वैज्ञानिक विधि सामाजिक शोध है।

शोध अध्ययन का चयन किसी निश्चित उद्देश्य पर आधारित विषय वस्तु हैं, जब तक कोई विशिष्ट उद्देश्य निर्धारित न हो तब तक किसी लक्ष्य की प्राप्ति की कल्पना भी व्यर्थ है। अतः प्रस्तुत शोध के भी कुछ निश्चिय उद्देश्य निम्नलिखित हैं:

1. बालकों में सामाजिक-आर्थिक विकास का अध्ययन करना।
2. सामान्य एवं अपराधी बालकों के व्यक्तित्व एवं संवेगात्मक गुणों का अध्ययन करना।
3. सामान्य एवं अपराधी बालकों के व्यक्तित्व एवं संवेगात्मक परिपक्वता का अध्ययन करना।

4. सामान्य एवं अपराधी बालकों के बीच व्यक्तित्व एवं संवेगात्मक परिपक्वता का सहसम्बन्ध ज्ञात करना।

अध्ययन की उपकल्पनाः उपकल्पना का शाब्दिक अर्थ पूर्व चिन्तन हैं। उपकल्पना के बिना वैज्ञानिक अध्ययन सम्भव नहीं हैं उपकल्पना की अनुपस्थिति में वैज्ञानिक अध्ययन उद्देश्यहीन हो जाता है। उपकल्पना निर्माण को शोध विधि का एक आवश्यक पद माना जाता है। अनुसन्धान में उपकल्पना का बहुत महत्व है क्योंकि अनुसन्धान में उपकल्पना की जाँच के लिए ही आँकड़ों का संग्रह किया जाता है, फिर आँकड़ों के आधार पर उपकल्पना की जाँच कर समस्या के सम्बन्ध में निष्कर्ष या परिणाम ज्ञात किए जाते हैं। अतः प्रस्तुत शोध में भी कुछ उपकल्पनाओं का निर्माण किया गया है, जो निम्नलिखित हैः

1. सामान्य एवं अपराधी बालकों के व्यक्तित्व एवं संवेगात्मक गुणों में सार्थक अंतर पाया जाएगा।
2. सामान्य एवं अपराधी बालकों के व्यक्तित्व एवं संवेगात्मक परिपक्वता में सार्थक अंतर होगा।
3. अपराधी बालकों की अपेक्षा सामान्य बालकों में व्यक्तित्व एवं संवेगात्मक परिपक्वता धनात्मक होगी।
4. अपराधी बालकों का सामाजिक, आर्थिक विकास सामान्य बालकों की अपेक्षा कम होगा।

न्यादर्श एवं न्यादर्श चयन प्रविधिः व्यवहारिक तथा सामाजिक विषयों के शोध कार्यों में न्यादर्श का विशेष महत्व होता है। इसके बिना शोध कार्यों को पूरा नहीं किया जा सकता। समग्र का अध्ययन करना कभी-कभी कठिन तथा कभी-कभी असम्भव भी हो जाता है। न्यादर्श प्रविधि शोध कार्य को वैज्ञानिक, समय, ऊर्जा व धन की दृष्टि से मित्तव्ययी बनाती हैं। न्यादर्श प्रयोग से शोध परिणामों को अधिक शुद्ध बनाने में भी सहायता प्राप्त होती है। अतः सामाजिक अध्ययन के क्षेत्र में न्यादर्श का बड़ा महत्व है।

प्रस्तुत अध्ययन का विषय **'सामान्य तथा अपराधी बालकों के व्यक्तित्व एवं संवेगात्मक परिपक्वता का अध्ययन' हैं।** न्यादर्श के लिये दैव निर्दशन के उपयोग द्वारा OBSERVATION HOME FOR BOYS I, OBSERVATION HOME FOR BOYS II, और SEWA KUTTER

OBSERVATION HOME FOR BOYS DELHI, और SENIOR SECONDARY BOYS SCHOOL, SEEMAPURI, DELHI, के 300 बालक लिये गये हैं इन बालकों की आयु 13 से 18 वर्ष के बीच है। इनमें 150 सामान्य बालक व 150 अपराधी बालक हैं। इन सभी बालकों का अध्ययन हेतु चुनाव किया गया है।

न्यादर्श का आकार व क्षेत्र : प्रस्तुत अध्ययन **'सामान्य तथा अपराधी बालकों के व्यक्तित्व एवं संवेगात्मक परिपक्वता का अध्ययन'** हेतु अपराधी बालकों को OBSERVATION HOME FOR BOYS I, FEROZ SHAHA KOTLA DELHI GATE, DELHI, OBSERVATION & SPECIAL HOME FOR BOYS-II MAJNU KA TILLA, SEWA KUTTER, KINGSWAY CAMP, DELHI के 150 बालकों का अध्ययन हेतु चयन किया गया।

अध्ययन हेतु 150 सामान्य बालक जो कि SENIOR SECONDARY SCHOOL, SEEMAPURI, DELHI से लिये गये।

शोध के उपकरण : प्रस्तुत अध्ययन **'सामान्य तथा अपराधी बालकों के व्यक्तित्व एवं संवेगात्मक परिपक्वता का अध्ययन'** के लिए बालकों के स्वभाव के गुणों व संवेगात्मक परिपक्वता का अध्ययन किया गया है। इसमें सामान्य एवं अपराधी बालकों के व्यवहार के आयामों को जानने के लिए Dr. N. K. Chadha & Miss Sunanda Chand द्वारा निर्मित dimeansions of Temperament Scale (DTS) नामक Test का प्रयोग किया गया है।

इस manual के अनुसार व्यवहार व्यक्तित्व का एक महत्वपूर्ण भाग है। जिसमें व्यक्ति के व्यवहार सम्बन्धी कई गुणों का समावेश होता है।

इसमें सामाजिकता से संबंधित 12 प्रश्न, **प्रभुत्व** से संबंन्धित 9 प्रश्न, **परिलक्षित** से सम्बन्धित 10 प्रश्न, **आवेग** से सम्बन्धित 7 प्रश्न, **गम्भीरता** को प्रदर्शित करने वाले 11 प्रश्न, **स्वीकृति** से संबंन्धित 6 प्रश्न, **उत्तरदायित्व** से सम्बन्धित 9 प्रश्न, **सहयोगी भावना** से संबंन्धित 14 प्रश्न, **जिद्दी** से संबन्धित 8 प्रश्न, **प्रबलता** से संबन्धित 14 प्रश्न, **आक्रामकता** से संबन्धित 10 प्रश्न, **उदारता** से संबन्धित 11 प्रश्न, **कठोरता** से सम्बन्धित 7 प्रश्न और **गोपनियता** से संबन्धित 10 प्रश्नों को पूछा गया है। कुल 152 प्रश्नों को व्यक्तित्व व्यवहार प्रश्नावली में शामिल गया है। इन्हीं के द्वारा सामान्य एवं अपराधी बालकों के व्यक्तित्व के गुणों को जानने का प्रयास किया गया है।

सामान्य एवं अपराधी बालकों में संवेगात्मक परिपक्वता का अध्ययन करने के लिए Dr. Yashvir Singh or Dr. Mahesh Bharagava द्वारा निर्मित Emotional Maturity Scale (EMS) का उपयोग किया गया है। जिसमें संवेगात्मक परिपक्वता को पाँच रूपों में बाँटा गया है।

इसमें **संवेगात्मक अस्थिरता** से संबन्धित 10 प्रश्न, **संवेगिक दमन** से संबन्धित 10 प्रश्न, **सामाजिक कुसमायोजन** से संबन्धित 10 प्रश्न, **नेतृत्वहीनता** से संबन्धित 8 प्रश्न पूछे गये हैं। कुल 48 प्रश्न संवेगात्मक परिपक्वता जानने के लिए पूछे गये हैं।

सांख्यिकी विश्लेषण : प्रस्तुत अध्ययन **'सामान्य एवं अपराधी बालकों के व्यक्तित्व एवं संवेगात्मक परिपक्वता का अध्ययन'** में सांख्यिकी विश्लेषण हेतु सर्वप्रथम संकलित तथ्यों का प्रतिशत %, संकलित तथ्यों का माध्य (mean) ज्ञात किया गया तथा वास्तविक माध्य (mean) की दूरी ज्ञात करने के लिए **प्रमाप विचलन** (S.D.) ज्ञात किया गया तत्पश्चात T परीक्षण के द्वारा सामान्य एवं अपराधी बालकों में अन्तर की सार्थकता ज्ञात करने हेतु T परिक्षण का उपयोग किया है। सामान्य एवं अपराधी बालकों में व्यक्तित्व एवं संवेगात्मक परिपक्वता के मध्य सम्बन्ध देखने के लिए सहसम्बन्ध (r) ज्ञात किया गया है।

अध्ययन की सीमाएँ : प्रस्तुत अध्ययन सामान्य एवं अपराधी बालकों के व्यक्तित्व एवं संवेगात्मक परिपक्वता का तुलनात्मक अध्ययन हेतु निम्नलिखित सीमाओं को ध्यान में रखकर अध्ययन किया गया है:

क. अध्ययन हेतु 13 से 18 वर्ष के बालकों का चयन किया गया है।

ख. इस शोध अध्ययन के अन्तर्गत प्रतिदर्श के रूप में 150 सामान्य बालकों व 150 अपराधी बालकों को ही शामिल किया गया है।

ग. सामान्य बालकों को अध्ययन के लिए Senior Secondary School, Seemapuri, Delhi के 150 बालकों का ही चयन किया गया है।

घ. अध्ययन हेतु Observation home for Boys के 150 अपराधी बालकों का ही चयन किया गया है।

इ. सामान्य तथा अपराधी बालकों के व्यक्तित्व से सम्बन्धित स्वभाव के गुणों व संवेगात्मक परिपक्वता व सामाजिक-आर्थिक विकास का ही अध्ययन किया गया है।

निष्कर्ष एवं सुझाव

प्राप्त परिणामों की विवेचनाः प्रस्तुत शोध का युक्ती संगत आधार इसके उद्देश्य एवं परिकल्पानाएँ प्रथम, द्वितीय, तृतीय अध्याय में प्रस्तुत की गई है शोध के तृतीय अध्याय में शोध अभिकल्प रूप में विश्लेषण एवं गणना के आधार पर प्राप्त निष्कर्ष चतुर्थ अध्याय में प्रस्तुत किये गए हैं इसके आधार पर प्रस्तुत अध्याय में शोध परिणाम व उसका शैक्षिण उपयोग किया गया है इन परिणामों पर निम्नलिखित बिन्दुओं के आधार पर चर्चा की गयी है।

बालकों द्वारा किये गये अपराध का वर्गीकरण

निष्कर्ष से प्राप्त हुआ कि अपराध करने वाले बालकों में से **25.33 प्रतिशत** बच्चे हत्या करने वाले, **21.33 प्रतिशत** बालक बलात्कार करने वाले, **6.68 प्रतिशत** बालक हत्या का प्रयास करने वाले, **5.33 प्रतिशत** अपहरण करने वाले व **41.33 प्रतिशत** बालक चोरी करने में लिप्त पाये गये।

इसी प्रकार क्राइम इन इंण्डिया 2002 की रिर्पोट के अनुसार भारत में किये जाने वाले अपराधों में से 319 हत्या के, 220 बलात्कार, 2,906 बालक चोरी के अपराध में लिप्त पाये गये।

सामान्य एवं अपराधी बालकों के पारिवारिक स्वरूप से संबन्धितः

तालिका से स्पष्ट होता है कि सामान्य बालकों में से 30 प्रतिशत बालक एकांकी परिवार व 70 प्रतिशत बालक संयुक्त परिवार के थे 90 प्रतिशत अपराधी बालक एकांकी परिवार के पाये गये।

डा0 अखिलेश ने अपने शोध प्रबन्ध बाल अपराध में पाया कि बाल अपराधियों में 41 प्रतिशत संयुक्त परिवार तथा 59 प्रतिशत एकांकी परिवार के थे।

सामान्य एवं बाल अपराधियों का शैक्षणिक स्तर के आधार पर वर्गीकरण

प्राप्त निष्कर्ष से ज्ञात होता है कि सामान्य बालकों में 53.34 प्रतिशत बालक हाई स्कूल तथा 46.66 प्रतिशत इंटरमीडियेट पाये गये। जबकि अधिकांश बाल अपराधी 46 प्रतिशत अशिक्षित हैं 28 प्रतिशत बाल अपराधियों का शैक्षणिक

स्तर प्राइमरी, 18.66 बाल अपराधियों का शैक्षणिक स्तर मिडिल, 5.34 प्रतिशत बाल अपराधियों का शैक्षणिक स्तर हाई स्कूल तथा 2 प्रतिशत बाल अपराधी इण्टरमीडियेट तक शिक्षित थे।

क्राइम इन इंण्डिया 2001 मे दिये गये आँकड़ों से पता चलता है कि भारत में पकड़े गये बाल अपराधियों में से 23.5% अशिक्षित, 47.4% बाल अपराधी प्राइमरी, 23.6% बाल अपराधी मिडिल व 5.5% बाल अपराधी हाई स्कूल व इण्टरमिडियेट तक शिक्षित थे।

सामान्य एवं अपराधी बालकों के गुणों से संबंधित

प्रस्तुत निष्कर्ष से स्पष्ट होता है कि सामान्य एवं अपराधी बालकों के गुणों के संदर्भ में सामान्य बालकों का माध्य (8) तथा प्रमाप विचलन (1.88) है तथा अपराधी बालकों का माध्य (6) व प्रमाप विचलन (2.52)है दोनों न्यादर्शों के मध्य परीक्षण करने पर गणनांक मूल्य (7.69) प्राप्त हुआ जो कि 0.01 पर सार्थकता दर्शाता है।

सामान्य एवं अपराधी बालकों के प्रभुत्व गुणों से सम्बन्धित

प्राप्त निष्कर्ष से ज्ञात हुआ कि प्रभुत्व से संबंधित गुणों के संदर्भ में सामान्य बालकों का माध्य (6) तथा प्रमाप विचलन (1.64) है तथा अपराधी बालकों का माध्य 5 तथा प्रमाप विचलन 1.59 है जो कि परिक्षण करने पर सार्थकता को दर्शाता है।

सामान्य एवं अपराधी बालकों की गोपनीयता के गुण से संबंधित

सामान्य एवं अपराधी बालकों के गोपनीयता के गुणों का अध्ययन करने पर यह स्पष्ट होता है कि गोपनीयता के गुण का दोनों प्रकार के बालकों में कोई अन्तर नहीं है दोनों प्रकार के बालकों का माध्य (6) है तथा प्राप्त गणनांक मूल्य (0) है जो कि सार्थकता के किसी भी स्तर पर सार्थकता को नही दर्शाता।

सामान्य एवं अपराधी बालकों मे परिलक्षित से संबन्धित गुण

सामान्य एवं अपराधी बालकों के परिलक्षित से संबन्धित गुणों के सन्दर्भ में सामान्य बालकों का माध्य (6) एवं अपराधी बालकों का माध्य (5) प्राप्त हुआ है दोनों प्रतिदर्शी के मध्य t का परीक्षण करने पर प्राप्त मान (3.03) है जो कि (0.01) पर सार्थकता को दर्शाता है।

सामान्य एवं अपराधी बालकों में आवेगी गुणों से संबंधित

प्राप्त निष्कर्ष से ज्ञात होता है कि सामान्य बालकों का माध्य (5) तथा अपराधी बालकों का माध्य (4) प्राप्त हुआ है तथा प्राप्त t का मूल्य (4.34) है जो कि 0.01 के सार्थक स्तर (2.68) से अधिक है अतः (0.01) पर सार्थकता को दर्शाता है।

सामान्य एवं अपराधी बालकों में गंभीरता के गुण से संबन्धित

प्राप्त निष्कर्ष से स्पष्ट होता है कि गंभीरता से संबंधित गुणों के सामान्य बालको का माध्य (7) तथा अपराधी बालकों का माध्य (8) है दोनों के मध्य t का गणनांक मूल्य (7.69) है जो कि (0.01) पर सार्थकता को दर्शाता है।

सामान्य एवं अपराधी बालकों में स्वीकृति से संबन्धित गुण

स्वीकृति से संबन्धित गुणों में सामान्य बालकों का माध्य (4) तथा अपराधी बालकों का माध्य (3) प्राप्त हुआ दोनो न्यादर्शों के मध्य t का गणनांक मूल्य (3.24) प्राप्त हुआ जो कि 0.01 पर सार्थकता स्तर पर सार्थक है।

सामान्य एवं अपराधी बालकों में उत्तरदायित्व के गुण से संबन्धित

प्राप्त निष्कर्ष से ज्ञात हुआ कि सामान्य एवं अपराधी बालकों में उत्तरदायित्व से संबन्धित गुणों मे कोई अन्तर नहीं पाया गया। दोनों ही प्रकार के बालकों का माध्य (7) है तथा t का प्राप्त मूल्य (0) है जो कि सार्थकता को नहीं दर्शाता है।

सामान्य एवं अपराधी बालकों में उत्साह से संबन्धित

प्राप्त निष्कर्ष से ज्ञात होता है कि सामान्य बालकों का माध्य (9) तथा अपराधी बालकों का माध्य (10) है। दोनों के न्यादर्शों का गणनांक (2.5) प्राप्त हुआ जो कि 0.05 पर सार्थकता को दर्शाता है।

सामान्य एवं अपराधी बालकों में सहकारिता के गुणों से संबन्धित

प्राप्त निष्कर्ष से ज्ञात होता है कि सामान्य बालकों का माध्य **(8)** व अपराधी बालकों का माध्य **(9)** है तथा प्राप्त t का गणनांक मूल्य **(3)** है जो **0.01** के सार्थकता स्तर पर सार्थकता को दर्शाता है।

सामान्य एवं अपराधी बालकों में प्रबलता के गुण से सम्बन्धित

प्रबलता के गुण से संबन्धित निष्कर्षों से ज्ञात होता है कि सामान्य बालकों

का माध्य (10) व अपराधी बालकों का माध्य 12 है तथा दो न्यादर्शों का t गणनांक मूल्य (5) है जो कि (0.01) पर सार्थकता को दर्शाता है।

सामान्य एवं अपराधी बालकों में आक्रामकता के गुण से संबन्धित

प्राप्त निष्कर्षों के आधार पर ज्ञात होता है कि सामान्य बालकों का माध्य (5) तथा अपराधी बालकों का माध्य (6) है दोनों न्यादर्शों के मध्य t का गणनांक मूल्य (2.5) प्राप्त हुआ है जो कि (0.05) पर सार्थकता को दर्शाता है।

सामान्य एवं अपराधी बालकों में उदारता के गुण से संबन्धित

निष्कर्ष से ज्ञात होता है कि उदारता से संबन्धित गुणों में सामान्य बालकों का माध्य (8) तथा अपराधी बालकों का माध्य (7) प्राप्त हुआ है अतः (0.01) के सार्थकता स्तर को बताता है।

सामान्य एवं अपराधी बालकों में जिद से संबन्धित गुण

जिद से संबन्धित गुणों का अध्ययन करने पर ज्ञात होता है कि अपराधी तथा सामान्य बालकों में जिद को लेकर कोई अंतर नहीं पाया गया। दोनों ही प्रकार के बालकों का माध्य (5) है तथा t का गणनांक (0) है जो सार्थकता के किसी भी स्तर को नहीं दर्शाता।

सामान्य एवं अपराधी बालकों में कठोरता से संबन्धित गुण

सामान्य तथा अपराधी बालकों में कठोरता से संबन्धित गुण का अध्ययन करने पर ज्ञात हुआ कि दोनों प्रकार के बालकों के समान्तर माध्य में कोई अंतर नहीं है दोनों प्रकार के बालकों का माध्य (4) है तथा प्राप्त t का मूल्य (0) है जो कि सार्थकता को नहीं दर्शाता।

सामान्य एवं अपराधी बालकों में व्यक्तित्व से संबन्धित गुण

प्राप्त निष्कर्षों से ज्ञात होता है कि व्यक्तित्व के संबंध में सामान्य बालकों का माध्य (97) व अपराधी बालकों का माध्य (98) है तथा प्राप्त (t) का गणनांक मूल्य (.19) है जो कि किसी भी सार्थकता स्तर पर सार्थक नहीं है।

सामान्य एवं अपराधी बालकों में संवेगात्मक अस्थिरता से संबन्धित गुण

प्राप्त निष्कर्ष से ज्ञात होता है कि सांवेगिक अस्थिरता के सम्बन्ध में सामान्य बालकों का माध्य (22) व अपराधी बालकों का माध्य (21) सार्थकता को नहीं दर्शाता।

सामान्य एवं अपराधी बालकों में सांवेगिक दमन से संबन्धित गुण

सांवेगिक दमन से संबन्धित अध्ययन करने पर स्पष्ट होता है कि इस सम्बन्ध में सामान्य बालकों का माध्य (**23**) व अपराधी बालकों का माध्य (**22**) है तथा प्राप्त (**t**) का गणनांक मूल्य (**.89**) है जो कि सार्थकता स्तर से कम है अतः यह सार्थकता को नहीं दर्शाता।

सामान्य एवं अपराधी बालकों में सामाजिक कुसमायोजन से संबन्धित गुण

प्राप्त निष्कर्षों से ज्ञात होता है कि सामाजिक कुसमायोजन के सम्बन्ध में सामान्य बालकों का माध्य (**18**) व अपराधी बालकों का माध्य (**20**) है तथा t का प्राप्त मूल्य (**1.85**) है जो कि (**0.05**) सार्थकता स्तर पर सार्थकता को दर्शाता है।

सामान्य एवं अपराधी बालकों में व्यक्तित्व विघटन से संबन्धित

व्यक्तित्व विघटन से संबंधित अध्ययन करने पर ज्ञात होता है कि सामान्य बालकों व अपराधी बालकों में व्यक्तित्व विघटन में कोई ज्यादा अंतर नहीं है। सामान्य बालकों का माध्य (**20**) तथा अपराधी बालकों का माध्य (**19**) है व **t** का माध्य (**20**) तथा अपराधी बालकों का माध्य (**19**) है व **t** का प्राप्त मूल्य (**.67**) है जो कि सार्थकता के स्तर से कम है अतः ये सार्थकता को नहीं दर्शाता।

सामान्य एवं अपराधी बालकों में नेतृत्वहीनता से संबन्धित

प्राप्त निष्कर्षों से ज्ञात होता है कि नेतृत्वहीनता से संबन्धित गुणों को लेकर सामान्य और अपराधी बालकों में कोई अंतर नहीं पाया गया दोनों प्रकार के बालकों का सामान्तर माध्य (**18**) है तथा प्राप्त (**t**) का मूल्य (**0**) है अतः यह सार्थकता स्तर पर सार्थक नहीं है।

सामान्य एवं अपराधी बालकों में संवेगात्मक परिपक्वता से संबन्धित

संवेगात्मक परिपक्वता से संबन्धित गुणों का अध्ययन करने पर ज्ञात होता है कि सामान्य बालकों का माध्य (**100**) व अपराधी बालकों का माध्य (**97**) है तथा प्राप्त (**t**) का मूल्य (**.68**) है जो कि सार्थकता को नहीं दर्शाता।

उपरोक्त विवेचन से स्पष्ट होता है हमारी प्रथग परिकल्पना **सामान्य एवं अपराधी बालकों के व्यक्तित्व एवं संवेगात्मक गुणों में सार्थक अंतर पाया जायेगा।** तालिका क्रमांक **4, 5, 7, 8, 9, 10, 12, 13, 14, 15, 16, 21,** का विश्लेषण

करने पर हमारी प्रथम उपकल्पना सार्थक सिद्ध होती है। परन्तु हमारी प्रथम उपकल्पना तालिका क्रमांक **6, 11, 17, 18, 19, 20, 22, 23** का विश्लेषण करने पर हमारी प्रथम उपकल्पना **सामान्य एवं अपराधी बालकों के व्यक्तित्व एवं संवेगात्मक गुणों में सार्थक अंतर पाया जायेगा** सार्थक सिद्ध नहीं होती है।

अतः सामान्य एवं अपराधी बालकों के गुणों का विश्लेषण करने पर प्राप्त निष्कर्ष के आधार पर कुल संख्या में 12 गुणों में देखने पर अंतर पाया गया और कुल 8 गुणों में अंतर नहीं पाया गया।

सामान्य एवं अपराधी बालकों के व्यक्तित्व एवं संवेगात्मक परिपक्वता में अन्तर संबन्धितः

पद	व्यक्तित्व	संवेगात्मक परिपक्वता
सामान्य बालक	97 माध्य	100 माध्य
अपराधी बालक	98 माध्य	97 माध्य

प्राप्त निष्कर्षों से स्पष्ट होता है कि सामान्य एवं अपराधी बालकों के व्यक्तित्व एवं संवेगात्मक परिपक्वता में कोई खास अंतर नहीं है दोनों प्रकार के बालकों में व्यक्तित्व से संबन्धित माध्यों को देखने पर ज्ञात होता है कि सामान्य बालकों का माध्य **97** तथा अपराधी बालकों का माध्य **98** है तथा संवेगात्मक परिपक्वता से संबन्धित माध्यों में सामान्य बालकों का माध्य **100** तथा अपराधी बालकों का माध्य **(97)** है दोनों प्रकार के बालकों के माध्यों को देखने पर तो अंतर स्पष्ट दिखाई देता है परन्तु यह सार्थकता के स्तर पर सार्थकता को नहीं दर्शाता अतः हमारी परिकल्पना दो **सामान्य एवं अपराधी बालकों मे व्यक्तित्व एवं संवेगात्मक परिपक्वता में सार्थक अंतर होगा,** सार्थक सिद्ध नहीं होती।

सामान्य एवं अपराधी बालकों में संवेगात्मक परिपक्वता में सहसम्बन्ध

प्राप्त निष्कर्ष से ज्ञात होता है कि सामान्य बालकों का सहसंबंध **(r) (.63)** तथा अपराधी बालकों का सह-संबंध **(r) (.47)** है अतः सामान्य एवं अपराधी बालकों के व्यक्तित्व एवं संवेगात्मक परिपक्वता में सह-सबंध है तथा परिकल्पना **(3) अपराधी बालकों की अपेक्षा सामान्य बालकों में व्यक्तित्व एवं संवेगात्मक परिपक्वता धनात्मक होगी,** सार्थक सिद्ध होती है।

प्राप्त निष्कर्षों से स्पष्ट होता है कि भाई-बहनों की संख्या के आधार पर सामान्य बालकों में **3-6** के बीच भाई-बहनों का प्रतिशत **(42)** है तथा अपराधी

बालकों के भाई-बहनों की संख्या **(7-10)** है जिनका प्रतिशत **(48.66)** है अतः यह स्पष्ट होता है कि अपराधी बालकों के परिवार एकांकी होते हुए भी इनमें सदस्यों की संख्या अधिक होती है।

निष्कर्षों से ज्ञात होता है कि सामान्य बालक में से **94.66%** बालक माता-पिता के साथ रहते पाये गये तथा **5.34%** बालक संरक्षक के साथ रहते थे जबकि अपराधी बालकों में से **69.33%** बालक माता-पिता के साथ रहने वाले **11.33%** अपराधी बालक संरक्षक के साथ रहने वाले व **19.34%** बालक ऐसे थे जो बेघर थे।

प्राप्त निष्कर्षों से ज्ञात होता है कि **40 प्रतिशत** सामान्य बालकों के पिता का शैक्षणिक स्तर स्नातक है तथा **65.34%** अपराधी बालकों के पिता अशिक्षित पाये गये ।

प्राप्त निष्कर्षों से ज्ञात होता है कि **41.34%** सामान्य बालकों की माताएँ इण्टरमीडियेट तक शिक्षित थी तथा **72 प्रतिशत** अपराधी बालकों की माताएँ अशिक्षित थीं।

व्यवसाय के संबंध में **44 प्रतिशत** सामान्य बालकों के पिता सरकारी नौकरी में थे तथा **54.58 प्रतिशत** अपराधी बालकों के पिता का व्यवसाय मज़दूरी था।

माताओं के व्यवसाय के संबंध में **72.68%** सामान्य बालकों की माताएँ घर में रहकर ही घर का कामकाज व बच्चों की देखभाल में ही अपना समय व्यतीत करती हैं जबकि **55.34%** अपराधी बच्चों की माताएँ मज़दूरी करती हैं अतः उनका ज्यादातर समय घर के बाहर व्यतीत होता है कारण बच्चों पर अंकुश नहीं रहता और बच्चे अपराधी गतिविधियों में लिप्त हो जाते हैं।

आर्थिक स्थिति के आधार पर **62 प्रतिशत** सामान्य बालकों के परिवार की आय **3500** से **4500** के बीच है जो कि सामान्य आय वर्ग में आते हैं जबकि **64.66%** अपराधी बालकों के परिवार की आय **2500** तक है जो कि गरीबी रेखा से निम्न है **आलसन (1959) बेरल (1955) गिब्स तथा क्रोन (1986)** आदि ने भी आर्थिक स्थिति और बाल अपराध का घनिष्ठ संबंध अपने अध्ययनों में पाया है।

आवास के स्वरूप के आधार पर **75.34%** सामान्य बालक के परिवार

पक्के मकानों में रहते हैं तथा **50.66%** अपराधी बालकों के परिवार झोपड़ पट्टी में रहने वाले हैं।

प्राप्त निष्कर्षों के आधार पर ज्ञात होता है कि **47.34%** सामान्य बालकों के परिवार के आस-पास पढ़े लिखे परिवार रहते हैं जबकि **88.66%** अपराधी बालकों के आस-पास रहने वाले परिवार अपराधिक प्रवृत्ति के थे। अतः स्पष्ट होता है कि बालकों के चरित्र पर उनके आस-पास के माहौल का प्रभाव पड़ता है।

प्राप्त निष्कर्षों को देखने पर ज्ञात होता है कि **65.34%** सामान्य बालक हिन्दू, **17.34%** मुस्लिम बालक थे जबकि अपराधी बालकों में **31.34%** ही हिन्दू थे तथा **34.66%** बालक मुस्लिम थे व **6 प्रतिशत** सिक्ख, **3.34 प्रतिशत** ईसाई तथा **4.66** प्रतिशत नेपाली हिन्दू थे यह नेपाली हिन्दू बालक रोजगार की तलाश में दिल्ली आये तथा इनका कोई संरक्षक न होने के कारण यह अकेले रहते थे जिससे बालकों की संगति अपराधिक प्रवृत्ति की हो गई निष्कर्षों के आधार पर ज्ञात होता है कि **78 प्रतिशत** अपराधी बालक निम्न जाति से संबन्धित थे तथा **15.34 प्रतिशत** मध्यम जाति से और **6.66 प्रतिशत** बालक उच्च जाति से संबन्धित पाये गये। निम्न जाति के बालकों का अपराधिक प्रवृत्ति का होने का मुख्य कारण उच्च जाति के लोगों द्वारा तिरस्कार, हीन भावना से देखना, जाति से संबंधित संबोधन करना, अंकुश लगाना आदि पाये गये।

निष्कर्षों द्वारा प्राप्त होता है **65.34 प्रतिशत** बालकों ने संगठित होकर अपराध को अंजाम दिया और **34.66 प्रतिशत** बालकों ने अपराध को अकेले ही किया।

निष्कर्षों से स्पष्ट होता है कि **68.66 प्रतिशत** बालकों ने अपराध एक ही बार किया जबकि **31.34%** बालकों ने कारागार से मुक्त होने के उपरान्त भी समाज से सामन्जस्य न स्थापित होने पर अपराध की पुनरावृत्ति की।

प्राप्त निष्कर्षों से ज्ञात हुआ कि **50 प्रतिशत** बालकों के अपराधी होने का कारण मज़बूरी, 35.34 प्रतिशत बालकों के अपराध का कारण उनकी परिस्थितियाँ तथा **14.66 प्रतिशत** बालकों के अपराधी होने का कारण शौक व

उनकी आदत पायी गयी, जिससे वह अपनी अपराधी प्रवृत्ति को छोड़ना ही नहीं चाहते।

प्राप्त निष्कर्षों से ज्ञात होता है कि **55.34 प्रतिशत** बालकों में अपराध की प्रवृत्ति उनके संगी साथियों द्वारा, **18 प्रतिशत** बालकों में चलचित्रों के द्वारा, **14 प्रतिशत** बालकों में परिस्थितिवश, **12.66 प्रतिशत** बालकों में उन्हीं के पारिवारिक सदस्य का लिप्त होना था।

उपरोक्त निष्कर्षों के आधार पर कहा जा सकता है कि **सामान्य बालकों की अपेक्षा अपराधी बालकों का सामाजिक आर्थिक विकास निम्न स्तर का होगा,** अतः परिकल्पना चार सार्थक सिद्ध होती है।

7

परिशिष्ट
(Appendices)

संदर्भ ग्रंथ सूची

1. अग्रवाल कृष्णगोपाल एवं गुप्ता एस. पी. समाज शास्त्र-आगरा बुक स्टोर, 1977।
2. अखिलेश एस—बाल अपराध, क्लासिकल पब्लिशिंग कम्पनी 1998।
3. अग्रवाल डा. कृष्ण गोपाल-समाज शास्त्र साहित्य भवन आगरा—2006 पृ. संख्या 209—220।
4. अग्रवाल डा. कृष्णगोपाल-समाज शास्त्र. साहित्य भवन आगरा—2004 पृ. संख्या —26, 47।
5. अग्रवाल आई. पी. एवं अनिता-बाल विकास एवं शैक्षिक क्रियाएँ. आर्य बुक डिपो—2006।
6. अग्रवाल संतोष कुमारी-शिक्षा मनोविज्ञान. मॉडर्न पब्लिसर्स—1994।
7. अग्रवाल एस. के—शिक्षा के समाजशास्त्रीय आधार. माडर्न पब्लिसर्स मेरठ—1992।
8. अस्थाना विपिन-मनोविज्ञान शोध विधियाँ. विनोद पुस्तक मन्दिर—1975।
9. अहूजाराम—सामाजिक समस्याएँ. रावत पब्लिकेशन नई दिल्ली—2000।
10. आहूजा राज एवं आहूजा मुकेश—अपराधशास्त्र. रावत पब्लिकेशन नई दिल्ली 1998।

11. बघेल डी. एस.-अपराध शास्त्र. विवेक प्रकाशन दिल्ली 1990।
12. बख्शी बी. के मातृकला एवं बाल विकास. साहित्य प्रकाशन आगरा।
13. बिष्ट आभारानी–विशिष्ट बालक. विनोद पुस्तक मन्दिर।
14. भार्गव महेश-आधुनिक मनोवैज्ञानिक परीक्षण एवं मापन. एच पी भार्गव बुक हाउस आगरा 2001।
15. भार्गव महेश-विशिष्ट बालक. एच पी. भार्गव बुक हाउस आगरा 2005।
16. माथुर डा. एस. एस.–सामान्य मनोविज्ञान. विनोद पुस्तक मन्दिर 1982।
17. भार्गव राखी–मनोविज्ञान तथा शिक्षा में सांख्यिकीय तालिकाएँ. राखी प्रकाशन 2006।
18. भारतीय बालक एक आंकलन–2002 (NIPCCD) महिला एवं बाल विकास विभाग मानव संसाधन विकास. मंत्रालय भारत सरकार 5।
19. मंगल डा. एस. के एवं मंगल शुभ्रा–बाल विकास आर्य बुक डिपो–2005।
20. रस्तोगी आर. के.-अपराध शास्त्र–संजीव प्रकाशन मेरठ।
21. गुप्ता एम. एल. एवं शर्मा डी. डी.-युनीफाईड समाज शास्त्र. साहित्य भवन पब्लिकेशन्स आगरा–2002।
22. मंगल डा. एस. के एवं मंगल शुभ्रा–बाल अधिगम प्रक्रिया. आर्य बुक डिपो–2006।
23. रस्तोगी आर. के.-अपराध शास्त्र. संजीव प्रकाशन मेरठ।
24. कालभारे गोपीनाथ–भारत में ग्रामीण अपराध और पुलिस की भूमिका. संस एवं संस नई दिल्ली 1991
25. चौबे सरयू प्रसाद–बाल व्यवहार विकास. विनोद पुस्तक मन्दिर आगरा 1969।
26. जे. एस विनायक-बाल विकास. संजीव प्रकाशन मेरठ।
27. जगत सिंह-समस्याग्रस्त बालक. प्रभात प्रकाशन दिल्ली।
28. त्रिपाठी प्रो. लालबच्चन-आधुनिक सामाजिक मनोविज्ञान. एच. पी. भार्गव बुक हाउस आगरा 2003।
29. त्रिपाठी जय गोपाल, विवेक-असामान्य मनोविज्ञान. एच. पी. भार्गव बुक हाउस आगरा 2001।

30. वर्मा डा. प्रिति एवं श्रीवास्तव डा. डी. एन.–बाल मनोविज्ञान बाल विकास. विनोद पुस्तक मन्दिर 1996।

31. विनायक जे. एस.–बाल विकास. संजीव प्रकाशन मेरठ 1990।

32. श्रीवास्तव डा. प्रमिला–बाल विकास एवं शिक्षा संदर्शिका. कनिष्ठ पब्लिसर्स दिल्ली 2004।

33. श्रीवास्तव राम जी, शर्मा गोपाल, तिवारी बद्रीनारायण–व्यक्तित्व मनोविज्ञान. मोतीलाल बनारसीदास–2003।

34. शाह एम. ए.–मनोविज्ञान परिक्षण. विनोद पुस्तक भंडार।

35. शर्मा डा. रामनाथ एवं शर्मा डा. कुमार राजेन्द्र–सामाजिक विघटन 1996।

36. शर्मा प्रो. कमलेश एवं शर्मा डा. ललिता मातृकला एवं बाल विकास. स्टार पब्लिकेशन्स आगरा।

37. शर्मा जे. डी.–सामान्य मनोविज्ञान. लक्ष्मी नारायण अग्रवाल 1978।

38. शर्मा रामनाथ बाल मनोविज्ञान की रूपरेखा. केदारनाथ रामनाथ।

39. श्रीवास्तव रमेशचन्द्र प्रयोगात्मक मनोविज्ञान. गया प्रसाद एंड सन्स आगरा 1966।

40. श्रीवास्तव डी. एन. एवं वर्मा प्रिति–आधुनिक सामान्य मनोविज्ञान विनोद पुस्तक मंदिर आगरा 1988।

41. हकीम एम. ए.-मनोविज्ञान शोध विधियाँ. विनोद पुस्तक मंदिर।

ENGLISH BOOKS

42. Ahmad Siddique–Criminology Problem and Perspectives–Eastern Book. Company Lucknow 1999.

43. Annr M. Bartel-. Criminal Behaviour. Perentice Hall enlewood Cliffs New Jerrccy.

44. Bhatnagar-Crimes in India–Ashish Publishing House–1990.

45. Bannorr Miltan–The Juvenile Delinquent in Sociaty New York.

46. Burt Cyril The young Delinquent D Applection & Co. New York.

47. Chilton R.J.& Markel, G.E. Family Descruption Delinquent Conduct and the effect of Subclassification American Sociologycal review Vol. 37.

48. Crime in India 2000, National Crime records Bureau Ministry of Home Affairs Government of India New Delhi–2000.

49. Clifford R. Show & Herry D. McKey–"Social Factors in juvenile Delinquency : A study of them Community, the family and the gnay in Relation to Delinquent Behaviour Washingtion.

50. Coldwell Moris G. Recent Trendisin Juvenile Delinquency J. Juv Ray Vol. 17.

51. Eysenck H.J. Crime and Personality Reorledge and Jagon Paul Ltd London 1970.

52. Chrisitic Hmos, Physical defects a delinquent boys, J, Juv Res Vol-18-1934.

53. Eisenthal, S & Udin, H Psychological Factor development. Psychology factor development Psychology Vol-7-1972.

54. Franklin–E. W. "Samajik Adhayan" (Hindi). Macmillan & G. Ltd. Bombay 1961.

55. Gibbans. D. C. & Krohnm M. D.-Delinquent Behaviours 4 yd prentic Hall Inc. New Jercy.

56. Gupta Arun K and Sharma Suresh K. Partenal Infuences On Adolensents Ariana Publishing House, New Delhi-1887.

57. Gupta M.L. and Sharma D.D.–Bhartiya Samajik Samasyen (Hindi). Sahitya Bhawan Agra-1986.

58. Geroge Betc-Crime and Criminology. C.B.S. College Publishing New York.

59. Healy William and Bronner Augusta F. Delinquents and Criminal, Macmillan Co. 1926.

60. Hetting. C.F. Hans Von-Crime Cause and Conditions. Mac-Graw Hill Book Co. New York.

61. Hirsch National D.M. Dynamic Causes of Juvenile Crime Cambride.
62. Hooten Earnest "A" Crime and The Man, HARWARD UNIVERSITY Press cambride.
63. Knestschmer E. Physique and Chamcter New York.
64. Merill, Ram Niwas M.P., Forward Note on the Book Impact of Urbanisation and Industrialization Rural Society-1993.
65. Mobitech M, Chromic Post Encephalitis in Juvenile Delinquents A.M.J. Psychist.
66. Mukharjee R. N.-Samajik Shodh and Sankhayaki. (Hindi) Sarsavati Sadan Delhi.
67. Neuncyer, Martin H.-Juvenile Delinquency In modern Society. D.Van Nostrand Co. Inc. LONDON New York.
68. Olwans D. Familial and Tempermental Determintime of Affressive Behaviours in Adolescence; A Couest Analysis Development Psychology Vol. 14-1980.
69. Quay H.C. Hand Book of Juvenile Delinquency, Then Wiley and Sons Inc New York–1987.
70. Research link-vol iv (8)–2006. research link vol. iv (2), 2005.
71. Saiyies Mary B.-Three Problems Children Publications Division, New York.
72. Sarkar-Juvenile Delinquency in India. Daya Publishing House New Delhi-1987.
73. Sayler Mary B.-"Three Problem Children". Publication Division New York.
74. Sharma R. P. Qunthey R. K. and Singh M.-Personality Correlates of Juvenile Delinquency Indian Journal Clinical Psychology Vol. 9 (1) 1982.
75. Shah Jyolrhna H.-Juvenile Delinquency : A Challenge Ceral Bureu of Correctional Services. New Delhi 1997.

76. Sheldon Wiliam H.-Varicties of Delinquency Youth Harper & Brother New York.

77. Shah Chifford R. & Mekay Henry. D.-Juvenile Delinquency and Urban Areas. Chicago University Press Chicago.

78. Senna J. Rthus S.A. and Sigael L. Delinquent Behavioural: Adolcente Vol. 9.

79. Sheth H. Juvenile Delinquency in an Indian Setting Popular Book Depot Bombay.

80. Singh Dr. Surendra-Samajik Anusandhan. Vol-II U.P. Hindi Granth Academy Lucknow 1975.

81. Sinha V.C. and Daved. R.N.-Samajik Anusandhan or Sankhinyaki. National Publishing House New Delhi-1988.

82. Suthelad E. H. 'Principales of Criminology' J.B. Lippin Colt Co. New York.

83. Tappan, Paul W.-Juvenile Delinquency, MC Graw hill Book Co. Inc. London.

84. Times Noel, A Sociologcial Approch To Social Proach to Problems.